有限責任監査法人トーマツ
貝沼直之
Naoyuki Kainuma

DT弁護士法人
浜田　宰［編著］
Osamu Hamada

統合報告で伝える
価値創造ストーリー

Integrated Reporting

商事法務

はじめに

　本書は、利用者にとって真に有用な統合報告に資する考え方と実務的なノウハウをまとめたものである。

　国際統合報告評議会が 2013 年に国際統合報告フレームワークを公表してから現在に至るまで、統合報告書を作成する我が国企業の数は着実に増加を続け、2018 年 12 月時点では 414 社を数えるに至った（企業価値レポーティング・ラボ調べ）。我が国の開示において、統合報告の占める重要性は高まる一方である。

　統合報告に際しては、組織の戦略とビジネスモデル、ガバナンス、将来の見通しとを結合することにより、組織の短、中、長期の価値創造を伝えることが肝要となる。その際には、単なる情報の寄せ集めに終始するのではなく、各要素の相互の関連性を利用者へ示すことが必要である。

　筆者らは、これまでに、セミナーやシンポジウムなどの場において、統合報告書の作成者・利用者の方々と意見を交換する機会を通じて、各企業が企業価値の創造・向上へどのように取り組んでいるかを、統合報告の「軸」として価値創造ストーリーで示すことが有用であると考えるに至った。また、上場企業による統合報告の改善への取り組みについてアドバイスする中で、価値創造ストーリーを軸に置いて「伝える」というアプローチを採用することで、より利用者に「伝わる」内容の報告書を、より円滑かつ実効的に作成できることを、実務を通じて体感してきた。

　このような統合報告に関わる方々のご認識をインタビューを通じて紹介するとともに、統合報告の企画アドバイス実務を通じて筆者らが得た知見を書籍としてまとめ、世に送り出すことには意義があると考え、本書の発刊に至ったものである。

　本書の特徴は、以下の各点にある。

(1)　統合報告の利用者である機関投資家と、統合報告を行う上場会社の経営者の方々のインタビューを通じて、真に有用な統合報告とは何かについての利用者および作成者からの視点を提示している。

(2)　これらの視点をも踏まえつつ、統合報告書の先進的な開示事例を取り上げて、その背後にある考え方や評価のポイントをも含めて紹介している。

i

はじめに

（3） 国際統合報告評議会が公表した統合報告フレームワークの紹介など、制度自体の説明はごく簡潔な程度に留め、統合報告に関する実務を通じて得たノウハウや実践的な視点の提示に重きを置いている。

（4） 開示物としての統合報告書の作成後、これを企業が株主・投資家などステークホルダーとの対話へどのように活用していけるかについても、あわせて概説を加えている。

　以下では、まず、第1編において、様々な開示の中で統合報告がどのような位置付けであるかを概説する。次に、第2編において、利用者からの声として、機関投資家および上場会社の経営陣へのインタビューを載せる。その上で、第3編において、価値創造ストーリーを軸とした統合報告に関する実務について、世にある統合報告書の事例を題材として解説を加える。さらに、第4編において、近時我が国においても重要性への認識が進んできた投資家との対話の実務について概説するとともに、統合報告を対話の場においてどう活用していくか、企業と投資家との対話に関する考え方についても言及する。

　本書を通じて、統合報告に関する活動や開示物としての統合報告書、そしてこれらを利用した対話に係る実務の進展へいささかなりとも貢献することができるとすれば、執筆者一同の正に本意とするところである。

　なお、本書のうち意見にわたる部分は、いずれも著者の個人的見解であり、著者がこれまでに所属し、または現在所属しているいかなる組織・団体の見解を述べているものでもない。

　本書の刊行に際しては、株式会社商事法務の井上友樹氏より、企画段階から様々なご提案をいただくとともに、井上氏および澁谷禎之氏より、発刊に至るまでの期間にわたり多大なご協力をいただいた。また、株式会社宣伝会議の広報会議編集部のみなさまには、過去の掲載記事の内容の一部を本書に記載することに快く同意いただいた。さらに当然ながら、本書に掲載した統合報告書発行企業のご担当者のみなさまや、機関投資家のみなさまのご協力があっての本書の完成である。こうしたステークホルダーのみなさまに、この場を借りて心より御礼を申し上げる。

2019年7月

執筆者代表　貝沼　直之、浜田　宰

目　次

第1編　統合報告が広がった背景

第1章　企業の外部環境の変化 ……………………………………… 3

　1　無形資産の重要性の高まり　3

　2　環境問題・社会的責任への関心の高まり　6

　3　中長期的視点による投資の促進についての要請　7

　4　企業と投資家との建設的な対話の要請　8

第2章　企業報告の発展 ……………………………………………… 11

　1　法定開示　11

　2　任意開示　13

　⑴　CSR報告書・環境報告書　13

　⑵　知的資産に関する情報の開示　14

第3章　統合報告の動向 ……………………………………………… 15

　1　統合報告の広がり　15

　2　統合報告の定義　16

　3　日本における統合報告の動向　17

第2編　統合報告に関する投資家・経営からの視点

第1章　投資家・市場関係者の視点 ……………………………… 22

　1　インベスコ・アセット・マネジメント　22

　2　あすかアセットマネジメント、あすかコーポレイトアドバイザリー　29

iii

目　　次

　　3　Schroders　34

　　4　USS Investment Management　39

　　5　Martin Currie Investment Management　44

　　6　国際統合報告評議会（IIRC）　49

　　7　FRC（英国財務報告評議会）　54

第2章　経営の視点 ……………………………………………………59

　　1　丸井グループ　青井 浩代表取締役社長　59

　　2　MS&AD インシュアランスグループホールディングス
　　　藤井史朗 CFO　75

第3編　価値創造ストーリーを伝える統合報告書の作成実務

第1章　統合報告概論 ………………………………………………94

　　1　価値創造ストーリーの重要性　94

　　⑴　我が国の統合報告書の現状　94

　　⑵　価値創造ストーリーとは何か　96

　　⑶　価値創造ストーリーの可視化について　98

　　⑷　価値創造ストーリーの重要性　104

　　2　価値創造ストーリーの主要な構成要素　106

　　⑴　企業理念　107

　　⑵　歴史・沿革　113

　　⑶　価値創造プロセス（オクトパスモデル）　118

　　⑷　ビジネスモデル　126

　　⑸　経営戦略　134

　　⑹　ESG（環境）　143

　　⑺　ESG（社会）　152

　　⑻　ESG（ガバナンス）　157

　　⑼　KPI　161

目　次

　3　価値創造ストーリーにかかわるその他の重要事項　167

　　⑴　マテリアリティ　167

　　⑵　トップメッセージ　175

第2章　統合報告のさらなる充実へ向けた視点・取り組み……180

　1　はじめに　180

　2　各報告書の果たす役割・境界／時間軸を考慮した情報開示──財務情報から企業価値情報へ　180

　　⑴　企業の情報開示における財務情報と ESG 情報の位置付け　182

　　⑵　モリソン社による情報開示の取り組み　183

　3　非財務情報をめぐる国際的なフレームワークの関係について　189

　4　価値協創ガイダンスの活用　191

　　⑴　価値協創ガイダンスとは　191

　　⑵　価値協創ガイダンスの基本項目　191

　5　SDGs との関連付け　192

　　⑴　人的資本について　194

　　⑵　A4S による人的資本のガイダンス　195

　　⑶　意思決定で人的資本を考える3つのステップ　197

　　⑷　人的資本の「測定と評価（Measure and Value）」の事例　203

　　⑸　SDGs に配慮した経営の事例　206

　6　サステナビリティに関する KPI　207

　7　統合報告書に記載される情報の信頼性　208

　8　MD&A（経営者による討議と分析）の拡充　209

　　⑴　MD&A とは　209

　　⑵　統合報告書における MD&A の位置付け　210

　9　統合報告書の作成に向けた組織・部門間の連携の進め方　215

v

目　次

第4編　企業価値の向上を目指す対話や開示の実務

第1章　投資家との対話のあり方 …………………………………… 224

1　はじめに　224

2　投資家と上場企業にとっての対話の目的　227

3　投資家の種類・属性　229

4　投資家と上場企業との対話の内容　231

5　投資家と上場企業との対話の経路　232

第2章　投資家との対話に関する規制 ………………………………… 234

1　はじめに　234

2　情報伝達・取引推奨規制　236

(1)　規制の概要　236

(2)　導入の経緯　236

(3)　規制の対象となる者　237

(4)　規制の対象となる情報　237

(5)　主観的要件　238

(6)　エンフォースメント（ルールの実効性の確保）　238

(7)　対話に関連して上場会社に求められる対応　239

3　フェア・ディスクロージャー・ルール　241

(1)　規制の概要　241

(2)　導入の経緯　242

(3)　規制の対象となる者　243

(4)　規制の対象となる情報の範囲　243

(5)　主観的要件　244

(6)　エンフォースメント（ルールの実効性の確保）　245

(7)　対話に関連して上場企業に求められる対応　245

4　法人関係情報　246

(1)　規制の概要　246

(2)　導入の経緯　247

⑶　対話に関連して上場企業に求められる対応　248

第3章　外国人投資家のトレンドと英文開示・Webサイト開示の重要性 …………………………… 249

1　外国人投資家のトレンド　249
　⑴　なぜ外国人投資家が重要なのか　249
　⑵　外国人投資家のエリア別動向と投資形態の違い　250
　⑶　外国人投資家の関心領域と非財務情報の位置付け　251
2　外国人投資家を意識した英文開示と表現上の留意点　253
　⑴　英文開示の優先順位　253
　⑵　英文開示資料や開示手法の多様化　253
　⑶　英文データ・会計情報の扱い方と表現上の留意点　254
3　Webサイト開示における注意点　260
　⑴　Webサイト開示の現状　260
　⑵　Webサイト開示の利便性　261
　⑶　統合報告書とWeb開示との関係　263

第4章　統合報告書を活用する基盤としての、IR活動の実際 ………………………………………… 266

1　IR活動を行う目的　266
2　IR活動について他部署から理解を得る上での取り組み例　268
3　IR業務の内容　269
4　機関投資家との対話への準備　270
5　One on Oneミーティング　271
6　投資家対応に用いるFAQの作成　272
7　IR活動の目標は何か　273
8　IR活動におけるESG開示の重要性の高まり　275
9　最後に　276

索引　279
編著者・著者紹介　281

凡　例

本書では、以下のように略記する場合がある（50 音順）。

略称	和文（英文）
CDSB	気候変動開示基準審議会（Climate Disclosure Standards Board）
CGS ガイドライン	コーポレート・ガバナンス・システムに関する実務指針
CRD	企業報告に関する対話（Corporate Reporting Dialogue）
CSR	企業の社会的責任（Corporate Social Responsibility）
EU	欧州連合（European Union）
FASB	米国財務会計基準審議会（Financial Accounting Standards Board）
FDR ガイドライン	金融商品取引法第 27 条の 36 の規定に関する留意事項について（フェア・ディスクロージャー・ルールガイドライン）
FRC	英国財務報告評議会（Financial Reporting Council）
GRI	グローバル・レポーティング・イニシアチブ（Global Reporting Initiative）
IASB	国際会計基準審議会（International Accounting Standards Board）
IIRC	国際統合報告評議会（International Integrated Reporting Council）
IIRC フレームワーク	国際統合報告フレームワーク（International Integrated Reporting Framework）
SASB	サステナブル会計基準審議会（Sustainability Accounting Standards Board）
SRI	社会的責任投資（Socially Responsible Investment）
TCFD	気候変動関連財務情報開示タスクフォース（The FSB Task Force on Climate—related Financial Disclosures）
伊藤レポート	「持続的成長への競争力とインセンティブ〜企業と投資家の望ましい関係構築〜」プロジェクト（伊藤レポート）最終報告書
開示府令	企業内容等の開示に関する内閣府令

凡　　例

価値協創ガイダンス	価値協創のための統合的開示・対話ガイダンス―ESG・非財務情報と無形資産投資―
コーポレートガバナンス・コード	コーポレートガバナンス・コード 〜会社の持続的な成長と中長期的な企業価値の向上のために〜
コーポレートガバナンス報告書	コーポレート・ガバナンスに関する報告書
スチュワードシップ・コード	「責任ある機関投資家」の諸原則《日本版スチュワードシップ・コード》〜投資と対話を通じて企業の持続的成長を促すために〜
対話促進研究会報告書	持続的成長に向けた企業と投資家の対話促進研究会報告書〜対話先進国に向けた企業情報開示と株主総会プロセスについて〜

第1編

統合報告が広がった背景

第1章　企業の外部環境の変化
第2章　企業報告の発展
第3章　統合報告の動向

第1編　統合報告が広がった背景

　統合報告は、財務情報と非財務情報を統合し、また組織の戦略とビジネスモデル、ガバナンス、将来の見通しとを結合することにより、組織の短、中、長期の価値創造を伝える報告形式である。

　国際統合報告評議会（IIRC）が2013年に国際統合報告フレームワークを公表してから今日までの間に、統合報告を実施する企業の数は一貫して増加しており、2017年には62ヵ国の1,500社超が統合報告を行うに至った[1]。日本でも、統合報告を作成している旨を表明する企業の数は、2018年12月末現在で414社に達している（図表1-1）。このように統合報告が着実に拡大を続けてきた背景を理解する上では、企業の外部環境の変化と、これらを受けて開示の分野に生じた変化を概観することが有用である。以下では、第1章で企業の外部環境の変化を、また第2章で制度開示・任意開示における外部環境の変化への対応を、さらに第3章で統合報告そのものの動向を、それぞれ概観する。

図表1-1　我が国において統合報告を意識した表現をレポートに記載した企業数の推移[2]

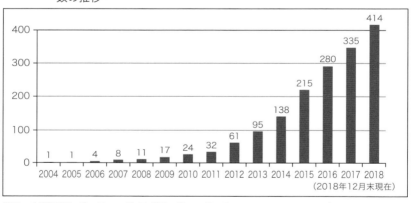

出所：企業価値レポーティング・ラボ調べ（http://cvrl-net.com/contact.html）

---

1)　https://integratedreporting.org/news/clarify-simplify-amplify-global-consultation-results-on-the-progress-towards-integrated-reporting/
2)　企業価値レポーティング・ラボ「国内自己表明型統合レポート発行企業リスト2018年版（2018年12月末現在）」。

第1章　企業の外部環境の変化

1　無形資産の重要性の高まり

　かつて、1930年代から1970年代までの製造業が産業の中心であった時期には、工場や生産設備等の有形資産への投資が企業価値の創出にあたり重要な役割を果たしていた。この時期には、生産・販売活動の効率性を測る指標としての財務情報が現在よりも遥かに重要視されていた[1]。

　これに対して、1980年代以降、サービス業・金融業へ産業の比重が移るに従い、有形資産が企業価値の創出に占める割合は徐々に低下をはじめ、代わりにブランドや知的財産権などの無形資産が企業価値の源泉としてより重視されるようになった。企業活動も、こうした変化を反映して、無形資産への投資の比重を高めてきた。調査によれば、米国の民間セクターによる有形資産および無形資産への投資の付加価値額全体に占める割合を集計すると、1980年代までは有形資産の割合が無形資産の割合を一貫して上回っていたが、その差は1990年代にはほとんどなくなり、2000年代からは無形資産への投資割合が有形資産の投資割合を大きく上回っていることがみてとれる（図表1-1-1参照）。また、調査によれば、米国のS&P500の市場価値に占める有形資産の割合は、1975年には83％を占めていたが、2015年には16％まで低下している（図表1-1-2参照）。

　このような変化が生じた理由は、1990年代から、多くの資本主義国において、製造業からサービス業へと産業構造の転換が進んだことや、有形資産のコモディティ化が進む中で知的財産権やノウハウ・ブランドを通じた無形資産による差別化戦略が重要視されるようになったことに起因するものと考えられよう。

---

[1]　古賀智敏＝姚俊＝島田佳憲「企業の持続的発展と非財務情報の開示のあり方——知的資産情報を中心として」産業経理71巻1号（2011年）16頁。

第 1 編　統合報告が広がった背景

図表 1-1-1　米国の GDP に占める有形資産投資および無形資産投資の割合の推移[2]]

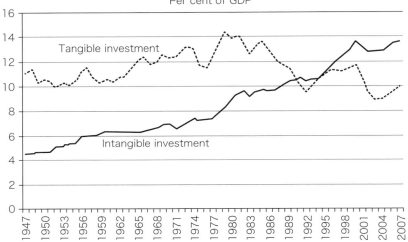

図表 1-1-2　S&P500 の市場価値に占める無形資産と有形資産の割合[3]]

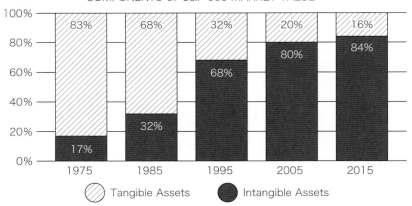

SOURCE INTANGBLE ASSET MARKET VALUE STUDY 2017

こうした社会環境の変化を受けて、企業価値を把握するにあたり、企業の無形資産の内容を把握することの重要性は、近年かつてないほどに高まっているといえる。

他方で、企業が保有する無形資産の価値を、財務情報から読み取ることは、極めて困難である。

無形資産への投資は、有形資産への投資の場合とは異なり、会計上は基本的に期間費用として計上され、資産には計上されない。例えば、ブランドの維持のために宣伝費を投入しても、これらは期間費用として処理されるのみであり、そのブランドの認知度に応じた資産が貸借対照表に計上されるわけではない。また、製薬会社が莫大な富をもたらす新薬の開発に成功したとしても、その開発に要した研究開発費は、基本的にすべて期間費用として処理される。

なお、M&Aにより企業を買収すると、対象企業に存在すると考えられる無形資産が、買収側の企業の貸借対照表において資産計上されうる。このように、無形資産の価値が貸借対照表に資産として現れるケースも限定的には存在する。しかし、いったん計上された無形資産については、各国の会計基準に従い減損および償却の対象となりうる点を除けば、財務諸表の作成時点での再評価は基本的には行われない。そのため、M&Aの際の無形資産の評価を通じて、財務諸表の作成時点における企業の無形資産の価値を把握することには、相応の限界と困難を伴う。

また、企業活動を通じて得られた無形資産の価値は、その獲得に要した支出額に比例するわけではない。無形資産の価値を適確に把握する観点からは、例えばブランドの認知度や従業員の離職率・勤続年数、特許のクロスライセンスにより使用許諾を受けている他社の特許の範囲など、様々な非財務情報の把握が欠かせない。

これらの理由から、企業価値に占める無形資産の割合が高まるにつれ、財務情報から企業価値を把握できる余地は次第に狭くなってきている。非

---

2) Corrado, C. A. and C. R. Hulten (2010), "How Do You Measure a Technological Revolution?", American Economic Review：Papers and Proceedings 100, May.

3) Intangible Asset Market Value Study 2017 (http://www.oceantomo.com/intangible-asset-market-value-study/)

第1編　統合報告が広がった背景

財務情報を充実させ、非財務情報と財務情報の関連性を明らかにすることに対する投資家のニーズは、近年非常に強まっているといえる。

2　環境問題・社会的責任への関心の高まり

　企業の社会的責任については、20世紀における産業の発展は地球規模の環境問題を引き起こした。まず、1960年代には、我が国の重化学工業地帯において四大公害をはじめとする産業公害が深刻化した。その後は、1970年代のモータリゼーションおよび都市への人口集中に伴う生活型公害などが問題視されるようになった。さらに、1980年代以降は、地球温暖化やオゾン層破壊、酸性雨などの地球規模での環境問題が、社会の関心を強く集めるようになった。

　また、20世紀の中盤以降から、人種差別や児童労働などの社会問題・人権問題に対して、多くの先進国社会が関心を寄せるようになった。米国では、1950年代の中盤から人種差別の撤廃へ向けて公民権運動が活発化し、さらには女性解放運動や消費者運動などの興隆をもたらした。その後、1990年代には、グローバル化の進展と共に、多国籍企業が途上国で児童労働などの問題を起こしていたことがNGO等により大きく問題視されるようになった。

　こうした社会情勢を背景として、欧米では、1960年代から1970年代にかけて、企業の社会的責任（Corporate Social Responsibility：CSR）に関する議論が次第に活発となった[4]。日本でも、水俣病等の公害問題等を背景として、企業の社会的責任論が高まりをみせた。

　資本市場においても、こうした環境問題・社会問題への対処を促進する観点から、米国でいわゆる社会的責任投資（Social Responsible Investment：SRI）の取り組みが進められてきた。これは、従来型の財務分析を通じた投資判断に留まらず、法令遵守や人権問題、社会貢献や環境課題への取り組

---

[4]　独立行政法人国際協力機構＝アイ・シー・ネット「企業の社会的責任（Corporate Social Responsiblity：CSR）に関する基礎調査報告書」（2005年3月公表）2-11頁。また、CSRに関する議論の源流について、19世紀後半における産業革命後の工場での児童労働等が問題視された時期にまで遡る見解として、Archie B Carrol, A History of Corporate Social Responsibility：Concepts and Practices, The Oxford handbook of corporate social responsibility（2008, Oxford University Press）を参照。

みといった面をも考慮して投資先企業を評価・選別するものである。その歴史は古く、遡れば1920年代からタバコ、アルコール、ギャンブルなどのキリスト教的倫理に反する産業を投資対象から外すといった、言わば投資撤退（divestment）の取り組みが開始されていた。その後、上述のCSRに関する議論を背景として、1970年代には欧米でSRIを扱う投資信託が登場しはじめた。

　また、1992年における「環境と開発に関する国連会議（地球サミット）」の開催を契機として、地球温暖化などのグローバルな地球環境問題へ注目が集まるようになった。その結果、企業のCSRへの取り組みに一層の社会的関心が寄せられるようになった。こうした動きを反映して、SRI投資はその後も継続的に増加をみせ、1990年代後半には全運用資産の10％超がSRI運用となった。

　さらに、2006年に国連の責任投資原則（Principles for Responsible Investment：PRI）が公表された。この前文では、ESG（環境・社会・ガバナンス）という用語が初めて使われた。この原則の公表を契機として、ESG投資という考え方が徐々に広がってきている（本書第3編第1章図表3-1-25参照）。

　我が国でも、2015年に公表された東京証券取引所のコーポレートガバナンス・コードが、上場会社に対して社会・環境問題への適切な対応を促す[5]など、企業の社会・環境問題への取り組みの重要性に対する認識は広く企業社会に共有されるに至っている。

　このように、企業が労働問題や環境問題などの社会的責任にどのように取り組んでいるかについて、資本市場や地域社会などの幅広いステークホルダーからは非常に高い関心が寄せられている。これらの取り組みについて、ステークホルダーからの理解と評価を獲得するには、どのように企業の社会的責任へ取り組んでいるかについての非財務情報の充実が欠かせないと考えられる。

3　中長期的視点による投資の促進についての要請

　2008年のリーマンショックを契機として、資本市場における投資の短期

---

5)　コーポレートガバナンス・コードの原則2-3、補充原則2-3 ①参照。

化の傾向に社会的な関心がさらに高まるようになった。持続的な成長を実現させるには、企業が中長期の投資を通じてイノベーションを実現し、その成果が社会に拡がることを通じて、経済社会全体の厚生が高められていくことが重要となる。しかし、情報の非対称性や将来の不確実性が原因となって、中長期の投資に対して適切な水準まで資金供給が行われなければ、結果としてイノベーションが抑制されかねない。こうした観点から、中長期の投資を促進する必要性が議論されるようになった[6]。

こうした議論をも踏まえ、2014 年 2 月には、金融庁に設置された「日本版スチュワードシップ・コードに関する有識者検討会」により、「責任ある機関投資家」の諸原則≪日本版スチュワードシップ・コード≫」が公表された。同コードの中では、機関投資家に対して、中長期的視点から投資先企業の企業価値および資本効率を高め、その持続的成長に向けてスチュワードシップ責任を適切に果たすため、当該企業の状況を的確に把握することなどが要請されるに至った[7]。また、把握する内容としては、投資先企業のガバナンス、企業戦略、業績、資本構造、リスク（社会・環境問題に関連するリスクを含む）への対応などの非財務情報が含まれることが想定される旨が付言された[8]。

スチュワードシップ・コードの公表後、この受入れを表明した機関投資家の数は年々増加傾向にある。2019 年 5 月には 248 社に上っている[9]。このように多数の投資家がスチュワードシップ・コードに従って投資先企業の非財務情報をより把握しようとしだす中で、企業の側にも、非財務情報の開示の一層の充実を図り、経営理念、研究開発活動、持続可能性への貢献、安全対策などの非財務情報を、客観的で予測可能性のある形で、経営戦略と結び付け、企業活動の全体像を提示することが企業にとってより一層有益になっているということができる。

---

6) 内閣府・目指すべき市場経済システムに関する専門調査会「目指すべき市場経済システムに関する報告」（2013 年 11 月 1 日）。
7) スチュワードシップ・コード指針 3-1 参照。
8) スチュワードシップ・コード指針 3-3 参照。
9) https://www.fsa.go.jp/singi/stewardship/list/20171225.html

第 1 章　企業の外部環境の変化

4　企業と投資家との建設的な対話の要請

　我が国では、2013 年 6 月に公表された日本再興戦略において、機関投資家が対話を通じて企業の中長期的な成長を促すなど、受託者責任を果たすための原則として、前述の日本版スチュワードシップ・コードを取りまとめることとされた。この動きと足並みをそろえる形で、2013 年 7 月、経済産業省の主導により、「持続的成長への競争力とインセンティブ〜企業と投資家の望ましい関係構築〜」プロジェクトが発足した。同プロジェクトでは、資本市場を取り巻くステークホルダーである上場企業、投資家、市場関係者、学識者、政府当局者が一堂に会して協議を重ね、資本市場を取り巻く課題、そして企業と投資家間の認識ギャップを整理し、解決に向けた具体的な取り組みの提案を行った。同プロジェクトの最終報告書は 2014 年 8 月に公表され、その座長である伊藤邦雄教授に肖って伊藤レポートと名付けられた。

　伊藤レポートでは、スチュワードシップ・コードの制定を受けて、企業と投資家との間のミーティングの回数が増えるだけといった形式的な対応に陥ることのないように、「対話・エンゲージメント」の章を設け、取り上げるべきテーマや、企業と投資家の持つべき視点および姿勢、対話の場としての株主総会のあり方の見直しなど、具体的な内容に相当程度立ち入る形で対話のあり方が提示された。また、中長期的な企業価値の向上へ向けた企業の情報開示のあり方に関連して、「短期的な業績のみに偏ることなく、非財務情報も含めた企業の現状や将来の価値創造に向けたプロセスを評価するための統合的な報告が求められる。」[10] として、「統合的な報告」という表現ながらも、統合報告の重要性についても言及がされた。

　さらに、2015 年に公表されたコーポレートガバナンス・コードでは、「株主との対話」という基本原則が設けられ、上場会社とその経営陣に対して、株主との間で建設的な対話を行うと共に、対話を通じて株主の声に耳を傾け、その関心・懸念に正当な関心を払うべきことなどが要請された[11]。

---

10)　経済産業省「「持続的成長への競争力とインセンティブ〜企業と投資家の望ましい関係構築〜」プロジェクト（伊藤レポート）最終報告書」（2014 年 8 月）。

11)　基本原則 5 ほか。

9

第1編　統合報告が広がった背景

　伊藤レポートおよびコーポレートガバナンス・コードの公表後、企業による ROE 向上への取り組みや、統合報告や ESG 開示の動きが加速していった。こうした動向を踏まえて、2017 年 10 月には同じく経済産業省により、ESG と無形資産投資に関する初めての体系的な手引きと政策提言として「伊藤レポート 2.0（「持続的成長に向けた長期投資（ESG・無形資産投資）研究会」報告書）」が公表された。その中で企業の開示の手引き（共通言語）としての「価値協創」のための統合的開示・対話ガイダンス─ESG・非財務情報と無形資産投資─（以下、「価値協創ガイダンス」という）が提示され、国際統合報告評議会の国際統合報告フレームワークとともに、企業側の報告書開示の参考として使用されている。こうした企業開示の動向については次章より概観していく。

第2章　企業報告の発展

1　法定開示

　前章で上述した、非財務情報への社会的関心の高まりと、投資家にとっての重要性の上昇を背景として、制度開示および非制度開示の両面において、非財務情報の充実へ向けて様々な変革への取り組みが進められてきた。

　例えば、米国では、1994年に米国公認会計士協会の下にいわゆるジェンキンス委員会が設置され、同委員会により1994年に「Improving Business Reporting - A Customer Focus」と題した報告書が公表された。この報告書の中では、「財務データと非財務データ」「経営者による財務及び非財務データの分析」「将来の予測情報」「経営者と株主に関する情報」「企業に関する背景」という5つの類型に即して情報開示の重要性が提唱されている。この報告書で提示された問題意識は、米国の証券取引監視委員会（SEC）による開示の様式などに反映され、重要な非財務データや環境関連情報の開示の充実をもたらしている。

　また、環境・CSR に関する法定開示としては、1970年代から、環境関連情報の開示を義務付ける SEC の規制や指針が導入され、1980年代から1990年代を通じて、情報開示の充実が図られてきた[1]。近時は、2010年制定のドッド・フランク法において、米国の上場企業に対して紛争鉱物の使用に関する情報開示義務が課されるなど、調達先開示を通じて企業に社会的責任を果たすよう求めていく動きもみられる。

　次に、欧州では、EU 会計法現代化指令（2003年）において、会社の発展や業績、状況を理解する上で必要な環境や社会的側面の分析を含めること、そして、事業に関連する非財務的 KPI を記載することなどが求められるようになった。また、国際会計基準審議会（IASB）は、2010年に、IFRS に準拠した財務諸表の作成に際して、経営者による説明（マネジメント・コメン

---

1)　國部克彦ほか『環境経営・会計〔第2版〕』（有斐閣、2012年）203頁。

第 1 編　統合報告が広がった背景

タリー）をあわせて作成するよう奨励している。さらに、2014 年には、EU 内の従業員が 500 人以上の社会的影響度の高い企業約 6,000 社を対象として、環境、社会、従業員、人権、腐敗などに関する非財務情報を年次報告で開示するよう求める非財務情報開示指令が出されている[2]。このほか、EU 紛争鉱物規制（EU2017/821）が 2017 年 5 月に制定され、米国の紛争鉱物規制と同種の開示義務が 2021 年から欧州でも課される見込である。

　こうした欧州の動きと並行して、例えば英国では、2013 年より、「戦略報告書（Strategic Report）」の作成が会社法により義務付けられた。財務報告評議会（FRC）が作成したガイダンスでは、戦略報告書において、戦略的経営（企業の目的や経営戦略、ビジネスモデル）、事業環境（主要リスクなど）、業績（主要業績評価指標（KPI）など）を相互に関連付けて記載すべきなどとされている。

　我が国では、事業活動にかかわる非財務情報に関する開示として、金融商品取引法の下で、「対処すべき課題」「事業等のリスク」や「財政状態及び経営成績の分析（Management's Discussion and Analysis：MD&A）」などの事項の開示が有価証券報告書において求められている。このうち MD&A については、開示内容の有用性の向上を図る観点から、金融庁の金融審議会ディスクロージャー・ワーキング・グループが 2016 年および 2018 年に報告書を公表し、経営者による財務・経営成績の分析（MD&A）の充実を提唱している[3]。これらの報告書を受けて、2017 年および 2018 年に内閣府令の改正が行われ、法定開示の充実が図られている。

　このほか、2015 年に公表されたコーポレートガバナンス・コードでは、非財務情報が正確で利用者にとってわかりやすく、情報として有用性の高いものにすべきだとされている[4]。さらに、2018 年 6 月に公表された同コー

---

2)　Directive 2014/95/EU of the European Parliament and of the Council of 22 October 2014 amending Directive 2013/34/EU as regards disclosure of non-financial and diversity information by certain large undertakings and groups Text with EEA relevance. https://ec.europa.eu/anti-trafficking/eu-policy/guidelines-non-financialreporting_en

3)　「金融審議会ディスクロージャーワーキング・グループ報告—建設的な対話の促進に向けて—」（2016 年 4 月公表）8 頁、「金融審議会ディスクロージャーワーキング・グループ報告—資本市場における好循環の実現に向けて—」（2018 年 6 月公表）4 頁。

4)　基本原則 3。

ドの改訂版では、非財務情報の中に ESG 情報が含まれることが明確化されており、プリンシプル（準則・原則）・ベースの下で ESG 情報の開示が要請されている[5]。

2　任意開示

　一般に、法定開示書類では、比較可能性の確保の観点から、様式や記載事項を遵守する必要がある。そのため、法定開示の枠組みの下で、企業が非財務情報の開示の充実を図ろうとすると、その記載の自由度に一定程度まで制約が生じるのを避けられない。そうした中で、企業が非財務情報の開示の充実を図る上では、法定開示書類とは別に、任意の開示媒体を作成・発行することが有力な選択肢となる。こうした動きのうち主なものとしては、統合報告書のほか、CSR・環境情報の開示と、知的資産情報の開示が挙げられる[6]。

(1)　CSR 報告書・環境報告書

　我が国では、1990 年代の後半から 2000 年代の前半にかけて、CSR や環境報告に関する社会的関心が大きく高まった。例えば、新聞大手 4 紙において CSR が取り扱われた記事数は、1990 年代の後半から 2000 年代にかけて大きな伸びをみせ、その後は 2010 年代に至るまで高水準での推移が続いている。これと軌を一にするようにして、環境報告に関する記事数も1990 年代後半から 2000 年代前半にかけて大きな伸びをみせている。

　この社会的背景としては、第 1 章 2 で上述した、環境や企業の社会的責任に関する社会の関心の高まりという事情が挙げられる。特に、我が国においては、2000～2001 年にかけて多発した企業不祥事への批判として、企業の社会的責任の重要性があらためて強く説かれるようになった。また、2003 年 3 月、経済同友会が企業行動白書「市場の深化と社会的責任経営」を公表したことを契機として、我が国に「CSR 元年」が到来したといわれるに至ったことも、同時期以降における CSR への社会的関心の高まりを

---

5)　基本原則 3「考え方」。

6)　古賀智敏「企業情報開示の新たな展開——財務情報と非財務情報の統合化の可能性と課題」税経通信 66 巻 14 号（2011 年）17 頁。

第1編　統合報告が広がった背景

生じさせた要因の1つとして挙げることができよう。

　CSRや環境に関する情報開示は、企業が社会的責任をいかに果たしているかを幅広いステークホルダーに対して開示することを目的とするものである。そのため、企業による環境保護やCSRへの取り組みが、当該企業の企業価値とどのように結びつくのかは、これらの報告書では明確に述べられていない場合が多い。しかし、CSRや環境への取り組みが企業の将来的な価値創造プロセスの中でどのような意義・役割を担っているのかについて、投資家を中心としたステークホルダーは強い関心を有する。こうした関心に対して適切な情報を提供する観点から、非財務情報と財務情報とを「統合」し、その関係性を明らかにすることが、企業が統合報告を作成する上での主な目的の1つとなっているといえよう。

(2)　知的資産に関する情報の開示

　CSRや環境に関する情報開示は、企業が社会的責任をいかに果たしているかを幅広いステークホルダーに対して開示することを目的とするものである。これに対して、企業価値の持続的な創造へ向けた能力を明らかにする目的で広がった任意開示媒体として、知的資産報告書が挙げられる。知的資産報告書の作成は、北欧を中心に発展し、我が国においても21世紀の「知的財産立国」を目指す動きの中で一定程度まで広まった。

　他方で、知的資産報告書には、自社の強みがどのように将来の利益やキャッシュフローにつながるのかが明らかでないなどの課題があるとの指摘もなされてきた。そのような課題に対応するための取り組みの1つとして、財務情報と非財務情報との間の結びつきを統合報告書の作成を通じて明らかにする動きが挙げられる。次章では、我が国では任意開示となっている統合報告についての動向を説明する。

第3章　統合報告の動向

1　統合報告の広がり

　統合報告書の作成事例の嚆矢としては、デンマークの製薬会社 Novo Nordisk A/S が 2004 年に発刊したアニュアルレポートが挙げられる。同レポートは、トリプルボトムライン[1]の考えに基づき、統合報告的な要素を備えたものとして、先駆的な意義を有する。この事例にもみられるように、当初、統合報告書の作成への取り組みは、ヨーロッパが中心となって進められてきた。

　そのような潮流の中で、英国のチャールズ皇太子によって設立された持続可能性のための会計プロジェクト（The Prince's Accounting for Sustainability Project。以下「A4S」という）は、2009 年 12 月にロンドンで開催された年次フォーラム会議において、組織の持続可能な業績に関する統合された、簡潔・明瞭で、比較可能性のある財務情報および非財務情報を提供するための国際的な財務報告フレームワークの開発を目的とする組織の設立を提案した。その後、A4S は、2010 年 8 月にサステナビリティ報告のためのフレームワーク開発を行っている Global Reporting Initiative（GRI）と合同で、国際統合報告評議会の前身である国際統合報告委員会（International Integrated Reporting Committee）を創設した。この委員会は、その後に国際統合報告評議会（International Integrates Reporting Council：IIRC）へと改組された。国際統合報告評議会は、規制者、投資家、基準設定主体、会計専門家および NGO 等により構成される国際的な連合組織である。

　国際統合報告評議会（以下、「IIRC」という）は、2013 年 4 月に、国際統合報告フレームワーク公開草案を公表した。同じ 2013 年には英国において会社法に基づく法定開示としての戦略報告書の公表が求められ、その中では「戦略の記述」「ビジネスモデルの記述」など従来の財務報告書系開示物

1）　企業活動に関して、「経済的側面」「環境的側面」「社会的側面」の3つの視点により評価する考え方。詳しくは第3編第1章注37）を参照されたい。

15

第1編　統合報告が広がった背景

では必ずしも十分ではなかった項目の記載が要請されるようになった。そして、2013 年 12 月、国際統合報告評議会により国際統合報告フレームワーク（以下、「IIRC フレームワーク」という）が公表され、上場企業が統合報告書を作成するときの指針が提示された。

　欧州以外の他国の動きを概観すると、2010 年に南アフリカでヨハネスブルグ証券取引所上場企業への統合報告書の作成が義務付けられたことや、2017 年にマレーシア証券取引所がコーポレートガバナンス・コードにおいて、統合報告の採用を上場企業に要請するなどの動きが特筆される。米国では、既存の開示として Form 10-K やアニュアルレポートが存在し、統合報告的な概念に関するニューヨーク証券取引所からの開示要請も特筆すべきものはみられないこともあり、米国企業の統合報告に対する関心は必ずしも高くない模様である。しかし、General Electric Company が、2015 年より、既存開示物である Annual Report、Proxy Statement、および Sustainability Website に記載された情報を、"GE 2015 Integrated Summary Report" として、戦略、業績、ガバナンス、報酬、サステナビリティを関連付けて1 つの報告書にまとめて発行しているなど、統合報告の要素を含む報告書を作成する事例が一部にはみられている。

2　統合報告の定義

　本項では、活動としての「統合報告」、開示物としての「統合報告書」、これらの中核となる「価値創造」、そしてこれらの根幹の概念ともいうべき「統合思考」について、定義を簡潔に述べる。IIRC フレームワークによると、「統合報告」「統合思考」「価値創造」「統合報告書」の定義は下記のとおりである[2]。

　統合報告：**統合思考**を基礎とし、組織の、長期にわたる**価値創造**に関する定期的な**統合報告書**と、これに関連する価値創造の側面についてのコミュニケーションにつながるプロセス　（IIRC フレームワーク　用語一覧 7）

---

2)　いずれも IIRC フレームワーク日本語訳 37-38 頁用語一覧。

統合思考：組織が、その事業単位及び機能単位と組織が利用し影響を与える資本との関係について、能動的に考えることである。統合思考は、短、中、長期の価値創造を考慮した、統合的な意思決定及び行動につながる。（IIRC フレームワーク　用語一覧 8）

価値創造：組織の事業活動とアウトプットによって資本の増加、減少、変換をもたらすプロセス（IIRC フレームワーク　用語一覧 18）

統合報告書：組織の外部環境を背景として、組織の戦略、ガバナンス、実績、及び見通しが、どのように短、中、長期の価値創造につながるかについての簡潔なコミュニケーション（IIRC フレームワーク　用語一覧 6）

　この定義で、報告主体が「企業」ではなく「組織」とされているのは、必ずしも上場企業だけでなく、広く民間セクター全般や、公的セクターの活動の報告にも同フレームワークを当てはめることを可能とするためである。どのような組織も、活動を継続するには資本の提供者を得ることが不可欠であることから、資本の提供者に有用な情報を報告する活動は広く組織全般に及ぶものと位置付けられている。

　また、よく混同されているが、統合報告はプロセスとして、また統合報告書はコミュニケーションとして位置付けられている。より具体的には、統合報告は「全体最適の視点から、自社（自組織）の価値創造プロセスを可視化する組織横断的な活動」とされており、単なる報告書作成だけではなく、組織／企業の課題発見と解決に資する活動であると IIRC フレームワークにおいて位置付けられている。

3　日本における統合報告の動向

　日本では、統合報告書を作成している企業は、図表 1-1 で示したとおり、2011 年は 50 社に満たない程度であったが、2013 年の IIRC フレームワーク公表を契機として、2014 年には 138 社となり、2018 年には 414 社にまで急増している。

第1編　統合報告が広がった背景

　実際に作成された統合報告書を概観すると、投資家向け「アニュアルレポート」とマルチステークホルダー向け「CSR レポート」を単に合体させて作成したという、ある意味コストカット志向とも思われるものから、IIRC フレームワークへの準拠を目指したものまで、日本国内の各企業が、様々な考え方で統合報告書の作成に取り組んでいることがみてとれる。このうち、IIRC フレームワークで定義されている「価値創造プロセス」の視点を取り入れようとする企業では、6 つの資本カテゴリー（「財務資本」「製造資本」「知的資本」「人的資本」「社会・関係資本」「自然資本」）に対してどのように自社のリソースを当てはめれば良いか、また、「情報の結合性」「簡潔性」などの指導原則をどう守るか、といった点で試行錯誤している印象がある。また、最近は、様々な報告書表彰制度の要件事項の中で、網羅性を意識せざるを得ない事情もあってか、分量が膨大なわりには前半でサマリー（要約）がなされておらずどこを読めば価値創造ストーリーが認識できるかわかりづらいものなど、百人百様の呈を示している。

　もちろん、統合報告書は、IIRC フレームワークを金科玉条として形式的に作成されるべきものではない。IIRC フレームワークはいわゆる原則主義に基づいており、細則主義の下で形式的な要件を満たすことを求めてはいない[3]。企業がその本業を通じて「社会と共生」し、また「社会に貢献」できるビジネスモデルこそが、キャッシュフローを継続的に創出し、中長期的に持続可能な成長を実現できるということを、統合報告書では表現すべきである。統合報告書はアニュアルレポートと CSR レポートを単に「合体」させたものではなく、社会との共生のあり方と経営戦略との関係を適確に伝えることのできるように、IR 的観点と CSR/ESG 的観点をダイナミックに"統合"した報告書とすることが望ましい。

　一方、上述のとおり、統合報告書の最も大事なポイントである価値創造ストーリー、すなわち、経営戦略を柱として非財務情報や SDGs をビジネスモデルに結合し、事業を通じての社会課題の解決の道筋を語るストー

　3）　IIRC フレームワーク日本語訳 4 頁では、「国際〈IR〉フレームワークは原則主義に基づく。これは、組織それぞれの状況に大きな違いがあることを認めつつ、情報ニーズを満たす上で十分な比較可能性を確保し、柔軟性と規範性との適切なバランスをとることを目的とする」とされている。

リーを理解するのに困難な報告書の事例が増えてきているのではないか、という懸念や危惧を抱かれる人も少なくない。統合報告書の中に実際に機関投資家との対話に必要な情報が含まれているのか、機関投資家との実質的な対話ツールとして有効に活用される情報開示になっているのか、という問題意識を有する企業も増加しているのではなかろうか。

　第2編では、こうした統合報告書の課題認識を踏まえ、統合報告においてユニークな活動を行っている企業の経営者のインタビュー、および統合報告やESG開示に関して国内外の機関投資家にインタビューした内容を記載する。

第2編

統合報告に関する
投資家・経営からの視点

第1章　投資家・市場関係者の視点
第2章　経営の視点

第２編　統合報告に関する投資家・経営からの視点

 投資家・市場関係者の視点

　機関投資家が統合報告書をどのように読み、使っているか、そしてESGを含めた企業の開示に対する課題について今回、国内・海外の機関投資家や市場関係者にインタビューを行った。
　一口に機関投資家といっても、運用方針や投資判断の考え方は会社やファンドマネージャーにより様々である。今回インタビューにご協力いただいた機関投資家は中長期投資を基本とし、企業との対話を非常に重視する投資家としてご登場いただいたものである。

１　インベスコ・アセット・マネジメント

インタビュー対象者：
インベスコ・アセット・マネジメント株式会社　取締役運用本部長　チーフインベストメントオフィサー　小澤大二氏
インベスコ・アセット・マネジメント株式会社　運用本部　日本株式運用部コーポレートガバナンスオフィサー　古布　薫氏
＜投資家プロフィール：インベスコ・アセット・マネジメント株式会社は、「素晴らしい投資体験を通じて、人々の人生をより豊かなものにする」ことを会社の存在意義として掲げ、グローバルな運用力を提供する世界有数の独立系資産運用会社インベスコ・リミテッドの日本拠点である。国内外の公的年金・企業年金、事業法人、銀行や保険会社など機関投資家を対象に、株式や債券などの伝統的な投資戦略からオルタナティブなど非伝統的な投資戦略まで幅広い商品およびサービスを提供している。また、銀行・証券会社・保険会社などを通じて個人投資家向けの投資信託およびサービスを提供している。インベスコ・リミテッドは、世界20ヵ国以上に拠点を置き、ニューヨーク証券取引所に上場、S&P500の構成銘柄として採用されている＞

Q．企業との対話に関して、どの立場の方とどのような内容の対話をなさるのか、また対話における貴社のスタンスを教えてください。

第1章　投資家・市場関係者の視点

Ａ.

　企業との対話は、様々な質疑応答を通じて企業価値の持続的成長可能性、サステイナビリティに対する判断をするために必要不可欠なものです。対話によって企業価値の持続的な成長に対して確信を持つことができるかで、その銘柄を保有するかどうかという投資の意思決定を行います。

　例えば業績下方修正が続いている時には、表面的な原因の説明ではなく、対話を通して本質的な企業の競争力に変化が生じているか否かを議論することが重要であると私達は考えています。もしビジネスモデルに問題が生じているのであれば、そもそものビジネスモデルを変える、あるいはキャッシュの使い道を抜本的に変える必要があるのかもしれません。そのようにビジネスモデルのあり方、資本配分のあり方を議論することが最終的に、企業にとっても、また私達にとっても有益な結果をもたらすことを期待しています。企業側にとっては社内からはなかなか出てきにくい意見であっても投資家という外部の声がマネジメントの意思決定の判断材料の１つになることもあるのでは考えています。外部ならではの目線で経営に問いを投げかけること、そしてそこから気づきを得たマネジメントが自らの判断で企業をより良い方向に導くきっかけを作ることが建設的な対話、つまり「エンゲージメント」の目的の１つであると理解しています。

　一方で、「エンゲージメント」が成立するためには、企業側および投資家に相応の資質が求められます。

　企業側、とくにマネジメントは、投資家の意見に真摯に耳を傾け、それを気づきとして事業戦略、資本配分についての意思決定に活用していただきたいと考えています。マネジメントは投資家の意見だけでなく、判断に資する様々な情報も持っているはずであり、様々な意見を取り入れることによって、より総合的に適切な判断ができると思います。

　同時に投資家側には十分な分析力と、適切な問いを立てる能力、そしてそれによって気づきを与える能力、などが求められます。私達も企業から評価していただけるレベルの対話をできるよう事前に必要な情報の分析を行うなど最善を尽くします。企業が投資家を選択するという点には様々な意見がありますが、エンゲージメントが成立しないレベルの投資家のためにマネジメントが時間を使う必要性はないといえるでしょうし、私達投資

第2編　統合報告に関する投資家・経営からの視点

家はマネジメントが貴重な時間を使うのにふさわしい対話を行う必要があります。企業側に対しても、あえて耳の痛い意見をいう投資家を敬遠せずに、積極的な対話の姿勢をとっていただきたいと思います。

Q. *統合報告書についてご意見をお聞かせください。*
A.

　投資家にとってこの報告書を読めば財務、非財務すべての情報を理解することができる便利で重要な情報開示ツールといえます。私達は企業と対話する際には必ず統合報告書に目を通すことにしています。

　統合報告書は事業、ミッション、ビジネスモデル、社長メッセージ、社外取締役メッセージ、ESGなど企業を理解するのに必要な様々な情報がワンストップでみられる、投資家にとって必須のものです。かつては別々に開示されていた財務情報と非財務情報が合わせて開示され、またガバナンスに関する情報が豊富である点がとても重要です。

　統合報告書以外にも、各種財務資料、コーポレートガバナンス報告書、また企業が株主に対して直接何を発信したいかが良くみえる株主通信にも必ず目を通すようにしています。

Q. *なかには大変分厚い統合報告書もありますが、ボリュームについてはどう考えていますか？*
A.

　銀行や保険など法定開示もある業界では致し方ないとは思います。とはいえなんでも企業がアピールしたいことばかりを載せればいいとは限りません。分量とは関係なく、投資家にとって重要となるポイントを押さえているか否か、企業にとって都合の良いことばかりではなくリスクを含め真摯な分析がなされているか否か、といった点が重要なのではないでしょうか。

Q. *統合報告書の中で特に注目するコンテンツなどはありますか？*
A.

　社長メッセージは特に注目しています。社長自身がご自分の言葉でメッ

セージを書いているかどうかが重要です。統合報告書の社長メッセージは投資家だけでなく従業員へのメッセージという意味もあり、表面的な議論だけではなく自社の抱える課題について率直に述べられていることが必要ではないでしょうか。

例えば、三菱UFJフィナンシャルグループの統合報告書では日本語と英語で社長メッセージが違い、英語のほうがやや厳しいトーンになっています。日本と海外の従業員では伝え方を変える必要があると考え、社長ご自身の意図で変えているそうです。また、平野社長は銀行が向き合わねばならない厳しい課題について統合報告書で強く訴えられており、いいことばかりを書いて綺麗にまとめてしまう統合報告書も多いなかで、目を引く内容となっていました。2017年の日経アニュアルリポートアウォードでも平野氏のメッセージを評価し特別賞としています。

逆に、都合の悪いことを書かずにすべてうまくいっているかのようにまとめられているレポートは、企業の実態が理解しづらく焦点がぼやけてしまうと思います。中立的な立場からの市場分析等も記載されているレポートは業界分析にも非常に有効です。

Q．統合報告書における、ビジネスモデル、稼ぐ力の表現において何が重要だとお考えですか？

A．

どうやってキャッシュを稼ぐのか、そしてそれは競争力がある仕組み（ビジネスモデル）なのか。また、そのビジネスモデルをどうやって維持し、持続的に企業価値を拡大していくのかについて表現していただけると我々投資家はより確信を深めることができます。

企業価値が持続的に成長しているということは、何らかの差別化要因が存在しているからこそであると思います。自社固有の差別化要因、強みが何であるかに立ち返ることによって、ビジネスモデルの最適な表現方法がみつかるのではないでしょうか。

ビジネスモデルは企業価値拡大の根幹であり、今後3-5年の経営環境をみながら、ビジネスモデルをどう使い、どこに資金を配分するか、を示したものが中期経営計画であるとの理解です。

第2編　統合報告に関する投資家・経営からの視点

Q．統合報告書の中でコーポレートガバナンスの記載は重要といわれています。
2018 年に改訂されたコーポレートガバナンス・コードには「資本コストに配慮
した経営」と記載がありますが、企業はこれをどう考えるべきか、どう開示す
べきか、お考えをお聞かせください。

A．

　現実として、対話をしていると、資本コストをあまり考慮せずに経営戦
略を作っている状況が透けてみえてしまうことはあります。

　資本コストに関して重要なことは、各事業が生み出す収益性を正確に把
握し、企業が市場から調達している資本に要求されている収益性に鑑みて
適切な配分を実行しているかどうかであり、それが資本コストを意識した
経営戦略を遂行しているということではないでしょうか。

　ある事業部門の資本収益率が長期的に資本コストを上回らないのであれ
ば、その事業は企業価値を生み出していないということになり、見直しが
必要な部門ということになります。

　どのようなバランスシートを目指すのか、長期的に目指す収益水準をど
のように設定するのかをすべて明確にしたうえで初めて資本のアロケー
ション、すなわち経営戦略を決定することができ、ターゲットの資本収益
率が設定されるのではないでしょうか。

　ただし、企業が考えている時間軸は投資家に十分伝わっていないという
こともあります。ROE が低くても、今はインキュベーション（事業の孵化）
期間です、という説明をいただくこともあります。投資家としても、収益
性目標を単年度で達成することで期待しているわけでなく、中長期的に達
成できるように経営戦略を立案、実行していただきたいと思っています。

Q．資本配分について、最近の統合報告書に記載が少ない気もしますが、どのよ
うにみていらっしゃいますか？

A．

　資本配分に関して、ある企業にどうやって決定しているかを聞いたとこ
ろ、各事業部門がボトムアップで計画を出してマネジメントが承認する、
との答えが返ってきました。

　それでは経営戦略としての資本のアロケーションができていないといわ

26

ざるをえません。事業部門が強すぎて、実際に必要な投資がいくらなのか経営者がわかっていないというのが多くの企業の現状ではないかと思います。

　トップダウンによるドラスティックな資本配分が難しいという背景、日本における特有の雇用慣習もその一因であると考えています。

Q. *統合報告書におけるESG情報全般の開示について、どのように判断されていますか？*

A.

　投資家はESG情報について以前から投資判断に活用してきていると思います。そうでなければ長期的に確信をもって投資することはできません。統合報告書におけるESG情報の開示も含めて投資家は企業価値の持続的成長の可能性を判断しているのです。

　ESGの中でも特にガバナンスは重要です。強いガバナンスのもと経営陣が経営を遂行できなければその企業は持続的に成長することはできません。

　また、ESGは企業価値の持続的成長の基盤を形成するとは思いますが、来期の収益を作るわけではありません。そして、サステナビリティ、つまり持続的成長のための経営基盤をワークさせるのはGガバナンスであり、その中にE環境S社会といった要素があると理解しています。

Q. *統合報告書の価値創造プロセス図（オクトパスモデル図）でESGとのつながりを表現すべきだと思いますか？*

A.

　ESGに関する戦略を具体的にわかりやすく説明することには難しい側面があるかもしれませんが、企業側で行っている取り組み事例を体系的に紹介していただくことはできるのではないでしょうか。

　例えば取締役会で議論されている内容を具体的に表現することは社内取締役、社外取締役が一体となって持続的な企業価値拡大に取り組むガバナンスの証明にもなるでしょう。全般的・定性的な説明だけでなく、実際の具体例があることで説得力が違ってきます。

第2編　統合報告に関する投資家・経営からの視点

Q.　EとSの要素についての投資判断織り込みはどのようにされていますか？
A.

　Eは重大なケースが生じる可能性もありますが、個社の投資判断の決断を促す可能性は限定的なことが多いと認識しています。

　そもそも、私達はESGだけで投資判断をするわけではなく、ESGは投資判断をするための1つの要素です。我々が行っているのはESG投資ではなくESG integrationです。

　Sについては、ある企業活動に社会的な悪があれば重大な問題になりえます。また、組織として従業員に良いインセンティブが与えられていない、優秀な人が上に上がっていけなければその企業の将来は危ういのではないでしょうか。もちろん企業の中で全員が幸福になるのは難しいことでしょう。だから、従業員にとって重要なのはfairnessではないかと思います。そういった企業価値の持続的な成長を可能にするような仕組みが確立されているか否かという点も重要なSのテーマになるでしょう。また、組織のイノベーション創出を促し成長を促進するためにもダイバーシティも今後より重要となっていくでしょう。

　企業価値の持続的な成長を決定付ける大きな要因は経営トップの存在です。そのトップを決めるプロセス、つまりサクセッションプランもSの重要な要素の1つだと思います。サクセッションプランの重要性は、直接社長の後継者を指名する過程だけではなく、社長候補に至る過程において適切な人事評価がなされ候補者が育成されているかどうか、という点にも当てはまります。

Q.　G（ガバナンス）についてはどうお考えでしょうか。
A.

　ガバナンスに関しては対話によってより理解が深まると考えています。社外取締役の役割や適性など、「この人は、こういう話をしてくれるんです」という具体的なエピソードを聞くことができたり、あるいは社外取締役と直接対話できるということが重要でしょう。統合報告書においては社外取締役が登場することが多くなりましたが、この点においても良いことばかりを記載しているのではなく、中立的な立場から社外取締役のコメントや

第1章　投資家・市場関係者の視点

取締役会の実効性の評価がなされることが重要です。

　取締役会の実効性に関して社外取締役の人選において独立性が確立しているといっても弁護士と公認会計士等ビジネスとあまり関係ない人物しかいないという状態は、確かに独立性は確保されているかもしれませんが、取締役会全体の機能としては不十分であるともいえるでしょう。取締役会には多様性のあるバックグラウンドの人を集めることが大切で、その企業がビジネスにおいて解決したい課題のスペシャリストが社外取締役を務めているということが必要です。

　社外取締役の人選においては、独立性・適性・多様性それぞれが大事で、またその企業にとっての課題を解決すべく、取締役としてのスキルセットのマトリックスを定義し、それを満たす候補者を選任するべきです。取締役をサラリーマン人生のあがりポジションとしていては、もう取締役会は機能しない時代だと思います。

Q. *ガバナンスを判断するうえでほかに重要なことはありますか？*
A.

　投資家はガバナンスへの関心が非常に高いことを考えれば、取締役会の実効性を伝えるべきIR（投資家広報）と、取締役会の近さは大事だと考えます。IR担当は取締役会に陪席すべきではないでしょうか。

　投資家からみれば、IRを大切にしているということは株主を大事にしている、信頼できる企業である、という認識になります。

　中にはIRに本当の課題を伝えないマネジメントもいますが、投資家サイドからみれば不信感があり、あまりお付き合いしたいとは思いません。

　業績の悪い時にこそ積極的な情報開示と株主との対話を行うマネジメントは投資家の信頼を得ることができるでしょう。

2　あすかアセットマネジメント、あすかコーポレイトアドバイザリー

インタビュー対象者：
あすかアセットマネジメント株式会社
あすかコーポレイトアドバイザリー株式会社取締役ファウンディングパー

第 2 編　統合報告に関する投資家・経営からの視点

トナー　光定洋介氏

＜投資家プロフィール：あすかアセットマネジメント、あすかコーポレイトアド
バイザリーは、「飛鳥時代」を社名の由来にしたもので、2005 年にあすかバリュー
アップファンドの創立者として、光定氏がファウンディングパートナーとして参
画、立ち上げした国内独立系運用会社・投資助言会社＞

Q. *まずは貴社についてのご紹介、特に運用方針などについて説明願います。*
A.

　あすかアセットマネジメント株式会社およびあすかコーポレイトアドバ
イザリー株式会社の両社では「あすかバリューアップ戦略」という投資戦
略を 2005 年に設立して以来、同戦略において、特に国内の 15-20 社程度の
中小型企業に対して集中投資を行っています。投資対象企業に対してはエ
ンゲージメント活動を必ず実施し、友好的な価値創造活動を通じた「パー
トナーシップ型投資」を基本方針としています。特に日本における中小型
企業は、投資対象としての魅力度は高いものの、アナリストカバレッジの
欠如や投資家との対話に関する経験不足、リソース不足やコーポレートガ
バナンス強化が必要なケースがあり、本来の企業価値を実現できていない
ケースがあります。当社のパートナーシップ型投資は、こういった企業に
対して、長期的なステークホルダーとして企業価値向上のための仮説を
ディスカッションし、問題解決のための方法論を提示することで、企業に
よる自律的変化を促すことを重視しています。また、企業戦略のディスカッ
ションを通じて、キャッシュフローの改善やダウンサイドの抑制につなが
る提案を行うことも多々あります。長期・集中投資であるがゆえに、企業
と高い頻度での継続的・複合的な対話が可能であり、こうした対話を通じ
て企業価値向上（バリューアップ）が実現できると考えています。

　長期投資家というと、昨今では ESG 投資が注目されています。あすかバ
リューアップ戦略では、銘柄スクリーニングのようなトップダウンの紋切
り型の ESG 視点の取り入れ方は行わず、個別企業に応じた ESG 視点の取
り込みやディスカッションテーマとしての設定を行っています。ESG 情報
に関しては、個々の企業によって、どの ESG 項目が企業価値に影響を及ぼ
すかを考え、その特定の項目やテーマに注目し、課題への対応と変革を促

第1章　投資家・市場関係者の視点

すためのエンゲージメントの中に取り入れています。ESG視点の取り入れ方としては、ボトムアップの企業評価改善、すなわちバリューアップのための1つの手法として利用しているといえます。

当戦略で積極的に投資したい企業とは、基本的には幅広い意見に耳を傾ける良い経営陣がいて、事業に競争力があり、我々が価値創造のお手伝いができる可能性がありそうな会社です。そういった企業とのエンゲージメントによって、戦略策定や戦略再構築、社外へのディスクロージャー、コーポレートガバナンス対応などの改善を促し、長期的に企業価値が向上するよう、対話を継続的に行っています。

ちなみに、私自身は、WICI（The World Intellectual Capital/Assets Initiative：知的資本・資産世界構想）Japan が毎年行っている統合報告優良企業賞の審査委員なども務めており、多くの企業の統合報告書を拝読させていただきました。

Q. 現状の日本企業の統合報告書の課題について、読み手の立場でお考えをお聞かせください。

A.

日本では多くの中小型企業が本来の価値に対して株価が割安になっている場合が多いと考えています。理由の1つは、戦略などが明確に投資家に伝わっていないことが多いからだと思います。こうした場合、IR活動や統合報告などによって戦略などをきちんと伝えることができれば、日本の中小型企業の企業価値はずいぶんと上がる余地があるのではないかと考えています。

統合報告書に関して私が考える課題については、まずは、つながり、いわゆる結合性が挙げられます。ストーリーとして、非財務情報と財務情報がうまくつながっていない、また企業価値創造ストーリーと経営戦略が話としてうまくつながっていない例が多いです。また、WICIの統合報告優良賞の審査委員をやらせていただき強く思うことは、とにかく読むのが大変だということです。最近の統合報告書は1冊100頁程度あるものが多くなっていますが、統合報告書審査となると、これを1週間で10冊程度読む必要があり、正直にいうと、統合性が無かったりどの企業でも使っている

31

第2編　統合報告に関する投資家・経営からの視点

表現に終始していたりするなど、中には読むのがつらいと感じられるものもあります。私は普段から統合報告書の中で最初に読む順番を決めています。まずは、何をしている会社なのか、競争戦略について読みます。そして会社の事業と戦略を粗々把握した次は、経営者のメッセージに進みます。この経営者の言葉を読んだときに、いかにも事務方が書いた文章だと感じると、そこからは正直なところ読むのがつまらなくなります。一方でこれが経営者自身の、自分の言葉で語られているというものであると、そこから面白くなりどんどん読んでいこうという気持ちになります。面白さというか、重要なのは、本当の言葉で語っているかどうかというところですね。

Q. 投資家の立場として、企業のESGの取り組みや情報開示についての印象を、具体的な事例を踏まえた上で教えていただけますか？

A.

　私たちが企業に期待していることは、この次のステージにはどうやっていくのか、それが期待できる躍動感があることです。ESGの取り組みについても、企業によっては非常に躍動感をもって様々な取り組みをされていて、組織の末端までその精神がしっかり入っていて、それが例えば統合報告書の中でもきちんと書き込まれている場合があります。例えば、ある大手商社と対話したとき、10年後、30年後に自社が生き残っているか、万が一残らないとしたら、何が問題なのかということについて、社内で徹底的に議論をしているという話を聞きました。生き残れない場合の問題を整理していくと、環境（E）の問題や社会（S）の問題に行きつくとの気づきがあり、それが社内で共有されたそうです。しかしそういった社内の試みや問題意識については、統合報告書を読むだけでは伝わってこないのです。これは非常に残念なことです。

　もう1つ、統合報告書には本当に知りたいことが抜けていることが多いということです。例えばガバナンスは大切だと考えていますので、特にサクセッションプラン、すなわち、次代の経営者の候補者プールをどのように構築しているかについて知りたいです。構築の仕方の良し悪しではなく、企業がどう考えてサクセッションプランを実践しているかを知りたいのです。例えば、ある企業と対話した際に、その企業では経営者候補について

32

ABCD評価をしている。しかし結局はA評価の方ばかりが残り、B評価の方はほとんどが途中でお辞めになり、外資系企業などに移籍したりすると。そして結果としてA評価の方が残っているということをお伺いしました。そうすると投資家の立場としては、「そうか、この会社はA評価の方ばかりが経営者になるのか。ということは、あまり無茶なリスクテイクはしないし、そつのない経営をしていく会社なのだろう」という評価をします。また、別の企業では、3つの大きな経営者の候補者プールがあって、1つめは景気が順調な場合の経営者の層。2つめは会社の製品などが変調をきたした場合の層、そして3つめはそのいずれでもない層、つまりリーマンショックのような会社の製品や戦略ではなく景気全体が悪くなった場合などに対応する層であると。それぞれの場合によって対処をするべきトップ人材が異なるから、場合ごとに違うプールを用意しておいてその中から選ぶのだというわけです。こういうことをお伺いすると私たち投資家としても、その企業は社内外の様々な要因に対して対応できるのではないかという期待が持てるわけです。しかし、残念ながらいずれのケースもこれは口頭での対話による情報であり、開示物としての統合報告書等を読む限りそれはわからないわけです。でも投資家にとっては、そういう情報こそ本当は重要で、知りたいことなのです。

　また、ガバナンスについては、取締役会の構成についても重視しています。取締役会という会議が、経営戦略、営業、人事、総務、ファイナンス、法務、いろんな分野で、どれだけ企業全体としての英知を持っているかどうかというのが、企業にとっては勝負を分ける要因だと思うからです。もちろんすべての分野がまんべんなく5段階の満点5点でなければいけないということではなく、その企業の置かれている状況によって違う、例えば、今は営業を強化しなきゃいけないから営業は5点、だけど人事は3点とか、そういう状態であって良いと考えています。だからこそ、今、会社が置かれている状況がこうだから、会議体としての取締役会のメンバー全員の個性を5段階評価すると、これぐらいの知見を備えている、ただ、会社の状況が変わったら例えばこんなふうに変えていくのだろうというようなことがわかると、ああ、しっかりと躍動感のある、時間軸のある取締役会になっているな、という評価ができるわけです。

第2編　統合報告に関する投資家・経営からの視点

Q．ESG のうち、環境や社会についての統合報告書の記載についてはいかがで
すか？

A．

環境、社会の項目については、実は日本では多くの投資家がそれほど知
見は高くないと私は考えています。だからこそ、むしろ企業側から、何が
自社にとって問題になるかということを教えていただきたいと思います。

非常に良いと感じた事例ですが、ある企業との対話の中で、リサイクル
した物を使いながらユニークなホテルを作っているという取り組みを紹介
していただきました。そしてその企業では取り組みの紹介にとどまらず、
環境への配慮を具体的に示す経営をすることによって、自社はサステナブ
ルなグロースを実現していくのだと、説明していました。

また別の企業と対話させていただいたとき、「今の若い人は、優秀な大学
を出た方々についてもほとんどの人が社会貢献をしたいというような希望
を持つ人が多い。そうなると企業としても、わが社は社会貢献をしっかり
と実行しているということをアピールしなければ、いい人材の獲得ができ
ない。したがって、当社は人材獲得戦略の一環として社会貢献を重視して
いる。」といったお話をお伺いし、これも非常に印象的でした。こうした、
人材獲得の一環として社会貢献をしているという考え方が実際に優秀な人
材の獲得につながっていることを、統合報告書などで可視化してみせてい
ただければ、多くの投資家にも非常によく伝わってくるのではないかと考
えます。例えば製品戦略についても、環境や社会に配慮した製品を作る取
り組みが差別化につながり、結果としてシェアが上がった事例など、そう
いう話が報告書に載ってくると、E（環境）S（社会）に関する情報が経営戦
略とつながってくるのではないかと考えています。

3　Schroders

インタビュー対象者：

Ms. Seema Suchak（ESG Analyst）

＜投資家プロフィール：Schroders は、200 年を超える歴史と実績を誇る英国屈指
の独立系資産運用グループで、グローバルで幅広い資産運用サービスを展開。
Suchak 氏は英国ロンドン拠点での日本企業を含むグローバルの企業の ESG に関

第1章　投資家・市場関係者の視点

するアナリストである＞

Q．*投資家にとっての ESG のとらえ方について教えてください。*
A．
　「E」「S」「G」の3つの要素に限らず、その企業が、台頭するグローバル
な問題や様々な社会の変化にどのように対応し、適応していくのか、その
能力・体制があるのかが投資判断において重要であると認識しています。
そして、企業の存続は企業がステークホルダーとどのような関係性を築く
のかによって決定すると考えています。なお、ステークホルダーには、伝
統的な ESG の概念に含まれるような、顧客やサプライヤー、環境、政府関
係者や規制当局、投資家などが挙げられます。

Q．*投資判断を行う場合、どういった情報収集手段を持っていますか？*
A．
　複数の評価機関に加え、ESG 情報の収集に関しても、複数の情報ベン
ダーを使用しています。こうした評価機関が提供する評価情報は、あまり
馴染みのない企業や市場の概要を把握するためのスターティングポイント
（出発点）として活用しています。評価機関が提供する情報は、過去の情報
を元に評価しているので少し backward-looking と考えており、例えば、あ
る評価機関は、会社の不祥事等の事案が発覚すると評価を下げる仕組みを
持っています。一方、投資家としては、もう少し forward-lookinng な、積極
的な姿勢を持ちたいと考えます。例えば、投資家としては、ある評価機関
の評価が下がるよりも前にその兆候を掴む必要があるわけです。競合する
他の投資家が行う売買とは別の動きをし、競合する投資家が見出せない機
会を見出していきたいと考えています。
　なお、アクティブ運用の投資家として、投資判断において、企業との対
話は非常に重要であると考えています。対話は、企業と Schroders の ESG
チームの間のみならず、弊社内の担当アナリストやファンドマネージャー
も含めることとしています。この3つのチームの連携は密接であるべきと
考えています。仮にアナリスト抜きで企業側と対話をする場合でも、企業
に質問する内容や、企業に伝える戦略上の要望などを弊社のアナリストと

35

事前にすり合わせ、方向性が 100％合致していることを確認してから訪問します。例えば、先日ある企業を訪問し、気候変動に関する長期的な目標設定を実施してほしい、といった対話を実施してきました。その際、事前に当該企業を担当するアナリストと対話し、長期目標の設定が同社にとってどのような影響を与えるのかについて確認しました。

　また、ESG 情報を調査する際には、アニュアルレポートや統合報告書を最初に読みます。その後は、企業が発信している情報の他にも外部からの情報や記録、ニュースなどを参考にしています。一方で、近年ではレポートを読まなくとも、AI や Web scraping software などを活用しており、キーワード検索等で必要な情報を収集しています。ただ、統合報告書などのレポートは読むものの、深くまで読む数は少ないです。他方で、統合報告書の良さは、キーワード検索では知ることのできない、その企業が直面している課題の全体像や、対策の優先順位などが理解できることであると認識しています。

Q．*統合報告書の開示内容について意見があれば教えてください。*
A．

　統合報告書におけるコーポレート・ガバナンスの開示には、私たちが求めている情報開示レベルとのギャップがあると思います。取締役会のメンバーの詳細ではなく、取締役会の運営方法やその実効性評価など、目にみえにくい情報についてより知りたいと思います。また、報告書では冒頭で財務業績の説明をするのではなく、それより前のページにおいて事業・戦略説明をし、読者に企業の全体像を理解してもらうことが重要だと思います。

　次に価値創造ストーリーですが、これは事業の戦略そのものであるため、その作成時には企業トップのコミットメントが重要であると考えます。よって、投資家としては社長メッセージなどの記載が有用です。

　ちなみに、統合報告書の中で記載する事業に関しては、全体業績への影響度や業績の良し悪しに関わらず、なるべくすべての事業について記載するべきだと考えています。どんなに小さい事業やジョイント・ベンチャーでも、そこで重大な ESG に関わる事案（不正や人権問題等）が発覚した場合、

第1章　投資家・市場関係者の視点

企業全体の業績に影響する可能性があるからです。

　なお、私がおすすめする統合報告書としては、化学企業のDSM（デンマーク）があります。自社の事業が社会に与えるインパクトについて、経年比較性の高い定量データと共に開示しているからです。

Q. *統合報告書にもSDGsの要素が最近開示されていますが、投資家にとってのSDGsの有用性についてどう考えていますか。また、ESGにおけるマテリアリティ・マトリックスの開示も増えてきましたが、この有用性についてはいかがでしょうか？*

A.

　SDGsに関していえば、SDGsの主なアクターは国であり、企業の活動にかかってくるターゲットは全169のうちおよそ約半分であり、その中で投資家にとっても有用性のあるものは半分程度だと思います。現在のところ、企業のSDGs対応が自社の既存事業に合致するSDGsを探してアイコンを紐づけ開示するのみに留まっているものが多い印象です。SDGsを踏まえて、事業のあり方や取り組みを変えていこう、といった姿勢をみることができなければ有益な情報とはなりにくいと思います。

　また、マテリアリティ・マトリックスについては、企業の重要課題の正解を出すということではなく、重要課題を決定するにあたって会社が活用した思考プロセスを伝えることが重要であると考えます。例えば、ある企業が「サプライチェーン」の重要度を低く評価したとします。それに対して、もしかしたら自分は違和感・疑問を感じることもあるかもしれませんが、自分はその企業のCEOではありません。よって、なぜその企業にとって「サプライチェーン」の重要度が低いのか、その裏付けや理由がマテリアリティ・マトリックスから読み取れれば、それは投資家にとっては有用であると考えます。

Q. *統合報告書における価値創造プロセス図の表現について、IIRCのオクトパスモデルと異なる、多種多様な表現が日本の統合報告書にはみられますが、投資家としてどう思いますか？*

第2編　統合報告に関する投資家・経営からの視点

A.

　価値創造プロセスの図解に関して、論理的プロセスを落とし込んだ図解ではなく、綺麗にみせることを主眼に置いた図を開示している場合は投資家にとっての有用性は低いと考えています。例えば、ある企業の統合報告書をみると、アウトカムのところに社会への価値提供の意味合いで笑顔の子供の写真や漠然としたイメージが記載されていますが、より多くのデータの記載が望ましいと考えます。イメージや写真のみだと、どちらかといえばマーケティング用のPR誌に近い印象になり、投資家としては何も読み取ることができません。もう少し具体的、具象的な情報が望ましいでしょう。もし「お客さまが幸せになる」というインパクトを強調したいのであれば、顧客満足度等の定量的なデータの開示がより有用だと思います。

　ただし、定量的なデータを開示する場合は、その数値が自社の戦略の中で何を表すのかが明確でないと有用ではありません。例えば、「20××年までに1000万トンの砂糖を自社製品から削減する」という目標を説明する場合、1000万トンの絶対値のみの開示では何も意味をなしません。この場合、さらに、その目標を設定する以前はどれくらいの砂糖を使用していたのか等の削減の比較基準も合わせて記載されるべきですし、その場合はパーセンテージ表記のほうがより有用です。

　日本の統合報告書は、cultural context、つまり日本の文化的な要素もあるせいか、マーケティング（PR）要素が強く、明確なビジネスモデルの目的の記載、戦略目標の記載が少ないと思います。特に、ビジネスモデルに関しては、実際に会社が「何を」しているのかを伝えなければなりません。会社の事業内容が、マーケティング用のスローガンに隠れているのは良くありません。また、ビジネスモデルを説明する際に、社会的なメガトレンドがどのようにビジネスモデルに影響するのか、例えば今後の人口動態の変化にどのように対応していくのか、などを記載する必要もあります。

Q.　*日本企業のESG情報開示について見解を教えてください。*
A.

　環境情報に関する開示については長けています。一方で、人的資本に関する開示は海外企業より詳細ではありません。特に、グローバルベースで

の人材に対する取り組みの記載が少なく、まだまだ日本本社での取り組み
に限られている企業が多い印象です。

また、気候変動に関しては、日本だけではなく多くの企業でTCFDへの
対応と実施に苦戦しているのが実態です。

ガバナンスについては、同僚がコーポレートガバナンスの調査（ガバナ
ンスのそれぞれの要素と長期的な株価の相関性をテーマとしたリサーチ）を最
近実施しましたが、日本は、アングロサクソン文化圏、中国、他のアジア
の国々のどこにも属さないユニークな体制を持っていると思います。最近、
コーポレートガバナンス・コードが改訂され、資本コストについて言及さ
れていますが、やはり投資家としては、その企業の資本配分計画について
より多くの情報を理解したいと考えています。ただ、資本コストに関して
は、時間軸でみることが重要です。そしてこれらの情報の網羅性を求めて
いるわけではなく、重要・有用な情報のみが欲しいと考えます。

また、ESG投資家にとってはサクセッションプラン（後継者計画）の開示
が重要です。その企業がどのようなアプローチで後継者計画を企画し、実
行しているかを理解したいと考えています。近年では英国企業との間でも
後継者計画に関する対話を実施している傾向にあります。

4　USS Investment Management

インタビュー対象者：

Mr. David Russell（Head of Responsible Investment）

*＜投資家プロフィール：USS（Universities Superannuation Scheme）は、英国の大
学および高等教育機関に従事する職員向けの退職年金基金のことで、アセット
オーナーでありアセットマネジャーでもある。David氏は元環境経営の大学教授
としての肩書を持ち、その後環境マネージャーとしての経験を経て、現在、USS
Investment Management にて Head of Responsible Investment として環境・社会課
題の観点から多様なアセット・クラスのポートフォリオを担当。David氏のチー
ムは現在6名で構成され、1人は不動産ポートフォリオ等のプライベート・アセッ
トを専門としている。＞*

Q．まず、ESG情報の1つでもある、コーポレートガバナンスに対する機関投

第2編　統合報告に関する投資家・経営からの視点

資家としての考え方を教えてください。

A.

　いくつか重要な点について申し上げると、まず、コーポレートガバナンス・コードが改訂され、後継者計画について指摘が強化されたことは良い動きと評価しています。会社の CEO が突然事故で亡くなるなどといった想定できない事態が発生する場合もあります。スムーズな経営を進めていくにあたり、後継者に関する計画は常に持っておくべきであると考えます。株主は CEO やトップマネジメントの後継者計画に主に関心を持っていますが、これらトップマネジメント以外、つまり主要なスタッフレベルの後継者計画に関する記載も必要だと思います。それは例えば、○○氏が△△スタッフの後継者候補になっていくといった具体的な名前等ではなく、計画自体が存在し実行されていることが記載されていればよいと考えます。

　次に、社外取締役についてですが、社外取締役の役割は、マネジメントに対して challenge（異議となるような指摘・質問）し、ガバナンスの実効性を試すことだと考えます。なお、社外取締役は、正式なプロセスを経て選定されるべきです。日本における社外取締役の選定の課題として、企業の社外取締役が、同じグループ・系列の別会社の取締役から選ばれていることが珍しくないことが挙げられます。このような実態に対しては、独立性の観点から問題意識を持つべきです。こうした社外取締役は、同じグループ・系列の役員として、challenge する（異議を唱える）ことはなかなかできないのではないでしょうか。この課題については、企業とのエンゲージメントでも言及しています。また、社外取締役は、多様なスキルセットおよびダイバーシティが重要となっています。これらを考えると、日本企業にとって社外取締役のあり方にはまだまだ課題があると感じています。

Q. *ESG 情報の中での環境に対する考え方を教えてください。*

A.

　当社は最近まであるエネルギー関連の企業に投資していましたが、その際の投資分析には潜在的な二酸化炭素のコストの算出や、それがどのように今後の投資の価値に影響するかの予想を立てることも含まれていました。そして、ポートフォリオマネージャーはカーボンプライシングを自身の投

第1章　投資家・市場関係者の視点

資モデルに使用して計算していました。また、当該企業とのエンゲージメントにおいては、世の中の低炭素社会/経済への移行の動きについての考えや自社の対応策について対話を行いました。

Climate Action 100＋[1]については、当社も参加しており、Climate Action 100＋に参加する企業の中にゆくゆくは投資する企業があるかもしれません。

TCFDについては、当社はTCFDレポートを発行しています。なぜなら、TCFDは企業のみならず、投資家にも適用できると考えているからです。当社のアニュアルレポート内ではTCFD関連の頁は1頁分ですが、そこから、WEBに公開されているTCFDレポート（約12頁）へと誘導しています。このように、網羅的・詳細な情報がほしい場合に、それがアニュアルレポートとは別の箇所で開示されているという開示手法は今後も増加すると予想しています。とはいえ、TCFDに関しては、今のところは企業、投資家、個人も含めみんな、勉強中です。現在、どの企業もTCFDレポートを作成する初期の段階ですが、やはり気候変動に影響を受けやすい企業、例えば資源系企業やマイニング系企業などは開示が良いです。また、TCFDにおけるシナリオ分析の開示についての良い事例はBHPだと私は思います。シナリオ分析は、会社がどのように気候変動や低炭素社会に対応していくのかという観点からは有用と思います。低炭素社会、EVの普及、再生可能エネルギーなどが主流となってきた場合、どのように対応すべきなのかについて投資家として関心を持っています。ただ、気候変動の観点からみると、今後20-30年でたくさんの変化があると考えています。よって、現在の投資判断が必ずしも気候変動に影響されるわけではないことに留意しなければなりません。

ESG情報については、評価機関の指標等は投資判断に活用していません。

Q. 企業の投資調査を行う時に、統合報告書は読みますか？　どう評価していま

---

1) 2017年に発足した、グローバルな環境問題の解決に大きな影響力のある企業と、情報開示や温室効果ガス排出量削減に向けた取り組みなどについて建設的な対話を行う機関投資家の世界的なイニシアティブ（2018年10月9日 GPIF ニュースリリースより引用）。

第 2 編　統合報告に関する投資家・経営からの視点

すか？

A.

　比較可能性の点で、英国ではいくつか有用な報告書開示があります。具体的に、監査領域においては、外部監査人そして監査委員会からも長文の監査報告書を発行することが求められています。また、監査委員会の報告書では、取締役会での議論（資本やその配分）や決定事項について説明しています。統合報告書もこうした方向に向かうのではと考えています。

　また、統合報告書は、より長期的な視点からの事業上の考え方が示される点で有用です。自動車会社を例にしてみると、まずは自動車を製造するコストはどのくらいか、販売台数はどのくらいになるかといった点をみます。そして、自動車の製造にどのインプットが含まれるか、サプライチェーンのリスクは何か、何か障害はあるかといったことを確認します。内燃エンジンは水素で動くようにするのか、それはいつか、今の最も深刻なリスクは電気自動車への移行かなどといった内容を理解するのが目的です。

　もう 1 つの統合報告書の利点は、ESG に関するマテリアリティが理解できることです。ポートフォリオマネージャーは CSR レポートを読まないので、会社にとって重要な E・S の課題を伝えてくれる良い媒体であると考えています。CSR レポートとのすみ分けですが、統合報告書に記載するべきことは、CSR レポートに記載されているような細かい ESG 事項ではなく、あくまでも経済的価値の向上にとって重要度の高い ESG 事項に絞った記載が必要です。

　なお、サステナビリティ報告書はデータや情報が多く、読んでも何が重要か、何が価値を減少させ、増加させているのかわからず、あるとよい（nice to have）といったレベルで投資家にとっては使いづらいです。一方で数値だけでも何もわかりません。定性情報と定量情報のバランスがとれていると情報が伝わりやすいです。

　統合報告書における価値創造プロセスは、財務資本や非財務資本がありとても興味深いです。私たちは、技術的な資本、流入する資本、物理的な資本、自然資本、財務資本といった資本に、企業の資本を分けるようにしています。こうした様々なインプットがどのように事業に用いられているのかを説明できるということは、ROA を 20％に維持する方法を説明でき

42

るということでもあります。企業の戦略とは、資源の配分なのです。

　また、統合報告書が語る価値創造ストーリーは、ビジネスモデルの図の描き方や数値など、こうしなければならないといったことよりも、それらが事業や戦略と整合していることが重要です。ちなみに、従来の英国のアニュアルレポートの記載内容は、その年の業績の評価等、過去のことに限られていました。新しくなった Strategic Report（戦略報告書）では、ストーリー的説明が増え、企業が、「自社は現在このような状況でどこに向かいたい、何を提供したい」等の未来志向の情報を記載できるようになりました。Strategic Report についてはアニュアルレポートのように図とか写真よりも文章がびっしり書いてありますが、こちらのほうが、投資家やこれから投資を考えている人により有用になるような情報が提供されています。要はビジュアルではなく中身なのです。

Q. 統合報告書の課題について教えてください。
A.

　現在発行されているレポートの課題は文章量が多いことです。レポートの記載情報は、伝えるべき情報をしっかり記載することと、文章量を増やしすぎないことのバランスが重要です。なお、ファンドマネジャーがレポートの全頁を読むことはめったにありません。一方でセルサイド・アナリストは詳細に読みこみます。ファンドマネジャーは広い視点で会社・市場をみており、セルサイドによって要約された詳細な分析についてはそのいくつかを使います。報告書のボリュームを検討する際に、テクノロジーの利用は有効です。ハイパーリンクを使えば、報告書から同報告書の中の別のページや、Web サイトに移動することができます。事業は環境によってどんどん変化していくため、こうした変化や向上を継続して見せていく上でも、個人的にはこうした参照方式はよいアイデアだと思います。

　また、統合報告書において、企業や外部評価者が、事業上、そして資本における重要なリスクが何か、機会が何かを、投資家に伝えてもらいたいです。私たち投資家は、そうして企業が特定した資本、リスクと機会の情報から事業を評価します。そして、リスク情報についても、ただリスクを説明するのではなく、リスクの管理方法や問題の解決方法といった具体的

な説明が必要です。

5 Martin Currie Investment Management

インタビュー対象者：

Mr. David Sheasby（Head of Stewardship and ESG）

＜投資家プロフィール：Martin Currie はオーストラリアおよびアジア圏の "emerging markets（新興国）" を中心とした多幅広いマーケットを対象に、エクイティオンリーの形態を持つ運用会社である。集中型のポートフォリオ（1つのポートフォリオ約 25～50 銘柄）に特化しており、本格的に ESG を投資分析に組み入れている（2009 年に PRI に署名）。David 氏自身は、Martin Currie に 14 年在籍し、13 年はグローバル・ポートフォリオ・マネージャー、直近 1 年は ESG・スチュワードシップの統括者としての役職を担う。彼の主な役割は、英国エジンバラを拠点に、自社のコーポレートガバナンスや議決権行使の方針やフレームワークを構築することである。＞

Q．*Martin Currie にとっての ESG の認識について教えてください。*
A．

　会社を調査する際には、ESG の「G」を最初にみます。コーポレートガバナンスが充実している会社は、大抵他の要素においてもしっかりしています。その後にサステナビリティ（「E」「S」の要素）を考えますが、サステナビリティとは、企業の長期的・持続的なリターンにインパクトを与える可能性がある事象と定義しています。なお当社では最近、気候変動と TCFD フレームワーク関連の仕事が多くなっています。

　当社はガバナンスとサステナビリティを重要視していますが、これらの分野の開示データは比較可能性が低かったりと、その良し悪しを判断しにくいのが悩みです。判断基準は定性的となりますが、企業がどのようにサステナビリティを事業に組み込んでいるかを理解することはとても重要だと考えています。

Q．*企業とのエンゲージメントの方法について教えてください。*
A．

第1章　投資家・市場関係者の視点

　当社のスチュワードシップ活動は、自分たちがどのように ESG 情報を財務情報と統合すべきか、および株主としてどのように動くべきか、の2つの観点から実施しています。議決権行使やエンゲージメント手法について、主に舵を取るのはポートフォリオマネジャーやアナリストですが、私自身も同行することがあります。基本的には社内のガバナンスフレームワークや議決権行使方針に従い、スチュワードシップ活動を行います。

　私は PRI ESG Engagement Committee のメンバーになっています。PRIでは、他の投資家と集うことができるため、いわば投資家とエンゲージメントする機会になっており、有用なプラットフォームだと考えています。また、PRI は、当社が参加する Collaborative Engagement（協働エンゲージメント）も主催しています。現在は「サイバーセキュリティ」「責任ある納税」「農業サプライチェーン」などのテーマに関する Collaborative Engagement に参加しています。すべてのエンゲージメントに参加するわけではありませんが、関心のあるテーマのものには参加し、協働エンゲージメントを選び、参加したテーマに関しては、今後投資先になるかもしれない会社を2、3社選定します。

　エンゲージメントをする際の対話の内容については、Collaborative Engagement の場合、会社に投げかける質問は1つのテーマや課題に集中しています。一方、企業との（1対1の）エンゲージメントでは、幅広いテーマについて対話を実施します。例として、会社のマネジメント体制や、マテリアリティについて話します。また、株主総会が近づくにつれ、取締役の選任や報酬などのテーマなど、ガバナンス関連の対話内容も増えてきます。

　まだ投資先ではないが、投資を考えている候補企業に対しては、エンゲージメントというよりも、企業の基本的な情報を収集するための機会として面談を活用しています。すでに投資している企業については、情報収集の観点はもちろんありますが、それだけでなく、その企業の課題を見出し、それに対して企業がどのように対応しているのか、について質問することがあります。長期投資のパートナーとして、その課題の解決に向けた提案なども視野にいれながらコミュニケーションを図っているわけです。例えば、emerging markets（新興国等の市場）における企業が情報開示について

45

第2編 統合報告に関する投資家・経営からの視点

課題認識を持っている場合、その企業の情報開示に向けたアドバイスやベストプラクティスの提供等を行うこともあります。

　当社が新規投資先をリサーチする手法については、当社内のチームによって異なり、各チームが興味のある企業を探すプロセス（スクリーニングや、既存投資先からの紹介など）をそれぞれ持っています。その後、基本的には企業に投資する前に、その企業とコンタクトを取り、気になっている質問等を聞くようにしています。

Q. 投資家として、企業の ESG 情報開示についてどう考えていますか？
A.
　まずは、マテリアリティを特定することが重要だと思います。マテリアリティは必ずしもリスクである必要はなく、機会である可能性もあります。その次に、マテリアリティをどのように管理し、低減策、あるいは機会の場合、強化策を実行していくのかが知りたいです。最後に、マテリアリティと戦略の紐づけが必要となってきます。これに関しては、役員報酬体系にマテリアリティの目標を組み入れることにより、会社がマテリアリティへの取り組みをしっかりと経営に取り入れていることがうかがえるようになります。

　投資家にとって重要なのは、その企業が長期的に持続可能な成長ができるかということであって、その中には資金調達等、財源確保の要素も含まれていますが、その他ステークホルダーとの関係性についてのマネジメント体制や、それをどのように戦略と紐づけて考えているのか、についての思考のプロセスも重要です。マテリアリティをどのように戦略に組み込んでいるのか、たとえ大きな課題があったとしても、それを解決するためにどのような計画を立てているのかなど、未来志向のある企業が投資先として望ましいと考えます。

　なお、日本企業とエンゲージメントした際、感心できない点として、企業が ESG 評価機関からどのように評価されるか、どのように評価を向上させるか、ばかり固執している点が挙げられます。評価が高いことが重要なわけではありません。

第1章　投資家・市場関係者の視点

Q. *統合報告書についての意見をお聞かせください。*

A.

　統合報告書は、マテリアリティを中核とすることが重要です。最近読んだレポートの中でも、CSR レポートに近いものがあったり、ESG の要素が戦略と統合されていないレポートがまだまだ多いです。

　日本の統合報告書の課題は、情報の有用性、関連性が欠けている点にあると思います。本当に戦略に紐づいている情報のみ記載していただきたいです。多くのレポートでは関連がないか、少ししか関連のないものまで記載されているため、マーケティング誌に近い媒体となってしまっています。また、成果を上げた事項と、課題である事項をバランスよく記載することが重要です。成果を上げた、ポジティブな情報のみでは投資家としては物足りないです。

　さらに、指標や目標の記載の充実を望みます。定量的な指標などがあれば、その企業が中長期的にどのように事業を遂行し経営管理していくのかが理解できます。

　優良事例として、ABN AMRO が挙げられます。報告書全体を通して、内容の"connectivity"（結合性）が高くて優れている印象を持ちました。

　なお、価値創造プロセスについてですが、図の構成要素それぞれに、文章で少し説明があると助かります。戦略やビジョンの全体像が理解できることは良いが、さらに文章での解説が充実していると有難いです。

　例えば、優良事例（ABN AMRO、HSBC 等）では、文章でのナレーションが多くなっています。何が企業にとって重要なドライバーとなるのかが投資家としては知りたいわけですが、上記の優良事例は自社にとってのマテリアリティがなぜ重要なのか、これをどのように管理していくのかについて、図解だけではなく文章によって丁寧に説明しています。また、文章だけではなく指標・ロードマップで裏付けとなるエビデンスも開示されており投資家として理解が進むものとなっています。さらに、レポートのセクション分けも、戦略にとって重要な要素ごとにわかれているので読み手に伝わりやすいです。各セクションにて、ロードマップや事例等も記載されているが、それはその活動・戦略がどのように管理されているのかを示すためにあり、関連性の高いものに限られています。

47

第 2 編　統合報告に関する投資家・経営からの視点

　ちなみに、英国の Strategic Report では、CEO メッセージを重要視しています。CEO が注力していること、経営が事業において何を考えているかを理解できます。優良事例として HSBC が挙げられます。Strategic Report の他に ESG レポートも発行しており、重複も多いですが、上手に調和しています。また、Royal Bank by Scotland も良い出来です。

Q．統合報告書の価値創造プロセスにおけるビジネスモデルの表現について、投資家としての考えをご教示ください。
A．

　投資家としては、「その企業はなぜその事業を行っているのか」、「資本をどのように活用し、価値を創造しているのか」、「将来の脅威と機会についてどのように考えているか」、「その脅威と機会とはどのようなものであるか」が知りたいです。

　その中でも、自社が持つ資源（資本）とそれについての管理手法を踏まえて、会社にとって重要な要素を特定していただきたいです。例えば、脅威の要素に関しては、新規事業における barriers to entry（参入障壁）など、企業が遂行したい事業を妨げるような、重要な脅威の記載が望まれます。

　どの企業も、資源（資本）確保のために他社と競っています。当社は、財務資本の提供者として、「競合会社と比較し、この会社のほうが魅力的である」「長期的な持続可能性が見出せる」と評価できるようなビジネスモデルを持つ企業に投資したいと思っています。

Q．日本企業の資本コストの理解に対してどう思いますか？
A．

　企業は必ず資本コストを算出できるはずです。「資本コストを算出することが難しい」といわれても、意図がわかりません。そうした企業へのアプローチとして、資本コスト＝required rate of capital（要求利益率）と教えれば理解が進むかもしれません。

　まずは企業が自社の資本コストが何なのかを、自社なりに把握することが重要です。資本コストをどのように使うか、例えば役員報酬体系に組み込むのか、あるいは事業投資等に活用するのか、などについても、会社そ

48

第1章　投資家・市場関係者の視点

れぞれによって違うはずです。

　また、資本コストの算出方法についても開示することが重要です。欧州企業のアニュアルレポートでは、資本コストを加重平均資本コスト（WACC）として記載していることが多いです。当社が使用している DCF モデルが前提としている負債資本コストと株主資本コストと、使用している数値が若干異なる場合もあります。

6　国際統合報告評議会（IIRC）

インタビュー対象者：

Mr. Neil Stevenson（Managing Director）

Mr. Jonathan Labrey（Chief Strategy Officer）

Q. IIRC は創立以来、国際的な統合報告の拡大に多大な貢献をされてきました。現在の IIRC の活動について教えてください。

A.

　2013 年の IIRC フレームワーク発行以来、IIRC は自社の戦略「Global Strategy」の第1フェーズ「Breakthrough phase（突破フェーズ）」を進めており、世界各国における統合報告の浸透を図ってきました。特に、直近過去3年間では多くのマイルストーンを達成し、日本や南アフリカなどの市場を中心に統合報告書の適用が進んできたと考えています。

　そのため、第二フェーズである「Momentum/Relation phase（"勢い"フェーズ）」に移行しました。統合報告書の浸透が進んだ国、例えば日本などでは、統合報告書の「量」は認識されていますが、当該フェーズでは「質」を高めていきます。さらに、ESG/CSR 部署とマネジメント間の連携を高め、統合報告がコーポレートガバナンスの中核となるような仕組みとしていきます。日本については、統合報告の考え方がコーポレートガバナンス・コード等に組み込まれているなど、良い先進事例がでています。

　なお、第二フェーズを進めていくにあたり、次の2つの要素を踏まえることの重要性が高いと考えています。まずは、SDGs です。これは、世界が今後どのように価値を生み出し、持続していくのかを理解するためのプラットフォームであり、統合報告としてもどう扱っていくかがポイントで

49

第2編　統合報告に関する投資家・経営からの視点

す。

　2点目は、統合報告の世界の外部との consistency（一貫性）を強化することです。現時点の IIRC フレームワークなどで使用されている用語をみると、世間一般で使用されている用語と定義が異なる場合がみられます。これを改善し、用語の位置付けを明確にしていく必要があります。

　なお、第二フェーズの発足にあたり、各国に向けた Webinar（Web 上のセミナー）を開催し、これは YouTube でも閲覧可能となっています。これから、第二フェーズのプレゼン資料を Webinar 動画とパッケージ化し、IIRC の提携先等に共有する予定です。

Q. *日本の経済産業省が 2017 年より提唱している価値協創ガイダンスについて、意見をお聞かせください。また、IIRC のフレームワークの改定についてはどう考えていますか？*

A.

　もともと、価値協創ガイダンスのドラフト作成段階に、経済産業省の担当者と対話する機会がありました。そのときの議論の中で、IIRC の国際統合報告フレームワークもドラフト段階において活用していることが判明し、IIRC フレームワークと価値協創ガイダンスの強固なシナジーとコネクションを感じることができました。コンセプトは非常に似通っている印象を持っており、違和感はありません。

　なお、現在の IIRC フレームワークは、2019 年末まで有効であり、改訂するとしてもその後になります。改訂するに際し、現在最も重要と考えているのは、ownership guidance（統合報告書作成者に向けたガイダンス）の強化です。例えば、企業がどのように 6 つの資本を報告すべきか、あるいはどのように価値創造プロセスをどのように解釈すべきか、等について、企業が間違った方向で進めていく前に、明確かつ一貫性のある説明をしていくべきと考えています。

　例えば、IIRC は「ステークホルダー・エンゲージメント」を要求していますが、企業が統合報告書を作成する際に、ステークホルダー・エンゲージメント活動を実施するよう強制しているわけではありません。企業の取締役がステークホルダーの要求をどのように解釈し、どのように応えてい

くかを開示してほしい、そういう捉え方をしています。

Q．IIRC が統合報告フレームワークを公表した後、企業の情報開示の世界では
より ESG 情報の開示が重要になっています。ESG 情報の開示について、また、
SDGs や TCFD についての考え方を教えてください。

A．
　「E」「S」「G」の要素にとどまらず、幅広く、企業が行う価値創造を説明
することを投資家は求めています。特に、ESG 情報については数値が必要
です。他業種や、他国企業との比較ができるからです。統合報告書におい
て、ESG 情報は価値創造プロセス図における、いわゆる「アウトカム」の
部分にあたり、企業のパフォーマンス（成果）を示すのに必要不可欠なもの
です。また、ESG 情報開示の際には、統合報告書では、最も重要な要素や
最もインパクトを与える要素を記載し、詳細情報は GRI 対照表などを含め、
他媒体に記載すべきと考えます。

　SDGs については、企業の開示の中には、SDGs を IIRC が提唱する 6 つ
の資本・アウトカムと紐づけた取り組みもあります。企業の CFO にとって、
SDGs の 17 の目標は多く感じるかもしれませんが、6 つの資本は数的には
妥当ではないでしょうか。一方、報告書の表現をみると、企業は、自社の
現状の取り組みに SDGs をマッピングすることに工数を掛け過ぎており、
実際に取り組み自体を変えることを忘れているのではないかという懸念も
あります。私たちが知りたいのは、企業がどの SDGs にネガティブなイン
パクトを与えているかです。例えば、新しいプロジェクトにおいて CO_2 の
削減を実現できても、人員を削減するのであれば、それはトレードオフで
あり、それも合わせて報告すべきです。

　TCFD／気候変動の開示については、近年投資家における脱炭素の動きが
加速しているのは確かです。特に、長期投資家においては、長期的な機会
とリスクを考慮しながらポートフォリオを組んでいるため、炭素排出量の
多い業種を回避している傾向がでています。どの企業においても、例えば
10 年後、20 年後の長期的な計画を組む際に、取締役は気候変動のシナリオ
を把握する必要性があると考えます。例えば、Royal Dutch Shell は長年、シ
ナリオ分析を実施しています。

第2編 統合報告に関する投資家・経営からの視点

ただ、TCFD/気候変動の開示に関しては、特に新しい取り組みをひねり出す必要性はないでしょう。取締役は、長期的なシナリオについて必ず考えているはずです。特に、保険会社の CEO は、長期的な気候変動、洪水、異常気象などについて考えていないはずはありません。すでに持っている考えをさらに強化し、投資家に向けて明確に開示し、future-proof（未来に向けての対策ができている）であることを示せればよいと思われます。

Q. *統合報告書のフレームワークでビジネスモデルは非常に重要な概念として位置付けられています。企業の中には表現に戸惑う担当者もいますが、IIRC としてはビジネスモデルについてどう考えていますか？*

A.

ビジネスモデルは、企業がインプットをどのように使用して事業を行ない、アウトプット（製品・サービス）を提供するかを説明するものです。アウトプットはアウトカムに影響するし、アウトプット自体がアウトカムとなる場合もあります。

企業がインプットを使用する際に、どのように外部環境や多岐にわたるステークホルダーのコミュニティ（共同体）の期待を踏まえているのか、そのような思考プロセスも必要です。統合報告書は、そういった意味で、political（政治的・社会的）な要素も含まれています

企業がビジネスモデル、すなわち「稼ぐ仕組み」を語るにあたり、従来は財務資本から生み出される利益率を語ることが重要でした。一方で、近年投資家はより長期的なパフォーマンスに関心をもっているため、財務資本以外の資本に基づいたアウトカムの情報を求めています。

日本では、統合報告書の普及により資本の「隠れた」財務的価値を開示することが可能になったと考えています。東京証券取引所を訪問した際、対話した相手は日本企業の持つ知的資本に潜在的な価値が多く存在していることを認識していました。特に、テクノロジー関連や製薬関連の企業は、従来型の企業開示報告ではこの「隠れた」価値の開示が困難であり、そのため、実際の企業価値よりも市場価値が低く評価され、買収等のリスクもありました。このような懸念もあり、2012 年頃から、統合報告書が推奨されてきたと思われます。財務資本以外の資本の観点からも情報を開示する

52

ことにより、それらの資本に「隠れている」財務価値を伝えることができるのです。

Q．価値創造プロセス図については、日本の企業はオクトパスモデルからかなり多様な展開を遂げていますが、これについてはいかがでしょうか？

A．

　価値創造プロセスは、複雑化の傾向にあります。もう少しシンプルに、どのように製品・サービスに価格を設定し、それらがどのように利益につながるかを説明するべきでしょう。とはいえ、価値創造プロセスは、会社それぞれに違っています。例えば、製薬会社でも、1つはリーシングを中心としたビジネスである場合、リーシングの仕組みが企業価値の根底となりますが、別の製薬会社は全く違う価値を持つかもしれません。また、従来のタクシー会社と、UBER はかなりちがう価値創造プロセスとなるでしょう。

Q．「統合思考」の重要性について IIRC の考え方をお聞かせください。

A．

　統合報告書においては、やはり統合思考が最も重要な要素です。むしろ、毎年統合報告書を作成することは、統合思考の道のりについて、企業自身が年度評価を実施していることに等しいといってもいいでしょう。

　IIRC では、統合思考の醸成において、実践的な方法を企業にアドバイスしています。まずは、企業の様々な部署の統括者を招集します。その時、それぞれの統括者が、お互い初めて対面する場合も少なくありません。次に、各人が考える自社のビジネスモデルや戦略を書いていただきます。多くの場合、各人それぞれ全く違うビジネスモデル・戦略を表明してきます。このような場に、例えば CFO 等がいれば、統合思考の必要性を痛感するのではないでしょうか。そうすれば、各部署を1つにまとめあげ、サイロ化を防止し、一貫した強みや戦略を構築しながら統合報告書を作成することを検討するでしょう。

　私たちはシンガポールの City Developments Limited の Esther An（Chief Sustainability Officer）とは長い付き合いですが、彼女は統合報告書の作成に

第 2 編　統合報告に関する投資家・経営からの視点

よって社内のガバナンス体系を完全に変えることができたといっています。以前は、サイロ化された組織だったが、今はサステナビリティを価値創造とつなげて表現したことにより、この表現が記載された総合報告書などを直接、取締役などに報告できるようになり、さらにグリーンボンドの発行等も行うようになったというのです。

Q.　*統合報告書をよりよくするための課題は何でしょうか？*
A.

　もし投資家が企業の取締役と話をする機会があるのであれば、統合報告書をもとに質問するとよいと思います。本当に貴社はこのようなアウトカムを提供しているのか、KPI は正しいのか、本当にこのようなリソースを活用しているか、なぜこのようなリソースを持続的に手に入れられると思うのか、なぜ貴社のビジネスモデルは競争優位性があるのか、などです。多くの場合、会社は、自社のリソースと利益率の関連性について深く考えていません。統合報告書の作成は、取締役が自社のリソースについて考え直す良い機会なのです。

　また、私たちが考える課題としては、ステークホルダー・エンゲージメントに関する、取締役の考え方と対応方法についてより統合報告書で知りたいと思っています。

　さらに、リスクマネジメントと、価値創造プロセスの関連性についてのディスカッションが必要だと思います。この件に関しては、ABN AMRO の統合報告書が良い事例だと考えます。

7　FRC（英国財務報告評議会）

インタビュー対象者：

Mr. Paul Druckman（FRC Board Chairman）

＜プロフィール：*FRC（Financial Reporting Council）とは、投資促進に向けたコーポレートガバナンスや企業開示の改善に向けた取組みを行う英国の独立機関である。*[2]＞

―――――――――――
　2)　経済産業省「英国における議論」（2017 年 1 月 10 日）。

54

第1章　投資家・市場関係者の視点

Q.　*ポールさんは IIRC の CEO 職を経て、FRC で Board Chairman の重責に就かれていらっしゃいますが、FRC の最近の動向について教えてください。*

A.

　私たちは、新たなスチュワードシップ・コードに関するコンサルテーションを始めようとしています。また、「Future of Corporate Reporting（企業報告の未来）」といったプロジェクトを新たに発足させ、私が Chairman として運営していきます。このプロジェクトは 1-2 年にわたるものであり、投資家へのプレスリリースから、アニュアルレポートまで、企業報告のすべてをカバーしていきます。

Q.　*日本では、経済産業省が主導して価値協創ガイダンスを企業に広めようとしています。この動きについて、どう考えていますか？*

A.

　日本の価値協創ガイダンスは、考え方は良いと思いますが、"connectivity"（結合性）の考え方が不足しているのではないでしょうか。また、気になるのは、統合報告書における価値協創ガイダンスのロゴマークの記載についてです。本来、当ガイダンスのロゴ掲載の可否については、何らかの保証が必要ではないかと思います。企業が独自で評価して掲載をする結果、ロゴマークがあまり意味を持たないものとなってしまうことを懸念しています。とはいえ、保証といっても、監査のような厳格・規範的なものではなく、統合思考の考え方の有無を評価するような「ソフト」な保証が良いかと思います。その内容はともあれ、何らかの第三者的な観点からの検証プロセスが必要ではないでしょうか。

Q.　*日本は世界の中でも統合報告書が大変盛んな国となっています。一方、IIRC フレームワークから離れて、価値創造プロセス図などを含めてやや独自な表現に向かっている企業もあります。現在の統合報告書についてのご意見をお聞かせください。*

A.

　英国の Strategic Report（戦略報告書）は、統合報告書と同等であると考え

55

ています。よって、英国の大手企業おおよそ200社は、統合報告書を発行していると考えてもよいでしょう。IIRCフレームワークは、あくまでも「統合報告（書）」の事例です。統合報告書は、「価値創造」「資産」「資本」など、様々なコンセプトの記載の羅列であり、IIRCフレームワークはこれらのコンセプトのつなげ方の例を挙げているだけです。したがって、各国独自の統合報告書のあり方、というのがあっても良いかもしれません。

例えば、価値創造プロセスの図解については、日本の企業の中で、IIRCのオクトパスモデルから離れた、下から上にらせん状にスパイラルアップするモデルもありますが、特に問題は無いと思います。むしろ、ビジネスというものは、一直線に進むものではなく、ある方向に行き、また別の時には違う方向に行き、フレキシブルに進んでいくものです。スパイラルアップはこれを表現しているため、良い印象です。

ちなみに、英国では、このようなプロセス図のコンセプト・デザインを専門とするコンサルティング企業が多く見受けられます。彼らは、「報告」の観点からコンサルテーションを行い、近年ではデザインに凝るというよりも、「読者に何を伝えるか」に重点を置いています。

なお、価値創造プロセス図のアウトカムには、定性的な文字のみならず、指標・数字があることが望ましいです。今後、非財務的なアウトカムについても、数値で示せるようにしていかなければならないでしょう。投資家は、分析の際に必ず、数値とその推移を必要とします。彼らが自らの投資モデルに組み込められるような、指標・数値を表現していく必要性があるのです。もちろん、1つでアウトカムの要素をすべて説明、表現できるような非財務情報はありません。しかし、全体に対する寄与度が小さい指標でも、その数値を明らかにすることで、投資家はサンプルとしての分析が可能になり有益と評価するでしょう。

また、最近は「ソーシャルインパクト」に関する開示も重要になってきています。2017年、英国のメイ首相が「ソーシャルインパクト投資」に関するタスクフォースを発足しており、私はその一環のテーマである「ソーシャルインパクトに関する企業報告」のchairmanとなっています。そして「Social Impact Investing Report」も発行しました。現在のIIRCフレームワークには、「ソーシャルインパクト」の要素が欠如していると考えています。

第1章　投資家・市場関係者の視点

アウトカムの次に来るべきであり、この2つの要素のすみわけを行わなければなりません。例えば、価値創造プロセスにおけるアウトカムとは、利益率、キャッシュフロー、株価、等であり、社会へのニーズに応えている提供価値は、ソーシャルインパクトなのです。

Q.　価値創造プロセス図の中のビジネスモデルについては、まだ企業でも表現に悩みが多いように見受けられます。ビジネスモデルの定義について教えてください。

A.

　ビジネスモデルは、企業によって異なり、テンプレートやフレームワークなどは存在しません。企業は、無理に自社のビジネスモデルを既存のフレームワークや他社のフレームワークに当てはめるのではなく、社内でCase Studyを実施し、自社のビジネスモデルが何なのかを「学ぶ」機会が必要だと思います。

　また、ビジネスモデルは、strategy（戦略）を示すものではなく、どのように日常的な事業をoperate（業務を運用・執行）し、価値を提供しているのかを示すものです。例えば、バリューチェーンにおけるR&D→調達→製造→販売といったフローは、まさにビジネスモデルです。そして投資家は、企業がビジネスモデルを動かしていくにあたり、ただビジネスの特徴を報告書で説明されるだけではなく、各工程がどのように運営され、実践されているのかについて知りたいのです。例えば、調達においては、「優位性のある材料を使用しています」、販売においては「セールスにおけるコミュニケーションが長けており、リソースが充実しています」などといった記載だけでは不十分です。それらを実践しているエビデンスが欲しいのです。例えば、セールスに優秀な人材を雇っているのか、その記載に対して感じる「なぜ」の部分が知りたいわけです。一方で、ビジネスモデルは、戦略と紐づけることも重要です。ビジネスモデルは、戦略を遂行するにあたり必ず必要になってくるものだからです。

Q.　SDGsやTCFDへの動きについてどう考えていますか？

A.

57

SDGs が、アウトプットやアウトカムに紐づけられていることに違和感があります。SDGs は国・政府がアウトプットとして出し、資本市場がインプットとして受け入れるものであると考えます。そのため、SDGs は企業のマクロ環境やメガトレンドに値し、ビジネスモデルに影響を与えるものです。決して、ビジネスモデルから出てくるものではありません。企業が社会に提供するものへの単なるマッピングとなってはならないと思います。

最近では、優秀な投資家でも、気候変動/TCFD のみに焦点を当てている場合が多くなっているようです。この時、彼らは「自然資本」の観点からしかみていませんが、気候変動は6つの資本すべてに関わってくると考えています。そういう投資家は他の資本のこと、そして気候変動の全体像を把握していないのではないでしょうか。

第2章　経営の視点

第2章　経営の視点

1　丸井グループ　青井 浩代表取締役社長

インタビュー対象者：

株式会社丸井グループ　代表取締役社長　代表執行役員　青井　浩氏

インタビュワー：

有限責任監査法人トーマツ　リスクアドバイザリー事業本部

ESG・統合報告アドバイザリー　ディレクター　貝沼直之

丸井グループでは「共創経営レポート」という統合報告書を毎年公表しています。共創経営レポートを公表する意義、それに対する社長の想いを教えてください。

——統合報告書は、まずコミュニケーションの道具としてもっとも大事であると思います。ことばにすることは大事だと考えていまして、統合報告書で表現しようとすることで、自分たちの考えや企業価値についての認識を毎年集中して整理することができます。昨年はここまでできたので今度はあれをやりたいとか、この先はここに行きたいといったように、過去・現在・未来にわたる進化に向けて考え続けることになります。この考え続けるというプロセスこそ、投資家だけではなく社員や取引先、地域に接していく際の基盤づくりや経営全般に役立つのではないでしょうか。

「統合報告書はいったい何人の投資家が読んでいるのですか」という質問を受けることがあります。投資家に聞いてみると、統合報告書はまったく読んでいないという投資家も中にはいます。もちろん読んでもらったほうがよいに決まっていますが、仮に読まれていなくても、統合報告書にまとめていく過程において、「私たちは何のために存在していて、丸井グループとはどういう会社なのか」「どの方向に進化していきたいのか」といった問いへの答えを自分たちの中で結晶化できれば、統合報告書を作成する意

59

第 2 編　統合報告に関する投資家・経営からの視点

義はあると思っています。統合報告書の作成が投資家との対話のなかでもそれを凝縮して伝えるためのトレーニングにもなるからです。

統合報告書の作成プロセスが投資家との対話に向けたトレーニングになるという考え方は、「共創経営レポート」の作成に取り掛かる当初から青井社長の頭の中にイメージがあったのでしょうか。それとも作りながら思い付いて、統合報告書を丸井グループの経営の求心力の向上に使えると思われたのでしょうか。

——両方です。ある部分では当初からの狙いでもありました。当社は 2007 年から 2014 年まで約 7 年間にわたり経営危機にあり、その間、決算説明会くらいしか IR 活動をできませんでした。2014 年くらいから業績が回復してきた時に、これまでの遅れを取り戻すため、何をしたらよいかと専門家に相談したところ、まず統合報告書の作成からはじめたらよいのではと提案されました。この「統合報告書」とは何か質問してみると、どうも企業価値をテーマにした報告書とのことで、かなりおもしろい。企業価値とは何かについていざ考え始めてみると、実は 7 年間の経営危機の間に我々がずっと考えていた命題だったことに気付いたのです。我々が直面した経営危機は、従来のビジネスモデルが賞味期限切れになっており、これを作り直さないと誰からも相手にされないという状況でした。そこで「我々は何者なのか」「何のために事業をやっているのか」「どんな価値を作ろうとしているのか」といったことを立ち止まって皆で考え続けました。統合報告書の作成でも、企業価値とは要するにこういうことだよね、とか我々は

60

第2章　経営の視点

こうありたいといったことを社員が思う存分語れる場が必要だろうということでスタートしており、当初の狙いどおり統合報告書の作成が自社を見つめ直すよい機会となっています。

なるほど、それが統合報告書の作成に取り組まれた経緯だったのですね。業績の苦しいときはまずその立て直しに社長も全力を注ぎ、目鼻がつけば今度はそれを社内外にしっかり伝えていかなければならない。まさに歴史的なプロセスですね。

――そうですね。本来であれば、業績が苦しい時でもアニュアルレポートを作成するのが教科書的には正しいことかもしれませんが、会社が明日にでも潰れるか、明日にでも競合に買収されるかといったときに、当時の我々はそれどころではなかったのです。

ところで、今年の共創経営レポートの26頁には「統合思考」についてのコメントが載っていました。「統合思考を可能にする独自の純粋持株会社」とありますが、ここでいう「統合思考」には、どのような思いが込められているのでしょうか。「統合思考」という言葉に対する社長のイメージがあればお聞かせください。

――ここで語っているのは、純粋持株会社制のことです。当社は純粋持株会社制を採用していますが、持株会社の役割は何かといった問いへの回答には意外と定説があるようでなく、そこが結構おもしろい。当社の場合、

61

第2編　統合報告に関する投資家・経営からの視点

事業と経営、また執行と経営の監督を分けたほうがよいということで純粋持株会社制にしています。しかしながら、自分の経験では、一人の人間が事業を考え、かつ経営や企業価値、その全体最適も考えるというのは難しく、どちらかというと経営が事業のほうに引っ張られてしまいます。このことは、遠心力と求心力の例えでいい換えることもできると思うのです。当社では、純粋持株会社制の下でグループ会社それぞれの遠心力を働かせながらも、社員全員の所属を丸井グループの持株会社籍にすることで求心力を削がないようにしています。人事異動の際も、社員は同じ会社の中だけではなく、グループのある会社から別の会社に異動することも多いですし、それを奨励しています。社員は全員丸井グループの社員とし、1つの会社として全体最適でやっていけるように純粋持株会社制かつ全員持株会社

図表 2-2-1　短期視点で利益拡大が求められる事業会社から長期視点の純粋持株会社への移行イメージ（共創経営レポート 2018　27 頁）

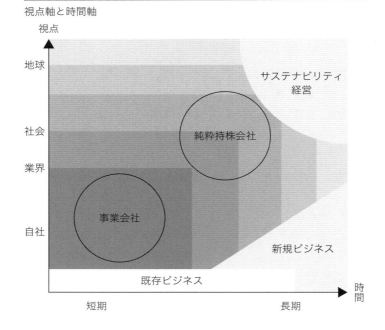

籍という制度にしています。社員は一人ひとり違う事業や違う職種を担っていますが、常に全体最適を志向できるように、という意味で「統合思考」といっています。

　統合思考を可能にしようとすると、部分最適に寄っていくものを何らかの形でうまくコントロールして全体最適になるように調和させていかなければなりません。そのため、当社ではプロジェクトを作り、担当や組織、先輩後輩といった関係を超えて、共通のテーマで一緒に活動するようにしています。純粋持株会社制は統合思考のための仕掛けの1つとして当社では意識的に活用していますが、制度以外にも全体最適化を促すような場や組織づくりも大事だと考えています。

機関投資家とのミーティングなどで統合報告書を利用されていますか。また、どのようなフィードバックをいただいていますか。

――レポートを作ることは大事ですが、読んでもらえないと寂しいですよね。そこで、読んでもらうためにレポートの説明会をするのはどうかということになり、4年前におそらく日本で初めて統合報告書の説明会を開催しました。「共創経営レポート」説明会と銘打ったところ、終了後にいただいたコメントには「丸井のESG説明会はよかった」というものがかなりあり、投資家からESG説明会と受け止められたのが意外でした。投資家との普段のコミュニケーションを振り返ってみると、決算説明会などの限られた時間のなかではどうしても財務的な事象や戦略の話に終始してしまっていることが多かったのです。我々の活動には、戦略や財務的な成果に表われる前に膨大なプレ財務的[1]な要素があり、これが時間の経過とともに財務的結果として顕在化すると考えています。このような視点から、我々がどんな思いで、どのような企業価値を造ろうとしているのかについて理解していただく時間がこれまではありませんでした。そこで、レポートの説明会を、プレ財務的な戦略の背景の部分を語らせていただく時間として用

---

1)　いまだ財務情報に顕在化していないが、財務情報と同様に重要な情報（企業活力研究所「新時代の非財務情報開示のあり方に関する調査研究報告書～多様なステークホルダーとのより良い関係構築に向けて～」（2018年）166頁）。

第2編　統合報告に関する投資家・経営からの視点

いたところ、ESG 説明会と受け止められたようです。

御社の共創経営レポートはどのような読者層をターゲットにしていますか。

——レポートはすべてのステークホルダー向けに作っていますが、その力
点は年々変わっています。初めて作成した4年前は株主・投資家向けとほ
ぼ同程度に社員向けも意識していました。経営危機を皆で乗り越えてきて、
今後我々はこういう価値観でこの方向を目指しますということを社員の皆
で確認するのが裏の目的でもあったため、最初のレポートには社員の写真
も沢山載せています。そうすることにより、社員の間にも共感が生まれて
きたと思いますし、その共感は最近じわじわと取引先にも拡がっています。
これまで取引がない相手で一緒に仕事をしたい、あるいはお店に入っても
らいたいブランドなどに統合報告書を持っていき、直接商売の話をするの
ではなく、共創、インクルージョンというのが我々のポリシー、スタンス
なので一緒にやりましょうと伝えると、結構反応してくれる取引先が増え
てきました。例えば、新宿に lululemon というヨガとスポーツウエアのブ
ランドが入っています。日本にはまだ数店舗ですべて直営店というスポー
ツウエアとしては珍しい業態です。お客様と一緒にヨガをやったり、ラン
ニングの会を作ったり、直営店ベースのコミュニティを通じてロイヤルカ
スタマーを作っていくというブランド戦略がユニークな企業で、とても伸
びています。これまでのトップブランドは、トップブランドが揃っている
商業施設に出るのがパターンで、世界中のブランドが揃っている百貨店な
どに出店したものです。しかし、ここの経営者曰く、「他の百貨店もみたけ
れど、あまり（社内の）反応がなかった。御社はインクルージョンで共創
（co-creation）を土台にしており、我々と同じ。理念が共有できる人たちと
一緒にやりたい」と。最近では、取引先、とりわけ新興企業の人たちの価
値観が旧来と変わってきています。社会的意義やお客様に対する価値観、
地球環境に対するスタンスといった企業姿勢を重視するようになっている
のがミレニアル世代やジェネレーション Z[2] などの特徴だと思います。そ

---

2)　2000 年～2010 年の間に生まれたデジタルネイティブ世代。

のような相手には統合報告書のメッセージが響くようで、新たな取引関係を築く発端としてもレポートは役立っています。これは意図したことではなかったのですが、大きな効果でした。

また、社内の反応としては、社員がお子さんなど家族に統合報告書を読ませているケースもあります。正確には読ませるというより、レポートを置いておいたらお子さんが読んでいて、「お父さんの会社っていい会社だね」といわれたり、それまでお父さんやお母さんの仕事にあまり関心がなかった家族と会社や仕事の話をするようになったという例もありました。

統合報告書の作成にあたり、どのような点を重視されていますか。

——当初はまず、統合報告書とは何かを理解するためにIIRCのガイドラインを勉強して参考にしました。ただし、自分たちの伝えたいことを大事にするため、ガイドラインの形式にはとらわれないようにしています。テンプレートがあってそこに数字や文字を埋めていくのではなく、もう少しクリエイティブに、自分たちはこういう会社ですよというところを自由に伝えられるようにすることを意識しています。統合報告書の評価という観点からすれば、このあたりは減点になるかと思っていたのですが、意外と加点してくれる人もいて、おそらくIIRCの基準からすれば足りない部分は多いのでしょうが、それを補ってあまりある面白さや、別の部分でなにか違うものが出ているというので総合得点では高く評価していただけたのではと我々としてもうれしく思いました。

別の特徴としては、特定の部署に丸投げして作成を依頼しないということです。「共創」という名前のとおり、プロジェクト形式でいろいろな部署の人間が集まって皆で作ります。部署としては、広報が主管になり、経営企画、IR、財務、サステナビリティ、総務も入ります。また、私自身もこのプロジェクトでは年に20回くらいの会議に参加しています。会議では、みえないものにどうやって言葉や形を与えていくかといったチャレンジをしたり、深く掘り下げていった先の問題の本質が何なのかといったところを突き詰めて考えることが多いです。これはまさに経営者の仕事なので、社員が社長と同じレベルで対話するのはなかなか酷だとは思うのですが、そ

れでも、自分が詰まったところで社員に問いかけると、結構答えてくれて、なるほどと思う答えが出てきます。

2018年度のレポート作成でこだわったのは、コアバリューについて語るという点です。表紙のカバーに描いた「たまねぎの芯」がコアバリューを表しています。「信用の共創」というコアバリューからすべてのステークホルダーとの共創や、店作り、モノづくりの共創、金融サービスの共創といったいろいろな共創の領域が拡がっていった感覚が我々のなかにあったので、これをまずカバーストーリーで伝えたいと考えました。また、もう1つのポイントとして、これまでのレポートではMD&Aが欠けているという指摘もありましたので、それを社長メッセージのパートで経営者である自分がやってみることにしました。今年のレポートでは前半部分で前年度の業績を振り返り、後半部分で今後の成長、展望を語っています。MD&Aは、決算説明会や株主総会での説明を聞いている既存の投資家には必要ないのではと思ってこれまで載せていなかったのですが、一度載せてみることに

図表2-2-2　カバーストーリーで語られるコアバリュー（共創経営レポート2018　2-3頁）

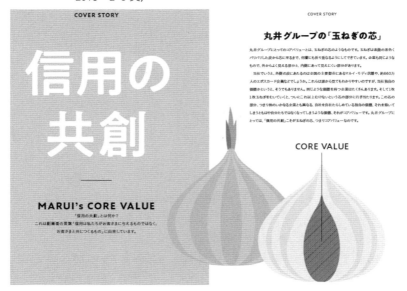

第 2 章　経営の視点

しました。

MD&A の業績部分については、財務分析とともに CFO が語るケースが多いですが、経営者が経営戦略にコミットするということへの振り返りはあってよいと思います。ただ、すべてを社長メッセージで語るのはもったいないので、MD&A をどこに置くべきかについては議論があってもよいかもしれません。社長メッセージのなかでひときわ印象に残ったのは、「売らない店」という未来の店舗への提案です。ここに出てくるアメリカに見に行かれたお店というのはどちらですか？

——レント・ザ・ランウェイ（Rent the Runway）というシェアリングエコノミーのお店です。もともとネットでデザイナードレスなどをレンタルしていたのですが、女性がドレスを着たいときに着たいドレスがないことがあり、皆で共通のワードローブみたいなものを作って、必要なときにそこから着たいものを借りればよいのではないかという発想でスタートした新しい会社です。基本的には月額制で、ひと月に何回借りられるといったサブスクリプションビジネスです。店舗があればその場で借りられてすぐ返せるというので実店舗を設けたというのですが、2、3 年前にそのお店に行ったところ、とても活気があり、お客さんも接客している店員さんも楽しそうだったことに何よりも驚きました。ファッションはご存じのとおり今、元気がないのです。世界中で厳しい状況が続いているにも関わらず、同じファッションでどうしてこうも活気があって、皆楽しそうなのだろうと思いました。ハッと気付いたのですが、そのお店はモノを売っていないのです。お店で「似合いますね」と言われても、結局店員さんが売ろうとしていると思うと、お客様も心から楽しめない。売っているスタッフのほうも、心から「似合いますね」と言ってお客様に喜んでもらっていても、最後は成績のために売らなければならない。やはりどこか無理をするわけです。そうすると、その瞬間から楽しくなくなり、売らなくてはいけないことでお客さんもスタッフも楽しくなくなる。ひょっとしたらそのことがファッション業界が厳しくなっている 1 つの理由にすらなっているのではないかと思ったのです。

67

第2編　統合報告に関する投資家・経営からの視点

なるほど、心理的なストレスから解放するということですか。ダイバーシティも同じ原理だと思いますが、これが統合報告書に描かれている lululemon につながるのですね。

――lululemon の責任者によれば、彼らのお店ではスタッフはお客さんに対してよいと思ったことは何をしてもよいそうなのですが、ひとつだけ禁止しているのが「売ること」だそうです。しかし、結果としてものすごく売れている。世界でも面積当たり売上高が高いお店の1つです。アップルストアも同じく、店員さんにはコミッションがありません。アップルストアのスタッフは、お客様と会話する際に「私はコミッションで働いていませんから、心配しなくていいですよ」と告げると、お客さんの態度がガラッと変わって気軽に話しやすくなり、楽しくなって、結果として商品を買ってくれるのだそうです。

　昔の概念でいうとショールームに近いですが、アップルストアがその概念を変えて、Experience store（体験型店舗）という新しい小売の姿を創ったと思います。Experience（体験）を提供することが最大の提供価値であるとしてそれを実践し、最も成功したのがアップルストアです。その意味で私はアップルストアを尊敬していて、是非ともアップルストアを丸井に導入したかったのです。そして、これからいろいろなブランドや取引先、スタートアップと第二、第三のアップルストアを作っていくというのが僕らの夢です。

　戦略を隠す会社もありますが、我々は隠しません。戦略は個社ごとの固有解であると考えており、戦略をまねされて出し抜かれるとか、そういうことは起こりえないのではないかと思います。まねされる程度の戦略は、誰でも思い付くたいしたことのない戦略なのではないでしょうか。むしろ他社がやっていなくて、我々がやったときに最も上手くできるものがやるべき戦略であると思っていて、そこまで考えた戦略であれば誰もまねできないので、隠しているよりはオープンにして、一緒にやりたい仲間や取引先、その戦略に共感するステークホルダーに集まってもらって皆で盛り立ててもらったほうがよいのではないかという考え方です。

68

第2章　経営の視点

まさにそれがオープンイノベーションの強みだと思います。オープンイノベーションでは、自社にない経営資源を有する相手と連携して、新たな価値を創出してゆくことが重要となります。ダイバーシティやインクルージョンを通じて多様な価値観の共存を図ることも、オープンイノベーションへの取り組みと親和性が高いといえます。

　社長または会社として認識している現状のレポートの課題、今後ここは直していきたいという部分などありましたら教えてください。

——私どもは目指すべきバランスシートに向けて、より資本効率を高めていきたいと考えています。例えば今、利益、成長ともに牽引しているのはフィンテック事業ですが、ここの中核がクレジットカードビジネスなので、バランスシートの営業債権、あるいはそれをファイナンスする負債がどんどん大きくなっていってしまうというジレンマがあります。今後はこれを、あまりバランスシートを使わずに営業利益につなげられるものに変えていきたいと思っています。そのため、例えば tsumiki 証券という証券会社を作り、資産を持たずに手数料で収益を稼ぐビジネスを始めました。

　もう1つのポイントとしては、期間利益ではなく生涯利益（Life Time Value、LTV）を強く志向する会社にしていきたいと考えています。ですから、図表 2-2-3 のマトリックスでいうと LTV と ROIC が交わった右上の象限のところに事業構造をぐっとシフトしていきたいのですが、LTV を重視するということがどういうことなのか上手く説明できていない。熱心にレポートを読んでいただいている投資家からも「もう少しちゃんと表現しないと伝わらないのではないか」という指摘を受けており、そこが課題だと思っています。

図表 2-2-3　生涯利益を伸ばす事業ポートフォリオへの移行イメージ（共創経営レポート 2018　13 頁）

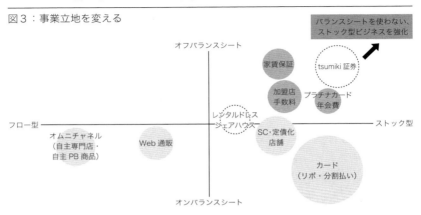

　tsumiki 証券はちょうど LTV と ROIC が交わったところの象限に位置するビジネスです。tsumiki 証券の販売する積立 NISA はお客さまと 20 年間お付き合いが続く一種のサブスクリプションビジネスなので、LTV 志向です。今後は tsumiki 証券のような新規事業を開発することで、LTV と ROIC が交わる領域を中心に成長していきたいと考えています。

レポートの 28 頁と 29 頁で LTV が描かれていますが、どうやって現状の収益構造から LTV に移行させていくのかを示すのはかなり高度なチャレンジだと思います。

――LTV 志向によって安定的な定期収入部分が徐々に厚くなっていく様子を連続的にみせるのは難しいですが、結局のところ、中長期的な非財務だけでなく、財務的な成果に結び付けてどのように移り変わっていくのかを示す必要があるのだと思っています。

第 2 章　経営の視点

御社が「めざすべきバランスシート」の説明は毎年更新されると伺っています。BS の将来像は以前から公表されていたと思いますが、そもそもどのような経緯で作られたものだったのでしょうか。

――これは、まさに投資家との対話による産物です。投資家の皆さんからは、PL の話ばかりでなく、もっと BS の話をしてほしい、将来どんなバランスシートにしたいのかについて語って欲しいと数年前からいわれていました。しかし、当初はその意味がよく理解できませんでした。自ら BS をデザインする経営という発想がなかったからです。しかし、よく考えてみると、ROIC（投下資本利益率）が WACC（加重平均資本コスト）を上回って超過利益を生まなければ企業価値は創出されないわけで、WACC と ROIC をどうしていくのかは目指すべき BS を考えておかないと解が出てこないことに気付いたのです。

図表 2-2-4　めざすべきバランスシートと ROIC＞WACC による企業価値創造（共創経営レポート 2018　85 頁）

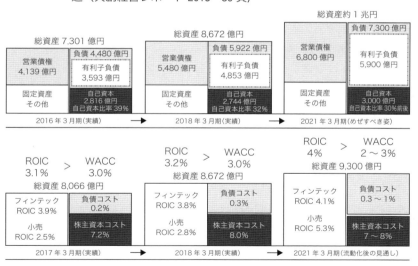

もう 1 つの契機としては、投資家から目指すべき BS を出してくださいと言われていた頃、わが社はちょうど BS が大きく転換しているときでし

71

第2編　統合報告に関する投資家・経営からの視点

た。それまではずっと BS の左側の主たる資産は店舗を中心とした土地・建物の固定資産で、小売主導の成長をしてきましたが、経営危機を境に、今後の成長を牽引していく主たる資産がカード資産に変わりました。クレジットカード事業の営業債権の残高がはじめて店舗の固定資産を抜いて逆転したタイミングで、まさに事業構造が歴史的に転換していたのですが、BS の右側はどうなっていたかというと、自己資本比率は相変わらず 50% 近くで、リスクの高い小売事業が主流だった頃の資産構成のままでした。これほどの営業債権を抱えている会社であれば、本来もっと負債で調達しなければ企業価値が毀損されるわけですが、左側が変化しているにもかかわらず、右側が小売主導の時代のままでバランスがとれていないという問題意識を持っていました。

　しかし、自己資本比率を減らすのはとても大変なことで、以前は取締役会でも反対されてできなかったのですが、高いコストで低い利益率のものをファイナンスすると企業価値が毀損されて迷惑をかけることになるとロジカルに説明すると、確かにそうですよねと理解されるようになりました。従来は自己資本比率は高いほうがよいとされ、当社も 50% 以上でしたが、最適資本構成を考え直したところ、30% が最適であるということで、初めて自己資本比率を下げられるようになったのです。また、ROE 目標も見直し、当時 4% にも満たなかった ROE を 10% にする方針を掲げ、現在ようやく約 9% まできました。投資家は、バランスシートなど財務的なところからロジカルに考えていますので、我々が右脳を働かせながら投資家と左脳的な対話をしていくと、経営戦略などのヒントになることがあります。こちらの考えを投資家との共通言語である財務で表現していったところ、バランスシートの理解も自然と深まりました。

自社のビジネスモデルを示すときになにかご苦労されている点はありませんか。

――ビジネスモデルは一番難しいところで、苦戦しています。当社は家具の割賦販売から始まった会社で、当時高価だった家具の代金をお貸しして、月々の分割払いで返済してもらうという意味では金融ビジネスでもあります。割賦販売という小売金融一体の独自のビジネスモデルを、時代の変化

とともに進化させてきたのが丸井グループであるというのが我々の定義です。アナリストや投資家はどちらの業種なのかと分けたがる人が多く、どちらか一方の事業にフォーカスしないと必ず企業価値が損なわれると主張される方もいらっしゃいます。しかしながら、我々はその2つで1つであるユニークさこそ丸井グループの本質だと考えています。

　それでも小売りと金融のどちらをやるのかといった質問が相次ぐので、昨年（2017年度）のレポートでは、表紙から「丸井グループは小売業なのか？　それとも金融業なのか？　私たちは、その『いずれか』ではなく『両方』です。」と答えてみました。またレポートの中でも、動物であり植物でもあるミドリムシのアイデンティティになぞらえたり、コインの表と裏という例えを使ったりして、ビジネスモデルの説明に悪戦苦闘しています。ただ困ったことに、西洋的な考え方では、AとBの二項対立関係が基本になっているため、AでありBでもあるという我々のビジネスは理解しづらいのです。

図表 2-2-5　2017年度の共創経営レポート表紙

第2編　統合報告に関する投資家・経営からの視点

　ちなみに、こうした西洋的な物事の捉え方、すなわち男と女、人間と自然、先進国と途上国などというように「我ら」と「彼ら」を対立した関係として捉える見方が、差別や紛争のもとになっているのではないでしょうか。その違い、二項対立を乗り越えて共通部分を見出し、いかにして乗り越えていくかということがサステナビリティの大きなテーマになっていると思っており、我々はそれを「インクルージョン」と呼んでいます。またこれらの共通点を見出して調和し、幸せを拡大していく方向を「共創」と呼んでおり、どちらかに分かれないことが価値創造につながるのだということを伝えたいと考えています。どちらかではなく、両方なのですというところに踏みとどまり続ける、ここはまさに我々のゆずれないところです。

どちらかに分かれないことがどうやって価値創造につながるのでしょうか。

――統合報告書を作り始めた当初、IIRC がガイダンスで示していた 6 つの資本を使ったビジネスモデルの表現がしっくりこなくて、野中郁次郎先生に聞きに行きました。先生がビジネスモデルはメタファー（隠喩、暗喩）でないと語れないと仰っていた点に共感し、それから自分なりにミドリムシやらたまねぎやらメタファーで語る努力をしています。また、そのときになぜ資本（キャピタル）という言葉が大事なのかと質問したときに先生がいい添えたのは、それは測定できることが重要だからだという答えでした。メタファーでしか語れないのだけれども、測定できることは大事だという説明には納得できました。

　当社のビジネスモデルの説明は、IIRC のガイダンスと似ているところもありますが、基本的には違うスタンスです。どちらかといえば野中郁次郎先生が説いている価値創造や東洋的な部分を大事にしており、すべてが依存し合っているという点に重きを置いています。サステナビリティの観点ではこの相互依存の感覚が重要で、ミレニアル世代などは国籍を問わずそのあたりの感覚を持ち合わせていますので、メタファーで表現しながら対話するようにしています。

第 2 章　経営の視点

2　MS&AD インシュアランスグループホールディングス 藤井史朗 CFO

インタビュー対象者：
MS&AD インシュアランスグループホールディングス株式会社（「MS&AD グループ」）　取締役副社長執行役員　藤井史朗氏
インタビュワー：
有限責任監査法人トーマツ　リスクアドバイザリー事業本部
ESG・統合報告アドバイザリー　ディレクター　貝沼直之

貴社グループでは、2015 年から統合報告書「MS&AD 統合レポート」を発行しています。貴社にとって、MS&AD 統合報告書に取り組まれた経緯、これを作成・公表することの目的と有用性、特に経営に対する影響について教えてください。

——当社グループの統合報告書への取り組みですが、実は、私が 2014 年 4 月に現在の持株会社の企画・IR を担当する立場となった時点で、すでに事務局を中心として制作を進めていました。ただその内容を確認したところ、どちらかというと様々なデータをよせ集めたものとなっていて、ストーリーにはなっていない状態でした。事務局メンバーは一所懸命作ってくれていたのですが、これでは読み手にとって面白くない、MS&AD グループの思いもしっかりと伝わらないだろうと思われたため、発行を取りやめて 1 年間延期することにしました。新たに制作を開始するときにまず、統合報告書を発行する目的について、事務局のメンバーとすり合わせました。すなわち、統合報告書の作成それ自体が目的ではなく、報告書の作成を機に、グループのデータベースを構築し、併せて企業グループとしての考え方をきちんと統合させた形で整理をすることが重要だということです。それができて初めて、報告書として外部に出すことができる。当社グループとしては、外部に出す前に社内でまず、このような統合した考え方、いわゆる統合思考をしっかりと持つことが重要なのだということをメンバーに伝えました。

75

第 2 編　統合報告に関する投資家・経営からの視点

　そこからメンバーが本当に一所懸命取り組んでくれ、経営者の理解を得て、次の 2015 年にようやく発行が実現しました。初年度版は我々も想いが募っていたためにかなり分厚いものになりましたが、統合報告書として一定の形になったと評価をしています。それ以降も毎年改善に努めていますが、心がけていることは、当社グループの統合報告書は、外部ステークホルダーのみではなく、グループ内の従業員に対しても、しっかりと企業グループとしての思いを伝える報告書であるべきだということです。

貴社の統合レポートは当初から従業員の皆さんも読み手の対象として作られているということですね？

――はい。当社グループは 2010 年に三井住友海上火災保険、あいおい損害保険、ニッセイ同和損害保険などが集まって現在の形となりました。この時に、新しいグループとしての経営理念、経営ビジョン、行動指針（バリュー）を定め、それからはこれに則ってビジネスを展開してきています。当社のビジネスは保険事業であることから、「お客さまの役に立つ」という事業のベースとなる思いは、経営理念と共にグループ全体で共有しています。これらをグループ内で改めて理解し、実践することで外部にも訴求できるように、統合報告書の発行を機に MS&AD グループの価値創造ストーリー（図表 2-2-9 参照）を構築し、2015 年の統合報告書から掲載をしています。

　保険会社というのは、事故が起こったら保険金を支払うということが仕

事だと思われがちですが、実はそれだけではありません。まずはお客さまにどんなリスクがあるかをお伝えし、リスクへ備えて防災・減災の取り組みをすることをお勧めし、それでも、万が一事故が起きてしまったら保険でサポートをするということが含まれます。つまり我々のビジネスモデルは、リスクを発見し、それを最小化し、万が一の場合には補償をするということを通じて、社会に対する価値提供を実現するものといえます。こうしたビジネスモデルの考え方を明確に言語化して、グループ内の従業員の一人ひとりと共有することが重要だと考えています。

　ここ数年、世の中が大きく変化しつつあります。今年（2018年）は自然災害が大変多く発生しました。その中で、例えば7月の西日本豪雨では避難命令を発令するタイミングが課題となりました。一方、9月の台風では、関西でも首都圏でも、鉄道会社は電車が走れないから止めるということではなく、これ以上は乗客にとって危険かもしれないという判断から運行を止めました。世の中全体の意識が、こういったリスクの予防という考え方に変わりつつあり、まさに当社グループの考え方と同じ方向に向かいはじめているといえます。世界をみても、米国のハリケーン発生時の避難についての考え方も同様に変わっています。2005年のカトリーナ被災時の避難の遅れを教訓として、例えばフロリダのハリケーンの際には早期に避難命令が出されました。日本でも現在は、津波発生のリスクがある時にはとにかく命を守ることが最優先だという方針が徹底されてきています。

　このように、まずはリスクを認識して、その際の行動の優先順位をつけ

第2編 統合報告に関する投資家・経営からの視点

ることによってリスクをミニマイズすることが重要なのです。実際に我々も保険のみではなく、リスクマネジメントサービスとして、ビジネスのリスクを最小限にするコンサルティングも提供しています。保険はあくまでも最後についてくるものであり、事故そのものを少なくすることができれば、それは社会にとっても我々にとってもメリットです。なによりも大切なのは、お客さまが幸せになることです。当社グループの価値創造ストーリーでは、このような考え方がそもそもの根幹になっているわけです。

　生命保険の場合も、もともとは死亡リスクに備えるという商品でしたが、現在では長生きに伴うリスクが強く認識されてきています。そのような課題への対応として、例えば、最近ではトンチン年金保険という、長生きするほど支給金額が増える商品も扱っているわけです。

　「MS&AD 統合レポート 2018」でも示しているように、当社グループでは、我々が解決に貢献できる4つの社会的課題を選定しています。また、この社会的課題の解決に具体的に貢献するために、当社グループが取り組む7つの重点課題を整理しました。これも当初は外部向けのディスクロージャーとして始めましたが、現在ではそれを従業員や代理店にもしっかりと伝えて、価値創造ストーリーを実践しています。

第 2 章　経営の視点

図表 2-2-6　「MS&AD の価値創造ストーリー」より抜粋

出所：MS&AD 統合レポート 2018　13 頁

そもそも、アニュアルレポートと CSR レポートを一緒にして統合報告書を作ろうと思われたきっかけはどこにあるのでしょうか。

――保険会社は保険業法に基づいてディスクロージャー誌を発行する必要があり（※保険業法 111 条 1 項）、統合報告書は、ディスクロージャー誌を発

展させる形で制作しました。これに加えて、社会貢献に関する取り組みを発信する媒体として、CSR レポート、もしくはサステナビリティレポートも作成しており、当社グループでは、現在でもサステナビリティレポートを継続して発行しています。

　統合報告書は、単に 2 つの発行物を 1 つにまとめるというものではなく、統合的思考に基づく当社グループの価値創造のあり方を、ステークホルダーの皆様にわかりやすくご説明するための冊子であると考えています。当社グループでは、創設時にミッション・ビジョン・バリューを定めたように、社会への価値提供は事業を通じて取り組むべきであり、メセナではなく事業として取り組むべきものだという考えが、マネジメントの間でもともと共有されていました。その意味では、そもそも統合報告的な発想を受け入れる土台が整っていたといえます。このため、事業への取り組みと社会的責任への取り組みを統合して開示したほうが良いだろうという考えが経営者にも十分理解され、IIRC での統合報告に関する研究などの時流も踏まえて、統合報告書の作成へとつながっていった次第です。

それでは、統合報告書の効果・有用性について、特に経営への影響や社内への影響をどのように感じていらっしゃいますか？

——価値創造ストーリーを実践するのはグループの従業員一人ひとりと代理店の方々です。みんなが同じ気持ちを持って、納得して、腹落ちしたうえで行動をしなければなりません。そのためには、前提となる同じ価値観を共有している必要があります。

　価値観の共有をしっかりと進めるための活動として、2017 年度は統合報告書で表現した価値創造ストーリーを社内報で紹介し、今年は SDGs を道標とする新しい中期経営計画を理解してもらうための、漫画による解説冊子を作りました。また、毎年 4 月にグループの新入社員 1,000 人以上を 1 ヵ所に集めた研修を行っているのですが、そこでも私が価値創造ストーリーの説明をしています。当社グループに入ってくれた人たちに同じ気持ちで仕事に取り組んでいただくためにも、統合報告書を活用しています。

　当社グループではステークホルダーを 7 つのグループに分類して、それ

ぞれの方々にどんな価値をお届けするのか、どのように仕事を進めていくのかということをグループ創設時から議論してきました。具体的には、1番に「お客さま」、「株主」、それから「従業員」、お客さまに直接価値を届ける「代理店」、「取引先」、「国際社会と地域社会」、そして「環境」の7グループです。当社グループにとっての統合報告書とは、7つのステークホルダーのすべてに対して価値創造ストーリーを説明し、思いを共有するために使用するものであり、中でも株主・投資家とのエンゲージメント（対話）の際には非常に使いやすいツールとなっています。

　また、2018年の4月から開始した新たな中期経営計画の中でも、価値創造ストーリーやSDGsという言葉を取り入れており、社内的にもさらに浸透を深める取り組みをしています。この価値観の共有は、仕事を進める上でも非常に重要となります。例えば、台風や地震に備えて、個人のお客さまに地震保険や風水害に備えた保険がきちんと付保されているかについての確認やご提案をしています。ここでは、保険契約が取れるかどうかということよりも、お客さまに可能性のあるリスクを正しくご説明して、それに対する保険をきちんと提案をすることのほうが重要だと考えています。現場でも、そういう考え方を持っている代理店の方などが、プロフェッショナルとしてお客さまに対してしっかりとした説明をしてくださるわけです。例えば、当社の東北の代理店の例で、東日本大震災の時に地震保険に入っていらっしゃらなかったお客さまがいらしたとのことで、代理店のご担当者はお断りになられたお客さまにもっと強く地震保険をお勧めしなかったことを大変後悔されていました。リスクを正しく指摘し、それに対する備えをきちんとお勧めすることは、保険会社がプロフェッショナルとして実行するべき責務です。統合報告書の作成よりも前に、価値創造ストーリーや基本的な考え方が社内できちんと構築されていることがまず重要です。報告書はそれをベースにするものであり、構築した価値創造ストーリーを広く浸透させるために使用するわけです。

　統合報告書を作成した後、社内での共通価値観に基づく企業文化の醸成や、従業員に日々の活動の中で使ってもらうことを目的として、2017年度から従業員向けに30頁程度の抜粋版統合報告書を配布しています。グループの目指す姿や強み、価値創造ストーリーを全グループ従業員の皆さんに

理解してもらい、自らの仕事や役割がグループの価値創造にどのように貢献しているかについても認識をしてもらうためです。その上で、グループ従業員一人ひとりが広報担当者となって、全世界・地域でMS&ADグループのPRを行い、すべてのステークホルダーとの対話の材料として活用してもらえたらと考えています。そのために、無理なく読んで理解をしてもらえるボリュームでの抜粋版としました。さらに先ほども少し触れましたが、2017年11月には、グループ社内報Unityの特別号として「『MS&AD統合レポート2017抜粋版』の読み方・使い方」を発行し、抜粋版の重要コンテンツの解説や使い方の説明をしました。

図表2-2-7 「MS&AD統合レポート2017抜粋版」の読み方・使い方

なるほど、社内ステークホルダーに対する効果や期待値はよくわかりました。それでは次に機関投資家との対話でのご利用や、どのようなフィードバックを受けていらっしゃるかについてお聞かせください。特に貴社は昨年機関投資家向けの統合報告書説明会を開催されたと、統合報告書2018に記載されていますね。

——2017年の12月に、機関投資家を対象として「MS&AD 統合報告書2017 説明会」を開催しました。重要な内容をピックアップして説明するとともに、会社として統合報告書をどのように利用しているか、従業員への価値創造ストーリー浸透の取り組みなどを説明しました。我々にとって初めての試みだったのですが、統合報告書の説明会自体もあまり例がなく、社内報 Unity による社内浸透の取り組みについてもユニークだと好評価をいただきました。

　この説明会の質疑応答ではガバナンスに関する質問を多くいただいたため、2018年度は、「ESG 説明会」に発展させて、コーポレートガバナンス、ダイバーシティ＆インクルージョン、資産運用を通じた ESG 取組などのご説明を行いました。

　機関投資家に説明をする重点項目のなかでは、現在は、KPI の説明を重視しています。2018年版統合報告書では 42〜43 頁に掲載しています。説明の際には報告書を利用して、グループ修正 ROE、グループ修正利益の目標分解を示すとともに、グループ修正利益を達成するために、現場の仕事にまで落とし込んだ業務と利益目標とのつながりを詳細に説明しています。投資家・アナリストの方は修正 ROE の構成要素などを重視されがちですが、社員一人ひとりが目標達成に貢献している、KPI につながっているということを従業員に理解してもらえるように、KPI や取り組み事例をもあわせて掲載しています。

第 2 編　統合報告に関する投資家・経営からの視点

図表 2-2-8　「財務・資本戦略」より抜粋

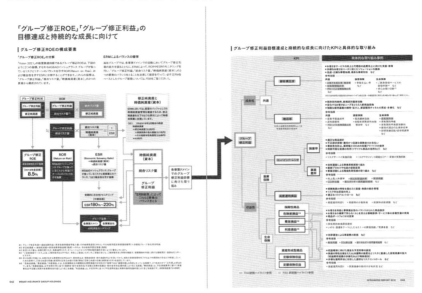

出所：MS&AD 統合レポート 2018　42-43 頁

統合報告書に対する外国人投資家からのフィードバックについてはいかがでしょうか？

——海外 IR の際には、英語版統合レポートを持参して説明をしています。2018 年 10 月には海外の ESG 投資家と 5 件のミーティングを実施しました。ESG に的を絞った日本の発行体による IR 訪問は、彼らにとっても初めてだったとのことで、我々の姿勢は評価していただけたと感じています。統合報告書に関しては、当社グループの全体像や強みを理解してもらうために役立ちました。訪問先が欧州の投資家だったため、社会関連の話題への関心も高く、今後そのような課題を新たに認識した場合にはどのような対応を考えているかなどについても聞かれました。

　日本の会社の ESG の開示や取り組みに関して、欧州の投資家からは、世の中の流れに乗ったファッションとして熱心になり始めたのではないかと

第2章　経営の視点

思われている部分もまだあることを感じました。そのような誤解を受けることなく、自社のサステナビリティについての戦略方針などについて自信を持ってお話するためにも、対話のコンテンツについては、しっかりと準備をしたものをお持ちする必要性を実感しました。

統合報告書の作成にあたって、重視するポイントとしてどのようなことを心がけていらっしゃいますか？

——統合報告書としては、会社を正しく理解していただけるものであることが最も重要だと考えています。ただし冊子である以上は、まずは読み物として興味を持っていただけることが大切です。その点では初版の2015年版はかなり盛沢山な内容となり、読みやすさには課題があったと思っています。現在は、読みやすさの観点から分量や文字サイズにも配慮しつつ、訴求する項目や内容を明確にすることで、わかりやすさを重視しています。また、経営トップが自身の言葉でしっかりと語ることも非常に重要だと認識しています。私個人としては、トップのコミットメントがあって初めて良い統合報告書ができると考えています。

　また私自身も、責任者として、重点テーマ、中期経営計画の盛り込み、社長メッセージ、重要な項目のリード文などについて、丁寧にチェックをすることに時間をかけています。

貴社の統合報告書の制作にあたって、どのような点を重視し、毎年どのようなステップを経て制作しているのでしょうか？

——統合報告の制作にあたっては、まずはその構成要素を検討することが最も重要であり、コンテンツをしっかりと固めることが必要です。例えば2018年版では、2018年度よりスタートした中期経営計画を軸にしましたが、次回はこの計画の進捗評価と、もし計画通りに進んでいないところがあれば、その原因は何なのかという分析が必要になると考えています。

　内容については、外部からは「課題」をきちんと掲載すべきだと指摘をされていますが、これを受けて、2018年度の統合報告書では「リスクと機

85

会」という整理で、本誌 30 頁に掲載をしています。リスクを明確に認識しているということ、また、そのリスクを機会に変えていくという取り組みは、そもそもリスクへのソリューション提供を事業として実践している保険会社にとっては、大変重要だと認識をしています。リスクと機会に関する取り組みとして、常に PDCA をまわしながら改善に努めているということを外部にも説明しています。特に、何のためにその取り組みをするのか、そのためには当社グループのどんな基盤をどう活用するのか、等についても、併せて丁寧な説明をする必要があると考えています。

コーポレートガバナンスへの取り組みについては、評価機関への対応なども話題にはなります。もちろん、高い評価であればよいのですが、大切なことは、コーポレートガバナンスに関する個々の取り組みの目的は何か、それによって当社グループにどのような価値が生まれるのか、ということだと考えています。例えば、女性取締役や女性管理職の数が注目されていますが、私たちの考えとしては、数が増えること自体を目的にしているわけではありません。数が増えることによって、当社グループにとってどんな価値をもたらすのか、例えば様々な新しい機会の創出や、イノベーションが可能になるのかというような、コーポレートガバナンスへの取り組みによっておこるインパクトが重要なのです。

ホールディングスと事業会社との間のグループ・ガバナンスについても、外部ステークホルダーから説明のニーズが大きい事項です。当社は 2008 年に三井住友海上グループの純粋持株会社として設立された三井住友海上グループホールディングスを母体とし、2010 年の MS&AD グループ発足と共に現在の社名となり、グループの純粋持株会社となりました。このため歴史的にも事業会社であったことはなく、持株会社としての役割を果たすことを使命としています。MS&AD グループのガバナンス形態において持株会社と事業会社の役割は明確に異なっています。持株会社のミッションは、株主の付託を受けて立てた計画を実行することであり、一方、事業会社は自らが決定して持株会社の承認を受けた計画を執行する責任があります。持株会社の役員、従業員は、事業会社がその責任を果たせるようにサポートをすることが業務であり、事業会社の個々のオペレーションには基本的に積極関与はしません。持株会社の責任範囲はグループのリスク管

第2章　経営の視点

理、資本政策、サステナビリティの大きな考え方の決定などであり、これらについて具体的な取り組みを実行するのは事業会社です。この役割の分担に加えて、グループ・ガバナンスの最も重要なポイントは、事業会社がやるべきことをしっかり実行していることを持株会社が確認する点にあり、万が一実行できていないところは厳しく指導する責任を、持株会社が株主に対して負っているこということです。

　なお、価値創造ストーリーには事業の基盤も掲載していますが、実際に事業を進めていく上ではこれが非常に重要です。我々にとっては特に、人財育成と品質向上が重要だと認識をしています。

価値創造ストーリーについて、ビジュアルなども踏まえて可視化についての工夫点や特徴的なポイントをお聞かせください。

――当社グループでは、価値創造ストーリーを最初に構築をした2015年の段階から、その可視化に注力してきました。まずは IIRC が提唱するオクトパスモデルを用いていろいろな要素項目の整理をしました。すでに社内に存在するビジネスモデルを、社外に対してどうわかりやすく説明するのが良いのかを検討する際に、オクトパスモデルのような共通のフレームワークがあることで、社内外を通じて理解を得やすかったと考えています。オクトパスモデルで用いられている、経営資源を利用してアウトプット、アウトカムとつなげていくという発想などは、共通のフレームワークを活用することでわかりやすく示すことができると考えています。当初は社内でも理解しにくい概念だったと思いますが、いろいろな構成や掲載要素を工夫することで、ずいぶん理解してもらいやすくなったと考えています。

　一方で、2017年に経済産業省が公表した価値協創ガイダンスは、あえてフレームワークとせずに構成要素をフローチャート化することで、わかりやすく整理をしようとしていると理解しています。これも価値創造ストーリーを検討する際にまずは使ってみることが良いのではないでしょうか。こういった「価値創造」構成要素のガイダンスを利用してみることで、さらに社内的な検討が進み、価値創造ストーリーが良いものになっていくと考えています。

87

第 2 編　統合報告に関する投資家・経営からの視点

図表 2-2-9　「MS&AD の価値創造ストーリー」より抜粋

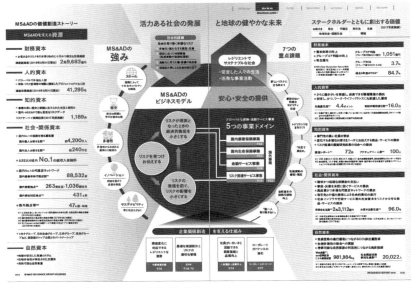

出所：MS & AD 統合レポート 2018　14-15 頁

価値創造ストーリーの中で、貴社のビジネスモデルはわかりやすく示されています。一方で、競合企業と比較したときに、MS&AD らしさの表現はどのように打ち出そうと考えられていらっしゃいますか？

――MS&AD 統合レポート 2018 の冒頭見開きページで掲載している、「レジリエントでサステナブルな企業を目指す」は本報告書のキーコンセプトの 1 つであり、当社グループの特徴ともいえます。他方で、実際には、保険会社各社が提供している商品やコンセプトは基本的にほぼ同じものといえます。そういう意味では、「らしさ」の表現には難しい面があります。事業のベースが同じである以上は、同じことを他社の皆さんがおっしゃっても良いのだろうとも思います。その中で、あえて当社グループが訴求するのは、「どこまで徹底できるか」「どれだけ社員がそのコンセプトを行動に変えていけるか」であり、ここで差を出さなければなりません。つまるところは「人財」と「品質」であり、社員がどこまで腹落ちして行動できる

第 2 章　経営の視点

図表 2-2-10　「MS&AD 統合レポート 2018 のポイント」

「MS&AD統合レポート2018」のポイント

2030年に目指す社会像と「Vision 2021」の紹介 「MS&AD統合レポート2018」P.26-P.39
→ 経営の長期的な方向性である「2030年に目指す社会像」を紹介し、その実現に向け、これまでの中期経営計画での到達点と新中期経営計画「Vision 2021」の方向性を図解
→ SDDsを道標とし、CSVにもとづく経営を目指す「Vision 2021」の概要を紹介

CEOメッセージでマネジメントの思いを表現 P.4-P.11
→ CEOメッセージをレポートの冒頭に配し、「2030年に目指す社会像」や新中期経営計画「Vision 2021」に込めたマネジメントの思いをCEO自身の言葉で紹介

KPIツリーで各事業の現場での取組みと価値創造をつながりを表現
→ 損害保険事業、生命保険事業の各現場で目標としている指標（財務・非財務とも）と、経営数値目標であるグループ修正利益とのつながりをKPIツリーに整理 「MS&AD統合レポート2018」P.42-P.43

価値創造ストーリーの実践例をSpecial Featureで紹介 「MS&AD統合レポート2018」P.62-P.66
→ 各事業を通じた４つの社会的課題の解決のための取組みを、ビジネスモデルのステップに沿って紹介
→ 各事業を支えるバックオフィス部門での価値創造への貢献ストーリーの紹介　など

「MS&ADの強み」の説明 「MS&AD統合レポート2018」P.16-P.25
→ MS&ADグループの固有の強みを明示してほしいという投資家の希望に応え、「５つの強み」の説明ページを作成

出所：トーマツ統合報告セミナー資料

か、しかありません。そういった姿勢を、例えば資本の項目や、ビジネスモデルの中の説明できちんと示していく。もちろん良いことだけをいっても仕方がないと考えており、最も重要なことは、お客さまにどこまで価値を提供できるかということになります。

非財務情報、ESG、SDGs もしくは CSR、こういった取り組みについて、経営戦略と関連させながら、統合報告書にどのように表現して企業価値向上につなげていくべきだとお考えでしょうか。また、今後どういった形で取り組みを改善されていくのでしょうか。

――当社グループでは中期経営計画「Vision2021」において、SDGs を道標として、レジリエントでサステナブルな社会の実現を目指しています。この中期経営計画を策定する際に、私たちは生命保険、損害保険を中心にしたビジネスを扱う中で、世の中が不確実な状況を受けてどういうことをし

89

ていく必要があるのかを考えました。世の中をレジリエントでサステナブルな社会にしていくためのVisionを定義して実行しようとしたときに、実際に何ができるのか、何を解決しなければならないのか、ということを2年間ほど費やして経営陣で検討しました。その結論として、2015年に公表されたSDGsというものを経営の道標にするとわかりやすいのではないかということになりました。SDGsの17のゴール、169のターゲットを1つの道標にしようという建て付けで中期経営計画を検討した結果、「レジリエントでサステナブルな社会」という目指す社会像が定義され、そのための我々の役割が、形作られていったわけです。

図表2-2-11　MS&ADの目指す社会像[3]

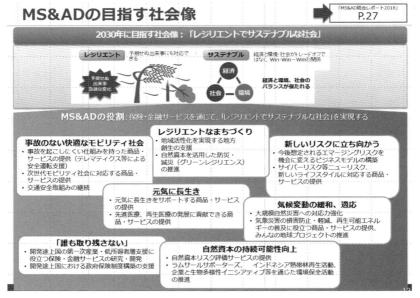

出所：会社資料

　まず保険というビジネスは、やはり社会がそれなりに安定していて、人

---

[3] MS&AD統合レポート2018　26-27頁を参照。

第 2 章　経営の視点

間として守りたいものがあって初めて成り立つビジネスではないかと考えました。そうであるならば、そのような社会になるために我々が努力をしていくということは、当社グループの事業がサステナブルであるために必要なことではないか、だから我々はここに取り組む意義があるのだ、というようなことを、我々の内部でディスカッションをしていきました。

　もちろんこれは統合報告書のために行った議論ではなく、中期経営計画を策定するためのベースとして行ったわけです。そしてここから、先ほど申し上げたようなビジネスモデルや価値創造ストーリーが、SDGs の 17 のゴールとどんな形で関連性をもって考えられるかについて議論を深めていきました。その中から、社会の信頼に応える品質、従業員がいきいきと活躍できる経営基盤、社会との共通価値を創造する、といった様々なカテゴリーで、まさに CSV の実現が、レジリエントでサステナブルな社会づくりにつながり、当社グループもサステナブルに事業が展開できるという考えにつながりました。したがって、重要な非財務指標についても、これらに関連するものを取り上げていこうと考えています。

　当社グループの仕事は、自動車保険や火災保険のように社会に広まったものだけでなく、新たなリスクが発生してくる時にはそれを認識して速やかに対応をしなければなりません。我々も完全に理解しているわけではないような新たなリスクであっても、お客さまにニーズがある限り、そのリスクをどう管理し、処理をしていくかということは重要な職務です。こういった新たなリスクに対応するためには、保険という商品・サービスを通じて、先に挙げたようなお客さまに対する役割を果たしていくことが必要だと考えています。そして、万が一リスクが実現しそうなときには、お客さまにはしっかりと、リスクの伝達から保険提案までのパッケージを示してお伝えする必要があります。そういう面では我々は大きな意味のある仕事をしているのだということを、従業員が感じながら業務にあたっていけるようにしていければと望んでいますし、そういうことを重ねることによって、我々グループは初めて着実に前に進んでいけると思います。

　Vision2021 の実現のために、私たちはグループ内の価値創造ストーリーの浸透をグローバルレベルで一層進めていく必要があります。そのために、先ほどお話したような統合報告書の抜粋版の配布、各種の研修や会議など

での説明や、海外事業会社各社の Web サイトなどへの掲載などによる社内への浸透策を推進していきます。これを着実に実行することで、全世界の従業員共通の目指す姿として徐々に浸透させていきます。些細なことのようですが、例えばこの SDGs のバッジもグループ従業員で希望する人全員に配っています。このバッジを身につけると、周囲からそれは何かと質問されれば回答できるようにしようという意識になり、従業員の関心も高まるのではないかと考えています。当社グループには、世界中で 4 万人の従業員がいます。4 万人全部が同じ目標に向かっていければ一番良いですが、残念ながらまだまだ道は半ばまではいかない、始まったばかりだと思っています。その中でこういう試みを継続していくことが重要だと思っております。

　当社グループで最近行ったサステナビリティコンテストは、こういった流れを加速するための取り組みの一例です。これは社内のコンテストですが、自分たちの仕事を通じた社会的課題の解決に関する取り組み事例をグループ横断で募集しました。従業員が考えるきっかけにもなればということで始め、応募が 100 件来れば良いと考えていたところ、526 件の応募があり、その中で様々な意見が出てきました。最優秀賞は三井住友海上の北海道支店でした。保険を売ろうということではなく、本当にお客さまに寄り添って必要なサポートを提案するために、お客さまへの再ヒアリングを通じて課題を引き出し、ソリューションとなる新たな提案を発案することで、お客さまにとっては難解な課題を解決に導いて喜んでいただけた事例です。まさに、インクルージョンがイノベーション（革新）を生み出していく好例のような取り組みが選ばれました。冒頭に申し上げたとおり、そもそも保険会社は保険金を払っておしまいということではなく、事業を通じて社会課題の解決につなげることが重要です。自動車保険の場合でも、まずは「事故が起きないためにどうすればよいのか」というリスクマネジメントの提案をしっかりと行い、リスクの最小化と定量化をすることで、保険の加入につながる。そんな取り組みを強化することが現場で起きていて、それが経営者の考えていることとつながっていけば、競合との差別化が生み出されていくのだと考えています。

第3編

価値創造ストーリーを伝える
統合報告書の作成実務

第1章　統合報告概論
第2章　統合報告のさらなる充実へ向けた
　　　　視点・取り組み

第3編　価値創造ストーリーを伝える統合報告書の作成実務

第1章　統合報告概論

1　価値創造ストーリーの重要性

(1)　我が国の統合報告書の現状

　我が国の資本市場は、近年、「スチュワードシップ・コード」「コーポレートガバナンス・コード」、および「伊藤レポート」の公表を受けて、急速に変革を遂げている。統合報告書は、インベストメント・チェーンにおけるこれらの変革の中で、「企業と投資家との対話」のツールとして重要な位置付けを占めている。現在、日本でも 400 社を超える企業が統合報告書を発行している[1]。

　他方で、日本企業が作成する統合報告書は、必ずしも、IIRC フレームワークへ厳格に準拠しているわけではない。また、IIRC の公表する「価値創造プロセス」の視点を取り入れようとする企業の中でも、6 つの資本カテゴリー（「財務資本」「製造資本」「知的資本」「人的資本」「社会・関係資本」「自然資本」）に対してどのように自社の経営資源を当てはめれば良いか、また、「情報の結合性」「簡潔性」などの指導原則をどう守るか、といった点で試行錯誤が繰り返されている。最近では、IIRC の公表する「価値創造プロセス図」を日本流にアレンジし、例えば「社会課題の解決」を起点にするなど、IIRC フレームワークでは想定していなかった形で「価値創造プロセス図」を表現する企業も増えてきている。

　総じていえば、日本における IIRC フレームワークの受容のあり方は相当に多様である。

---

1)　企業価値レポーティング・ラボの調査に基づく。

94

第 1 章 統合報告概論

図表 3-1-1　IIRC が考える価値創造プロセス図

価値創造プロセスを資本の増加、減少、変換のサイクルと考えています

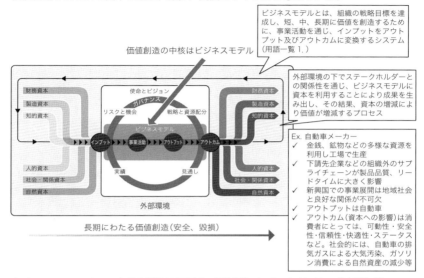

出所：IIRC フレームワーク日本語訳 15 頁図 2：価値創造プロセスに基づき、筆者が加筆

　日本企業の作成する統合報告書のこうした特徴について、プラスの面に目を向けるとすれば、日本企業各社の独自性や、経営者の思いなどがより自由に表現されているという点が挙げられよう。他方で、作成者である企業の「思い」や成長への「勢い」といった主観的要素へ過度に傾倒したり、価値創造プロセスに含める構成要素が多岐に渡りすぎている報告書も散見される。また、フレームワークからの逸脱の程度によっては、報告書の読者である投資家にとって重要な、企業同士の相互比較性も犠牲となりかねない。統合報告書の作成の目的は、企業における価値創造のプロセスやストーリーを読み手に対してわかりやすく伝える点にある。企業側の作り手側の理屈が前面に出すぎると、読み手にとってのわかりやすさが犠牲となるばかりか、読み手に対してストレスを感じさせる結果にもなりかねない。

(2) 価値創造ストーリーとは何か

　統合報告の作成を進める過程で、上述のような問題に陥ることなく、企業の独自性やメッセージ性とわかりやすさの両立を図る上では、「価値創造ストーリー」の構築が重要となる。以下では、この価値創造ストーリーがどのようなものであるか、および「価値創造プロセス（図）」と「統合報告書」との関係でどのように位置付けられるかを概説する。

図表 3-1-2　統合報告書に関連する概念についての本書における定義

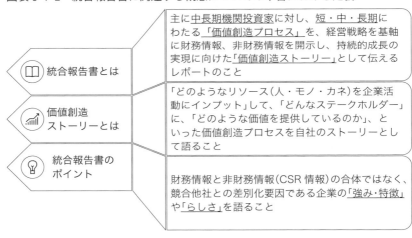

　図表 3-1-2 では、「統合報告書」「価値創造ストーリー」そして「統合報告書のポイント」についてまとめている。これらの定義を踏まえて、統合報告書の中核をなすダイアグラム（図）からなる価値創造プロセスの概念について言及する。

　価値創造プロセスとは、一言では、企業が持続的に価値を創造していくプロセスを論理的に図表化したものである、といえよう。

　では、企業は価値をどのように創造していくのだろうか。

　持続的な企業価値創造の源泉は、最適な資本配分を行う経営戦略と、その企業固有のビジネスモデルである。ここでの「資本」とは、企業におけ

る価値の蓄積のことをいう。資本は、モノやカネといった「財務資本」「製造資本」などの「見える資本」と、ノウハウやナレッジ（知的財産）、社員の能力といった「知的資本」「人的資本」などの「見えない資本」に大別される。これらの資本を使って、その企業の差別化要因や強みに基づいた事業を推進する仕組みが「ビジネスモデル」である。企業がその事業を通じて、中長期にわたり継続的にキャッシュフローを創出していくには、社会と共生し、また社会に貢献できるビジネスモデルを有することが欠かせない。

　また、自社の有する資本を適切に組み合わせまたは組み替えることにより、高い資本効率の実現へ向けた資本配分を行うことが「経営戦略」である。

　そして、価値創造プロセスとは、企業が、自らの経営戦略に基づき、自らの有する資本を適切に組み合わせて、自社のビジネスモデルを事業として推進し、投下した資本以上の付加価値を生み出し、企業内の資本と社会へ提供する価値をさらに増やしていく過程を指す概念である。

　この企業価値創造プロセスを、なぜ統合報告書で開示する必要があるのか。その理由の1つには、統合報告書の読者層が、中長期視点の投資家を中心としながらも、企業のステークホルダー全般にわたることがある。企業のステークホルダーは、企業の株主や、企業への投資を検討している投資家には限られない。企業の従業員やその家族、顧客および調達先、企業活動の基盤となる地域における行政や地域社会もまた、企業のステークホルダーである。これらのステークホルダーが、企業の持続可能性を把握するための共通言語としても、統合報告書は有益なものとなる[2]。企業が幅広いステークホルダーに価値を提供し、これらのステークホルダーからの資本の提供を受けて自社の価値をも上げていく。こうした正の循環こそ、近年、社会的な関心を集めている「ESG経営」の目指すところであろう。さらには、近江商人から現代の優良日本企業にまで引き継がれてきたといわれる、「三方よし」の理念とも通じるところがあるといえよう。そして、様々なステークホルダーに企業の創出している価値をわかりやすく伝える

---

2)　IIRCフレームワーク日本語訳1.8項参照。

には、価値創造プロセスの開示が必要不可欠となるのである。

　この価値創造プロセスを伝える上では、各種の資本や活動の関係を論理的に示すことが重要となる。各要素の関係をチャートなどで図解するだけでは、企業の価値創造プロセスのあり方を効果的に伝えたことには必ずしもならない。特に、著者のヒアリングによると、海外投資家は、context（文脈）での表現がない、価値創造プロセスの図解だけの開示では、企業の価値創造の仕組みの理解には不十分であるとの見解を多く示している。各種のダイアグラムやチャート図は、インプット／ビジネスモデル／アウトプット／アウトカムの各段階の大まかな関係や、その中での各要素の位置付けを概括的に伝えるのには適しているが、価値創造が可能となる理由を読者に納得感を持って伝えるのには必ずしも十分ではない。チャートとデータだけでなく、各要素が企業戦略の全体の中でどう位置付けられ、相互にどのような関係にあるかを、narrative（ストーリー）として有機的に伝えていくことが、価値創造プロセスの実効的な開示には不可欠だと考える。このように、ストーリーを通じて価値創造プロセスを伝える取り組みこそが、本項の冒頭に記載した「価値創造ストーリー」である。

　価値創造ストーリーの重要性については、統合報告の作成現場でもよく耳にするようになってきた。他方で、自社にとってのストーリーをどのように構築すればよいか悩んでいるという声もよく聞かれる。

(3)　価値創造ストーリーの可視化について

　ここで、実例として、企業の統合報告書に IIRC フレームワークの価値創造プロセス図を採用した嚆矢といえる、株式会社ローソンの統合報告書2013 を題材として、価値創造ストーリーの可視化と表現について分析することで、価値創造ストーリーの重要性を浮き彫りにしていきたい。

第1章　統合報告概論

図表 3-1-3　価値創造プロセスと社会課題

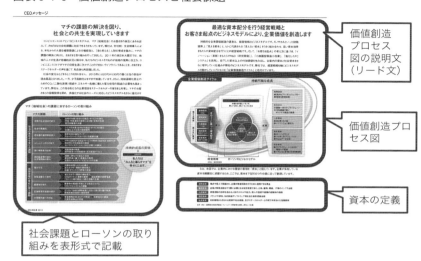

出所：株式会社ローソン「統合報告書 2013」2-3 頁

　図表 3-1-3 は、ローソン統合報告書 2013（以下、本節では「当報告書」という）の CEO メッセージから引用したものである。この報告書は 2013 年秋に発刊されたものだが、当時は現在と異なりアウトカムの考え方が ESG の文脈と共に整理されていなかったこともあり、ここでは価値創造プロセス図の中ではなく、プロセス図掲載ページの前のページに、ローソンが事業により社会に提供している価値がアウトカムの概念として表現されている（当報告書 2 頁）。

　右の頁は、IIRC フレームワークのオクトパスモデルを参照したローソンの企業価値創造プロセスである（ここでは企業価値創造サイクルとしており、企業価値がプロセスの循環でどんどん増加していくことを表している）。なお、図の上に、企業価値創造サイクルに関するリード文（導入文）があり、ここで図の説明をしているのだが、スペースの関係で説明の量に限界があり、これだけでは読み手の十分な理解は得られにくい。

　よって、価値創造プロセス図だけではなく、その構成要素を、CEO メッセージの立て付けで具体的に説明したものが図表 3-1-4 以降の図になる。

99

第3編　価値創造ストーリーを伝える統合報告書の作成実務

アからオの要素に大きく分けて解説していきたい。

ア　外部環境の説明（図表3-1-4左側、当報告書4頁）

　企業が価値を創造する戦略を語る際、やはり前提として企業が外部環境をどう認識しているのか、読み手に説明する必要がある。企業価値創造ストーリーの前には、メガトレンドを踏まえた環境認識と自社が取り組む課題設定が必要で、それこそが企業のビジネスモデルの大前提にあることを、投資家ももちろん知りたいはずである。ここでは、日本のコンビニエンスストアという世界的にもユニークな小売業態の中で、人口動態の変化というメガトレンドが、ローソンが属するコンビニ業界にどう影響しているのかが、課題に対する認識も含めて表現されている。

図表3-1-4　外部環境と企業の歴史

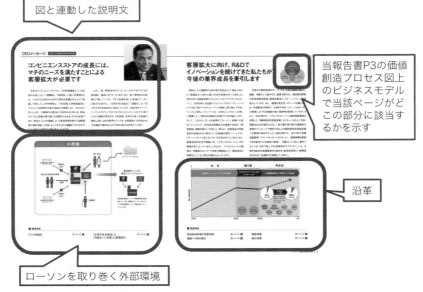

出所：株式会社ローソン「統合報告書2013」4-5頁

第1章 統合報告概論

イ　変化対応してきた歴史の説明（図表 3-1-4 右側、当報告書 5 頁）

　これらの環境変化に対して、今までどう対応してきたか、この企業の歴史、沿革が、その企業の「強み」「特徴」「差別化要因」、すなわち、その企業「らしさ」を育んできたあり様や、あるいは環境変化に鍛えられてきた歴史が培った企業独自の DNA、これらを読み手が理解することの重要さを伝えるのが図表 3-1-4 右側の記載である。ビジネスモデルの中核の強みは一朝一夕には成らず、過去の試行錯誤、七転び八起き、失敗の繰り返しから生まれる。イノベーションもしかりである。こうしたことを年表だけでなく、時代のフェーズごとの環境変化と、変化へ対応してきた事柄を文章で表現して、当社の強みや「らしさ」の理解の一助とすることが肝要である。

図表 3-1-5　ビジネスモデルにおける差別化要因

出所：株式会社ローソン「統合報告書 2013」6-7 頁

第3編　価値創造ストーリーを伝える統合報告書の作成実務

ウ　ビジネスモデルにおける「差別化要因」の説明（図表3-1-5左側、当報告書6頁）

　イで述べた歴史が培ったどんな「差別化要因」がビジネスモデルの中核になっているか、を説明するのが図表3-1-5の左ページである。

　例えばローソンは強力な競争相手がいる中で、かつ、同質化競争に陥りやすい（お客様にとっての差別化がしにくい）小売業という業態の中で、どういう差別化要因を根幹に事業を進めているのか、これこそがまさに価値創造ストーリーの根幹でもあり、読み手が最も知りたいことである。差別化要因がないと、社会（お客様）から付加価値を認めてもらえず、競争に劣後し、シェアを奪われることで、稼ぐ力が弱まり、持続可能性が損なわれる。社会への価値提供、そして目指す持続可能性の向上の前提には、「稼ぐ力」の重要性が欠かせず、その「稼ぐ力」を説明する重要な構成要素がここに示されている。

エ　ビジネスモデルへの投入資本であり、ビジネスモデルを支える「無形資産」の説明（図表3-1-5右側、当報告書7頁）

　ウではもっぱら「見える資本」に分類される差別化要因の説明を行ったが、この資本を投入するビジネスモデルには、見える資本だけでなく、差別化要因が実現できる大きな要因としての「見えない資本」いわば「無形資産」の存在が不可欠である、特に非製造業である小売業においてはより人的資本を中心とした無形資産の重要性が顕著であることから、この項で人財＝人的資本についての説明を行っている。さらには、権限委譲という組織戦略とともに、ダイバーシティ（多様性）という人財戦略にも言及しており、この頁で企業の事業戦略とESG要素の深いかかわり＝結合性が読み手に理解できるようになっている。

第 1 章　統合報告概論

図表 3-1-6　投資家との対話のポイント

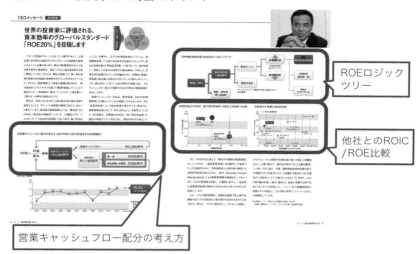

出所：株式会社ローソン「統合報告書 2013」8-9 頁

オ　アウトカム（財務情報中心の KPI）に基づく、投資家との対話ポイントの説明（図表 3-1-6、当報告書 8-9 頁）

　アで述べたとおり、現在主流の統合報告書における「価値創造プロセス」は、製品・商品のアウトプットのあとのアウトカムについて、企業自身（の資本）を増やす価値と、社会に提供する価値の両面が書かれているが、当書の発行された時期にはそのような両側面からの記載は価値創造プロセスには求められておらず、CEO メッセージの最後は、企業のアウトカムとしての財務情報（ROE など）について、成果 KPI（事業の成果に関する重要指標）、およびその成果がもたらされるまでの事業プロセスのロジックツリーを示すことで、マルチステークホルダーの中でも、特に投資家との対話に役立つ説明を行っている。

　上記アからオに加え、今回の引用では省いている企業理念と社長巻頭メッセージの見開きページを入れると、全部で 10 頁となっているが、この部分を読むと、ローソンが統合報告書で読み手に何を伝えたかったか、価

103

第3編　価値創造ストーリーを伝える統合報告書の作成実務

値創造ストーリーの骨格と全体像が明らかになる作りとなっている。

(4)　価値創造ストーリーの重要性

　最後に、企業の経営にとっての「価値創造ストーリー」の重要性について述べる。

　元々、統合報告書の概念は、アメリカ流の短期的なキャピタリズムから来たものではなく、企業活動の長い歴史を持つヨーロッパ流の考え方で、中長期的に持続可能な成長が社会との調和によって実現できるという、ESG（環境・社会・ガバナンス）重視の概念から来ていると思われる。過去のダボス会議（スイスで年1回催される世界経済フォーラム）で、社会・企業のsustainability（持続可能性）が議題に上がり、その中で、企業は財務情報だけでなく、非財務情報も併せて情報提供を行い、投資家とコミュニケーションを取ることの必要性がクローズアップされ、その際、日本から出席していた企業経営者を中心に、日本国内でも統合報告書への機運が高まったともいわれている。これらの経緯もあってか、日本の企業経営者にとっての統合報告書の位置付けは、開示資料の中では比較的重要性が高い。他方で、その統合報告書の中核をなす「価値創造ストーリー」については、明確なストーリーを打ち出せていない企業も一部に存在するように見受けられる。そのような企業は、価値創造プロセスの構成要素を社内外の共通言語として確立できておらず、経営管理を行う現場にも落とし込めていないのではないかという懸念を、報告書を読んだ投資家などのステークホルダーからもたれかねないのではないだろうか。

　伊藤レポートも、企業が中長期的な企業価値の向上を目指すべきこと、またそのために、各企業が自社の「価値創造ストーリー」を持つべきことを高らかにうたっている。そして、その実現のためには「資本コスト」を上回るROEを目標とし、かつ、その対外発表した目標値（KPI）を現場の経営指標に落とし込み、企業全体として収益性を上げることが大事である。価値創造ストーリーは経営戦略に密接に関わっており、特に企業の経営戦略決定に大きな位置を占める、取締役会、CEO、CFO、そして経営戦略部門（経営企画、経営管理）にとっても、自社の価値創造ストーリーについて当事者意識をもって理解し、認識することは企業価値向上に関して極めて

重要といえよう。一方、「伊藤レポート」では、資本市場の構成員である投資家に対して、投資先の企業価値向上を促すために、企業との間で、建設的な対話を行い、企業価値向上への意識を企業と共有できるように努めるべきとしている。この認識を共有するには、「価値創造ストーリー」の中に、このところ関心が高まっている ESG 要素だけではなく、ビジネスモデルとして「稼ぐ仕組み」の表現とそれが持続性を持つ理由が明確に表現されていなければならない。事業収益率が資本コストを上回っていないと企業は存続できない。一方、収益を改善する手段として単純に事業費用を削減するのではなく、ESG（人、環境、そして社会）に配慮して必要な先行投資やコスト負担を行わないと社会から認められず、この場合も中長期的には事業が持続しない。こうした、持続可能性＝サステナビリティを「価値創造ストーリー」にどう表現するか、が統合報告書作成におけるもっとも重要な課題である。その課題を解決するために、本書では価値創造ストーリーの構成要素とその結合性を、「過去・現在・未来」の時間軸に基づき図表3-1-7 のような形で整理してみた。そして、個々の構成要素をどう考えて統合報告書で表現すればよいか、次項以降で述べていきたい。

第3編　価値創造ストーリーを伝える統合報告書の作成実務

図表3-1-7　統合思考で創り上げる企業価値ストーリーの骨格は「過去・現在・未来」である

過去　　　　　　　　　　現在　　　　　　　　　　未来

Who we are
- 沿革
- 「経営理念」「行動指針」「ビジョン」の体系
- 「強み」「らしさ」「特徴」「差別化要因」
- 価値創造プロセス：「社会との共生」を基軸とし、「稼ぐ力」のあるビジネスモデルを営む企業経営が、中長期的に持続可能であること。これが成長を実現し、企業価値を高めていく

What we will do
- 中長期成長戦略（中期経営計画）
- 資本コストの認識
- 資本コストを上回る事業収益率を実現するための経営資源（資本）配分戦略
- キャッシュフロー・マネジメント戦略
- 経営環境の変化に応じた経営判断、投資戦略・財務管理の方針

価値を創造するための基盤
財務情報：
- MD＆A（経営者による財政状態及び経営成績の検討と分析）
- 財務諸表：B/S、P/L、CF（キャッシュフロー）

ESG（非財務）情報：
- E（環境）、S（社会）への取り組みの考え方
- 持続的可能な企業として適切に機能しているG（ガバナンス）：基本方針、体制、CEOの選解任・取締役会の機能発揮等の個別情報
- 中長期的な財務成長に対するインパクト

2　価値創造ストーリーの主要な構成要素

　前項において、「価値創造ストーリー」の重要性について実例を挙げて述べたが、本項では、「価値創造ストーリー」の構成する要素について、順をおって説明していく。

　価値創造ストーリーとは、企業理念や歴史によって蓄積された経営資源や、事業の差別化要因となる非財務の取り組みなどをエビデンスとして示し、読み手に対して、企業のビジネスモデルや戦略への理解と、企業の持続的な成長への納得感を醸成するものである。

　なお、価値創造ストーリーの構成要素の体系を図解としてあらわしたのが図表3-1-8である。

図表 3-1-8　価値創造ストーリーの全体像と構成要素

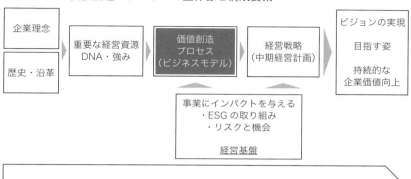

(1)　企業理念

ア　定義

　企業理念とは、企業が事業活動を営む際に掲げる理念を表すものである。創業者が策定した理念を踏襲しているものもあれば、歴史的に培われてきた社内での数多くの規範を企業理念として再構築したものもある。また、一文で企業の考え方を端的に示す場合もあれば、理念・経営方針・ビジョン・行動指針といった意思決定の軸となりうる諸概念を含めたピラミッド体系の図全体をもって企業理念としている場合もある。

　企業理念は、このように様々な形態をもって、おおよそどの企業にも存在している基本的な概念であるとともに、統合報告書における重要性の高い項目である。ただし、企業理念は堅い表現になりやすいため、読み手の関心に応えられているかという観点に配慮しつつ表現するよう努めることが推奨される。

第 3 編　価値創造ストーリーを伝える統合報告書の作成実務

イ　掲載意義、重要性

まずは、企業理念を統合報告書に記載する意義について説明する。価値協創ガイダンスは、統合報告書の基本的枠組みとして 6 項目を示している。その第一項目である「価値観」の中では、企業理念を統合報告書に記載する意義として、以下のように述べられている[3]。

01.　企業が、社会における課題の解決を事業機会として捉え、かつ、グローバル競争の中で継続的に競争優位性を追求しながら他社にない存在意義を確立していく上で、企業理念やビジョン等の価値観は、自社の進むべき方向や戦略を決定する際の自社固有の判断軸となる。

04.　長期的視野に立つ投資家にとって、企業理念やビジョン、企業文化等の価値観を知ることは、当該企業固有の判断軸を理解することであり、また、企業の実行力やビジネスモデルの実現可能性を判断する上で重要な要素である。企業が自社の価値観とビジネスモデル［2.］とのつながりを示すことは、投資家が企業価値を適切に評価するための出発点となる。

企業理念は、企業にとって、意思決定における判断軸としての役割を果たす。この役割は、必ずしも経営層の戦略的な意思決定のみに発揮されるのではない。従業員の日々の業務における意思決定に対しても、決定者の役職・階層を問わず、企業理念は幅広く影響を及ぼしうる。そのような影響範囲の幅広さから、投資家にとっても、企業理念はある意味、重要な非財務情報として位置付けられている。そのため、企業理念は、統合報告書においても、従来の報告書に増して、その意思決定について評価する上で欠かせない項目となっている。さらに、投資家以外のステークホルダーにとっても、その企業がどういう考え方に基づき事業を行なっているかを知ることで、その企業とより本質に迫った深いコミュニケーションを行なうことが可能である。よって、投資家はもちろん、あらゆるステークホルダーにとって企業理念の記載は極めて有用である。

---

3)　経済産業省「価値協創のための統合的開示・対話ガイダンス―ESG・非財務情報と無形資産投資―(価値協創ガイダンス)」(2017 年 5 月 29 日) 6 頁。

第 1 章　統合報告概論

　では、企業理念を単なる言葉に留めず、価値創造ストーリーの中により有機的に組み込むことができたならば、統合報告書そのものにはどのような効果が生まれるのか。1つは統合思考の基盤となる結合性の醸成、2つ目は年次をまたいだ訴求による一貫性の担保である。

㋐　統合思考の基盤となる結合性の醸成

　統合思考とは、IIRC によれば、「組織内の様々な事業単位及び機能単位と、組織が利用し影響を与える資本との間の関係について、組織が能動的に考えること」である[4]。これは、統合報告書において価値創造ストーリーを構築する前提となるものである。企業において統合思考のプロセスが実現していれば、統合報告書において財務情報と非財務情報の結合性が表現できよう。いい換えれば、統合報告書を作成する際に、財務と非財務の結合性がない、という問題に実務担当者がもし直面するようなら、それは統合思考が不足していることが大きな原因であろう。

　財務と非財務の情報の結合性を高めることの影響は、企業の持続可能性の判断において数値がエビデンスとなって非財務情報の掲載ページの説得力を増すことだけではない。繰り返しになるが、企業理念は企業の意思決定の軸である。つまり、企業理念を核に据えて統合思考を深め、結合性を醸成することで、投資家にとって戦略の理解に資する効果が大きい。企業の「選択と集中」の意思決定についての経営戦略と、その具体的な施策から構成される中期経営計画、そして2つの意味でのマテリアリティ、すなわち ESG 課題に関する優先順位付けのためのマテリアリティや、統合報告書の記載事項の取捨選択のためのマテリアリティなどについても、統合報告書の中で相互の関連性・情報の結合性が必要であり、これらも企業理念を前提として統合思考を構築することの効果として挙げられよう。

　日本公認会計士協会の発行する「統合報告の国際事例研究」の中では、Rio Tinto plc & Rio Tinto Limited の 2010 Annual Report は、理念・戦略と事業セグメントの統合報告書内の展開において「一貫した流れの中で随所に環境や社会的な観点を織り込んで記述されている[5]」と評価されている。これは、「The way we work（P16）」という企業理念のページにおいて、企業

---

　4)　IIRC フレームワーク日本語訳 2 頁。

　5)　日本公認会計士協会「統合報告の国際事例研究」（2015 年 5 月 18 日）89 頁。

109

第3編　価値創造ストーリーを伝える統合報告書の作成実務

理念を基礎に「事業における経済・社会・政治・環境・ガバナンス的な困難を管理する（筆者抄訳）」と明記していることが効いているからであろう。この1文が記載されることで、当該アニュアルレポートに記載されている事業セグメント、非財務資本、ガバナンスに関する記載が、まさに企業理念を軸として集約される効果を生み出している。

　上記事例にみられるように、企業理念の記載を工夫することで、統合報告書内の結合性を生み出し、価値創造ストーリーの骨格が強化され、読み手にとっての納得性が高まろう。

㈑　年次をまたいだ訴求による一貫性の担保

　企業理念を統合報告書に記載して得られる結合性は、報告書の該当年次1年限りのものではない。企業理念とは、統合報告書記載項目における数少ない「年次による変化の影響を受けない」項目であるからである。すなわち、毎年、統合報告書に企業理念を記載することで、情報の結合性、という統合報告書内の一貫性に加え、年次をまたいだ訴求による一貫性、つまり中長期的な時間軸での開示の一貫性を担保する効果も期待できる。

　企業理念の記載事例として、丸井グループが発行しているユニークな統合報告書である「共創経営レポート」を紹介する（第2編第2章1参照）。2015年から発行している「共創経営レポート」では、発行初年度から「『しあわせ』の共創」という言葉をキーワードに報告が展開されている。「『しあわせ』の共創」という言葉は同社の企業理念に根ざしており、その言葉は社長メッセージ、事業概況、特集等レポート内の各所から読み取れる。共創経営レポート2017から「『しあわせ』の共創」の対象が「お客さま」のみならず「すべての人」へと拡大されたが、その根幹にある企業理念は一貫しており、同社の一貫した姿勢は共創経営レポート2018においても同様に軸としての役割を果たしている。このように、企業理念を軸に年次をまたいで同一の内容を開示することは、中長期的な時間軸での開示における一貫性の担保につながる。

ウ　事例紹介

㈎　株式会社丸井グループ「共創経営レポート 2018」

　同社は「めざす姿」「経営理念」「創業の精神」を抱合した「共創理念」を掲げており、これは共創経営レポート 2018 において「玉ねぎの芯」をもって例えられている。同社における共創理念は「軸」であり、その考えは社長メッセージ、ビジネスモデル、社外有識者との対談といったレポート内の各所で読み取ることができる。デザイン的な見た目のインパクトこそ強いが、ユニークながらも企業理念の本質の可視化にトライした図は同社らしさを示す事例となっている（図表 2-2-2 参照）。

㈏　TOTO 株式会社「TOTO グループ統合報告書 2018」

　同社は創業 100 周年を踏まえて発行した統合報告書において、「TOTOグループ経営に関する理念体系」として、同社における理念体系を可視化しており、その体系の表現手法から同社における統合思考の醸成を読み手が感じ取ることができる。「社是」「TOTO グループ企業理念」「TOTO グループ企業行動指針」から成る「グループ共有理念」と、「ビジョン」「ミッション」「中・長期経営計画」から成る「事業活動ビジョン」をそれぞれ、「心」と「体」に例え、その位置付けを整理しており、特に企業における理念的な項目が複数ある企業にとっては 1 つの参考になるだろう。

第3編　価値創造ストーリーを伝える統合報告書の作成実務

図表 3-1-9　TOTO グループの企業理念体系図

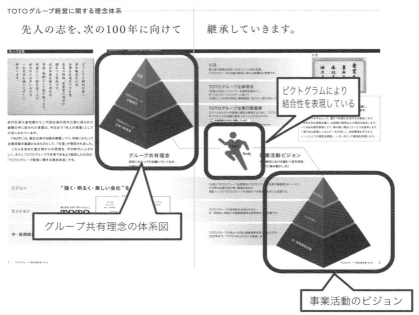

出所：TOTO 株式会社「TOTO グループ統合報告書 2018」1-2 頁

　(ウ)　大和ハウス工業

　統合思考に取り組み、それを結合性や一貫性を伴う形で開示している事例として、大和ハウス工業の取り組みを紹介する。

　同社は、2015 年 7 月から開始した部門横断型による「統合思考プロジェクト」を開始し、次の 2 点の対応を進めている。すなわち、CSR を「社会変化への対応」と再定義し、その原点として創業者精神を位置付けたこと（＝方針の策定）、および、経営管理本部を横串的に取りまとめる部署として、CSR 部の機能を見直したこと（＝体制の構築）である。1 点目の方針の策定により、CSR に関する取り組みが「創業者精神の継承」に基づく企業理念を基軸とする取り組みであると位置付けられ、実態においても事業活動と経営基盤、そして企業理念の結合性が生まれている。また、2 点目の体制の構築により、業務の縦割り化により社内であいまいとなっていた企業理念

に対する解釈や、従来も重要視していた「人財」「技術」などの ESG 要素が可視化され明確となっている。こうした対応を通じた理念体系の整理や、経営ビジョン・中期経営計画を ESG の要素を加味して強化するなどの統合思考を推進していく取り組みの一環として、2016 年から統合報告書を発行しており、WICI 統合報告優秀企業賞 2018、日経アニュアルレポートアワード 2018 受賞等、一定の評価を得ている[6]。

(2) 歴史・沿革

ア 概要

　歴史・沿革は、IIRC フレームワークで要求される構成要素のうち、「組織概要と外部環境」の説明に対応する項目である。

　例えば、有価証券報告書における「沿革」の項目は、開示府令における二号様式記載上の注意（26）に従って簡潔な記載とされることが多い。これに対して、統合報告書では、「歴史・沿革」の項目は、企業の経営理念や価値観、現在のビジネスモデルが構築されたバックグラウンドを示す上で重要な役割を果たしうる。「組織が何を行うか、組織はどのような環境において事業を営むのか」という問いへの答えを示す上で、「組織が過去において何を行ってきたのか、どのような環境においてその時々の事業を営んできたのか」という情報は有用性が高いためである。

　そのため、統合報告書における歴史・沿革では、その企業の企業価値の変動に影響を及ぼしてきた事項について、企業側が重要と認識しているものに焦点を当てた形で記載する事例が多い。例えば、企業の理念体系の変化、注力する事業領域への進出や撤退、事業の軸となる技術や経営資源の変化、重要な製品・サービスの移り変わり、時系列売上・利益、中期経営戦略の振り返りなどに言及する例がよくみられる。さらに外部環境（メガトレンド）の変化とそれに対する企業の対応を記載するために、その時代における大きな出来事など社会環境の変化と、企業での出来事を合わせて

---

6)　大和ハウス工業株式会社　内田雄司「創業 DNA を起点とした「統合思考」の取り組み〜横串連携による『三本の矢』で ESG を浸透〜」CSR 研究会提言セミナー（2018 年 5 月 21 日）。

掲載する例もみられる。このほか、経営体制や資本構造を含む組織形態の変化、注力する事業領域や重要な経営資源の移り変わり、主力製品や市場ポジションについての重要なトピック、収益成長の軌跡などについて言及することも選択肢となりうる。

イ　掲載することの意義、重要性

(ア)　現在のビジネスモデルを構築するに至った経緯の理解

　企業の概要や事業内容を含む現在の基本情報を理解するための背景情報として、歴史・沿革を位置付けるのであれば、ビジネスモデルなどに先行して比較的巻頭に近い位置に掲載することが整合的となる。企業の組織設立の経緯、創業者の理念、オーナーシップの変遷などを説明することで、重要な非財務情報と認識されている組織の「経営理念」に基づく「価値観」がどのように醸成され、現在の「ガバナンス体制」「中・長期ビジョン」がどのように構築されたかについての理解を促すことができる。

　加えて、企業の稼ぐ仕組み、いわゆる「ビジネスモデル」がどのような経緯を経て現在の姿になったのか、そもそも現在の主力事業領域への参入に至るまでの背景要因、またその中で企業の強みや差別化要因がどのような経緯で蓄積されてきたかなどの情報を、歴史・沿革の記載を通じて浮き彫りにすることで、その企業ならではのビジネスモデルについて読み手が納得感を得やすくなることも期待できる。

(イ)　企業が目指す将来ビジョンの実現可能性を裏付ける証拠

　企業は、成長のステージの変化に応じて、多くの経営判断に直面する。また、外部の社会情勢や市場環境の変化に応じて、自らの事業モデルを進化させ、組織を再構築・発展させてゆく必要に迫られる。そうした過程を簡潔にでも表すことは、自社の経営ビジョンがどのような過程で生み出され、現在の形に至ったのかを社内外のステークホルダーに対して示す上で有用となる。企業が創立以来目指してきた方向性と、その実現のために選択してきた経営方針や重要な戦略、蓄積した経営資源について「歴史・沿革」の項で言及することによって、現在のビジネスモデルや強み、企業のポジショニングへのより深い理解が可能となる。

ウ　課題

㈠　掲載項目の選択

　日本には、創立後数十年から中には 100 年超にもわたり継続してきた企業が多く存在する。そのような企業においては、企業理念・文化を語る上で紹介したい「歴史・沿革」も相当な量に上りうる。経営陣が強い思い入れを持つトピックも数多く存在するであろう。他方で、社歴の長さにかかわらず、現在の日本企業は、外部環境の急激な変化に対応すべく、事業の多角化や組み換え、グローバル化時代に即した製販機能の海外展開、これらの事業構造の変化に応じた組織体制の変革など、多岐にわたる変化の真っ只中にある。現在のビジネスモデルのあり方を伝える上では、そうした直近の変革のほうが強い関連性を有する場合もあろう。「歴史・沿革」の中でどの出来事を掲載するべきかの取捨選択が重要となる所以である。

　IIRC フレームワークにおいて、「統合報告書は、（中略）、組織が短、中、長期的に価値を創造するために外部環境及び資本と、どのように相互作用するかについての説明を目指すものでもある」[7]と説明されているように、統合報告書の目指すところは、現在から将来に向けての企業価値創造ストーリーを語ることである。このような観点からは、「歴史・沿革」の項で、様々な歴史的事実の中から何を掲載するかの判断にあたっては、現在のビジネスモデルや将来的に目指す企業のあり方、それを実現するための成長戦略、現在直面している経営課題などとの関係で、関連性の高い歴史的事実に重点を置くことが有力な選択肢となる。

㈡　他セクションとの結合性

　「歴史・沿革」の項目では、過去の中長期経営戦略や、重要な技術・製品・サービスの開発への取り組みの軌跡、組織体制の重要な進化などについて記載することが選択肢となる。そのような情報は、将来的な企業の価値創造について関連性が高い情報であり、読み手にとって重要となりうる。こうした情報を、有価証券報告書における「沿革」の記載と同様に、単に時系列で羅列して記載するのみでは、情報の有用性が十分に伝わるとは必ず

---

　7)　IIRC フレームワーク日本語訳 4 頁基礎概念。

しも言い難い。ビジネスモデルや経営ビジョンなど、他のパートとの関連性が伝わるよう、トピックに応じて強弱をつけた記載とすることが期待される所以である。また、統合報告書の他のパートとの関連性の把握が容易となるよう、関連する他のパートと相互に参照する形式とすることも有用となりうる。

エ　事例紹介

「沿革・歴史」の項において、過去の出来事と、現在のビジネスモデル、そして将来の価値創造に向けた成長戦略とのつながりを示している事例として、3社の統合報告書を紹介する。

(ア)　**伊藤忠商事株式会社「統合レポート2018」**

同社は、麻布の行商（持ち下り）の開始から創業160年超にわたる歴史を有している。その期間における重要な事象を紹介するにあたり、同社は、時代背景の変化とそれに対応した事業構造の柔軟な変化に焦点を当て、現在に至る3回にわたる大きな事業構造の変革を「ビジネスモデルの原型となる変革」と称し、「企業価値創造のドライバー」の意味付けで紹介している。これに純利益の推移を添えることで、この事業構造変革による企業価値向上への効果を示すとともに、各々の時期の変革については、後段での詳細なビジネスモデルと事業戦略の解説につなげている。

第 1 章　統合報告概論

図表 3-1-10　「沿革と歴史」の例

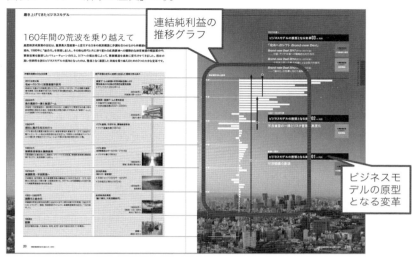

出所：伊藤忠商事株式会社「統合レポート 2018」20-21 頁

(イ)　オムロン株式会社「統合レポート 2018」

　同社は、従来から、「価値創造のあゆみ」と題して、社憲を制定した1959年を起点として、現在の長期ビジョンおよび中期経営計画の最終年度である2020年までの年表を統合報告書に掲載している。「統合レポート2018」の4-5頁では、個別の記載事項は、時系列での「社会的課題・ニーズ」「オムロンのソリューション（課題を解決し、ニーズに応える製品）」「歴史と売上高の推移」の3つのカテゴリーに分類されている。「歴史」として掲載する項目は、長期ビジョンや中期経営計画に加えて、年度ごとの統合報告書でその時々に焦点を当てている要素に関連する出来事を選択している。

　また、「統合レポート2018」では、創業者が構築・提唱した「科学・技術・社会それぞれの円環的な相互関係から未来を予測する」サイニック理論について、「経営の羅針盤」として巻頭で紹介している。これと連動するように「歴史」では、2018年に設立したオムロン サイニックエックス株式会社を含む主要な研究拠点と、グローバル統括会社の設立の歴史を記載している。一方、コア技術である「センシング＆コントロール」にフォーカスを

117

第3編　価値創造ストーリーを伝える統合報告書の作成実務

していた 2017 年版では、「歴史」にはセンシング＆コントロール技術の成果である主要製品の開発の歴史を掲載していた。すなわち、統合報告書の年度ごとのフォーカス・ポイントに沿う形で、「沿革・歴史」の記載事項が取捨選択されている。

(ウ)　野村ホールディングス株式会社「Nomura レポート 2018」

同社の「Nomura レポート 2018」における「野村グループのあゆみ」では、グループの母体である野村證券株式会社の設立時からの年表によって外部環境の変動と自社の進化を示す一方で、証券事業を通じて社会に貢献することが存在意義であるという「創業の精神」は不変である旨をページ冒頭のリード文でうたっている。年表の個別掲載事項としては、外部環境として日経平均株価の推移と社会・経済の重要な出来事を示す一方で、自社の沿革としては、顧客資産残高の推移を示し、非財務情報としては、「資本市場の発展に貢献してきた 92 年」として取り扱う金融商品やサービスの拡大と大型案件実績、「野村のあゆみ」として組織・ガバナンスなどの進化を掲載している。特に金融機関に対する社会の要請が厳しくなっているコンプライアンス関連の進化については、「改善策」の見出しと共に該当ページのリファレンス情報を付することで後段の「価値創造を支える基盤」の章での解説につなげている。

(3)　価値創造プロセス（オクトパスモデル）

価値創造プロセスは、価値創造ストーリーを表現するにあたり、そのストーリーの基軸となる構成要素についての論理的プロセスを図解（ダイアグラム）で表現したものである。ストーリーの可視化に関して中核となるものであり、統合報告書における重要な項目の 1 つである。なお、統合報告書において価値創造プロセス図の記載が必ず求められるわけではない。また、経済産業省の価値協創ガイダンスでも、こうした図解のガイドラインは特に提唱または推奨されていない。しかし、企業の稼ぐ仕組みとその持続性について、当該企業や業界になじみの薄いステークホルダー（特に外国人投資家など）にもわかりやすく説明・表現を試みる上では、論理的なプロセスを示すため、図解による整理を行うことは有用かつ有益であろう。

「価値創造プロセス」の全体コンセプトについては「価値創造ストーリー」

の項目で説明しており、かつ、「価値創造プロセス」の中核要素である「ビジネスモデル」については、次項(4)のビジネスモデルで説明しているので、本項では、価値創造プロセスの開示例の紹介とその解説を中心とする。

ア　定義

価値創造プロセス図[8]の図解のあり方について、現在の日本企業の統合報告書での実例を考慮しながら、図表3-1-11を使って説明する[9]。

図表3-1-11　価値創造プロセスの構成要素一覧

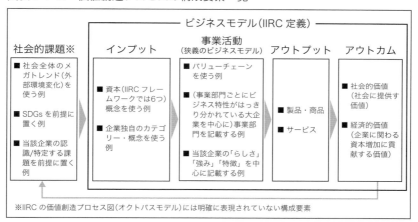

図表3-1-11は、「価値創造プロセス図」とは、企業価値を創造する仕組みを表現する際、構成要素が論理的プロセスをもって起承転結してゴールに至るという道筋を示すことが重要であることを図解したものである。

すなわち、IIRCが提唱したもともとの「価値創造プロセス図」のコンセプトは、社会的課題を起点とするものではなく、

① 企業の経営資源であるインプット（6つの資本）を

---

8) IIRCフレームワークで提唱された図の形状により通称、「オクトパスモデル」ともいう。
9) オクトパスモデルの図表については、IIRCフレームワーク2/2D（日本語訳14-16頁）を参照（本書にも図表3-1-1として掲載している）。

第3編　価値創造ストーリーを伝える統合報告書の作成実務

②　資源配分戦略を通じて

③　事業のビジネスモデル（すなわち稼ぐ仕組み）に投入し、

④　事業の成果として生み出されたアウトプットが

⑤　アウトカムとして影響して6つの資本を増やす

というプロセスであった。

　これが、日本企業のアレンジによって、インプットの前に社会的課題を起点（前提）として置くようになり、アウトカムを資本概念で整理するのではなく、アウトプットが「社会に提供する価値」と「自社に与える（経済的）価値」という「提供価値」概念で整理するような事例が増えているのが実情である。

　次項では、上の図の構成要素一覧に至った経緯を合わせて、現状の価値創造プロセス策定の課題について説明する。

イ　実例と課題

　価値創造プロセス図をIIRCが提唱した当初は、日本の企業にはなじみがないものでもあり、戸惑う声も一定数存在した。

　2013年12月に国際統合報告フレームワークが公表される前、同年4月に「国際統合報告＜IR＞フレームワーク　コンサルテーション草案」が公表され、国際的に広く意見が募集された。同草案においては、価値創造プロセス図の原案は図表3-1-12のとおりであり、現在のIIRCフレームワークにおける価値創造プロセス図（図表3-1-1参照）と異なり、右側のアウトカム後の資本から左側のインプット前の資本に循環するというモデルではなかった。

図表 3-1-12　価値創造プロセス図の原案

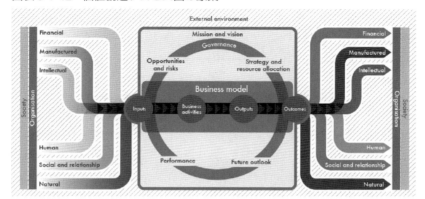

出所：国際統合報告＜IR＞フレームワークコンサルテーション草案 18 頁

　この草案を参考にして、草案で示された 6 つの資本を、自社独自の定義で 5 つに集約し、かつ、企業価値創造のプロセスは一時的なもので終わるのではなく、増加した資本を事業に再投資することにより、さらに企業価値創造を拡大するという循環の仕組みであるという考えのもとに、右側の資本から矢印を左の資本にもどし、「企業価創造サイクル」として循環モデルで表現したのが、2013 年 9 月に公表された株式会社ローソンの「ローソン統合報告書 2013」である。現在の統合報告書の価値創造プロセスの表現の流れはこれを嚆矢とするものであろう。

第３編　価値創造ストーリーを伝える統合報告書の作成実務

図表 3-1-13　企業価値創造サイクル

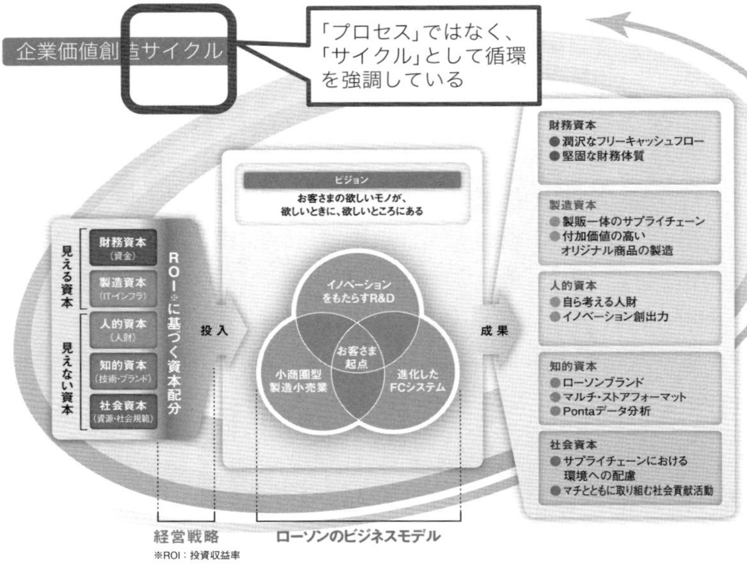

出所：株式会社ローソン「統合報告書 2013」3 頁

　なお、IIRC フレームワークでは、インプットの中心である資本概念を、
6 つの資本（財務資本、製造資本、知的資本、人的資本、社会関係資本、自然資
本）から構成されると整理している。これに対して、図表 3-1-13 では、自然
資本を独立した項目としていないなど、IIRC フレームワークの分類とは異
なる形で資本概念が整理されている。2.17-19 項で言及するとおり、IIRC
フレームワークは、統合報告書を作成する組織に対して、同フレームワー
クで採用されている分類をそのまま採用することを要求してはいない[10]。
各組織は、自らの価値創造プロセスを伝える上で有用だと考えるのであれ
ば、必要に応じて資本の概念を自らの考えに沿って組み替えることが許容
されている。ただし、その場合には、読み手との間で理解の乖離が生じな
いよう、自らの採用した資本概念の内容を定義の記載などで明らかにする
ことが期待される（図表 3-1-14 参照）。

---

10)　IIRC フレームワーク日本語訳 14 頁。

122

第1章　統合報告概論

図表 3-1-14　資本の定義の例

なお、本図では、企業内における価値の蓄積を「資本」と捉えています。企業が保有している資本を網羅的に把握するため、ここでは、資本を下記の 5 つの分類に沿って整理しています。

財務資本 株式や借入で調達され、企業が事業活動を行うために使用できる資金

製造資本 企業が事業活動を行う際に必要となる有形資産であり、土地, 建物、機械, IT 等のインフラ全般

人的資本 事業活動の効率を高める人財のスキルや能力、個人の意欲や組織の経験知の総称

知的資本 ブランドや評判、知的財産やソフトウェア等を含む無形資産全般

社会資本 自然環境から得られる資源や社会規範、及びステークホルダーとの間で共有された信頼関係

出所：IIRC（国際統合報告評議会）フレームワーク草案等を参照し、弊社にて定義

出所：株式会社ローソン「統合報告書 2013」3 頁より引用

　一方、本事例では、ビジネスモデル（稼ぐ仕組み）の表現、および事業を通じて資本（価値の蓄積）の増加のプロセスと循環サイクルに重点をおいており、もう 1 つの統合報告書の重要な要素である、事業の前提としての社会的課題の整理・認識、そして事業が社会に対して提供する価値、いわゆるアウトカムについては、明確には表現されていない（前項「価値創造ストーリーの重要性」参照）。

　その点に関して、「社会的課題」をインプット（資本）の前提において、社会的課題を起点とした価値創造プロセス図を 2015 年から開示しているのがオムロン株式会社である。ここでは、2016 年 3 月期の統合レポートにおける同社のビジネスモデルをとりあげる（図表 3-1-15）。

123

第3編　価値創造ストーリーを伝える統合報告書の作成実務

図表 3-1-15　価値創造プロセス図に社会的課題を取り入れた事例

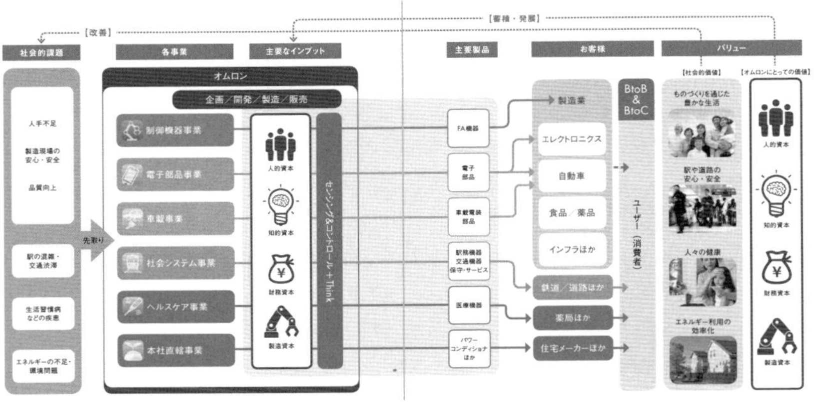

出所：オムロン株式会社「統合レポート 2016」20-21 頁

　ユニークなのは、矢印で示されるサイクルが2つあることである。1つは「主要なインプット」における4つの資本から「バリュー」における「オムロンにとっての価値」に進んでまたインプットの資本に戻るものと、もう1つは「社会的課題」からスタートして、同じプロセスを経て「バリュー」における「社会的価値」に進んで、また冒頭の「社会的課題」に戻るもの、この2本のサイクルである。従来のIIRCのモデルのような左側も右側も資本であれば、そのまま資本の再投資ということで循環の道筋はわかりやすいが、社会的課題を起点にしたとたんに、資本の増加サイクルと社会的価値の増加サイクルとの整理が論理プロセス上困難になる点を2本のサイクルで工夫した事例である。ただ、同社も翌年からはサイクルを1本に戻しており、この件については企業によって表現がまちまちな状況である。

　このあたりのバランスに留意しながら作成された例として、明治ホールディングス株式会社の統合報告書2018を例として挙げたい。同事例は、右側の資本は省略し、アウトカムから社会課題を経て左側の資本に循環する例となっており、最近はこの形式を採用する企業が増えている。

第 1 章　統合報告概論

図表 3-1-16　右側の資本を省略し、アウトカムから社会課題を経て左側の資本に循環する例

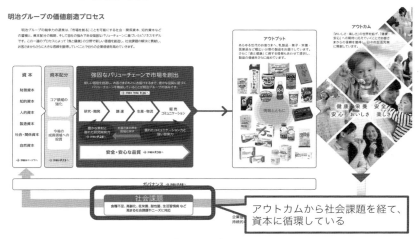

出所：明治ホールディングス株式会社「統合報告書 2018」8-9 頁

　最後に、価値創造プロセスの構築の際の論点としては、
① 　インプットの要素について、資本概念を使うか否か
② 　価値創造プロセス図の中核要素（稼ぐ仕組み、すなわち狭義のビジネスモデル）について、どうやって自社の特徴、差別化要因を可視化するか
③ 　アウトカムについて、資本概念を使うかどうか、および企業自体に還元される提供価値と社会、もしくはステークホルダーに対する提供価値をどう表現するか

などが挙げられよう。これらは、所属する業界および企業の個性やユニークさが如実に表されるポイントであり、その記載について投資家を中心とした読み手も期待している。詳細は次項の「ビジネスモデル」で説明するが、IIRCフレームワークや経済産業省の価値協創ガイダンスなどのガイドラインの記載を参考にして相互比較性を担保しつつ、個々の企業が統合思考の醸成を目指しながら、企業の個性を共通言語として可視化するプロセスを着実に行うことにより、よりよい価値創造プロセスの表現が実現できよう。

125

第3編　価値創造ストーリーを伝える統合報告書の作成実務

(4)　ビジネスモデル

ア　意義

「ビジネスモデル」という用語は、1990年代の後半にIT企業が米国で隆盛を迎えた頃に使用されるようになり、その後に業種を問わず幅広い場面で用いられるようになった。他方で、その定義は必ずしも定まっていないといわれている[11]。以下では本書のテーマとの関連で、統合報告書に関連する定義を取り上げる。

　IIRCフレームワークにおいては、ビジネスモデルは以下のとおり定義されている[12]。

　4.10　統合報告書は次の問いに対する答えを提供する。組織のビジネスモデルは何か。

　4.11　組織のビジネスモデルは、組織の戦略目的を達成し、短、中、長期に価値を創造することを目的とした、事業活動を通じて、インプットをアウトプット及びアウトカムに変換するシステムである。

　4.12　統合報告書は組織のビジネスモデルを説明する。これには、次を含む。

・主要なインプット（4.14-4.15項参照）
・主要な事業活動（4.16-4.17項参照）
・主要なアウトプット（4.18項参照）
・主要なアウトカム（4.19-4.20項参照）

　このIIRCの定義は、事業の仕組みにとどまらず、企業が事業に使用するインプットや、事業で生み出したアウトプット、そしてそれがステークホルダーに影響するアウトカムまで抱合しており、ビジネスモデルの意義を比較的広く捉えているものといえる。

　次に、経済産業省の価値協創ガイダンスにおいては、他社より優れていないと「ビジネスモデルがある」とはいえないとも受けとれる、やや評価

---

[11]　梶川裕矢＝松島克守「ビジネスモデルに関する研究動向の調査」BMAジャーナル14巻1号（2005年）。

[12]　IIRCフレームワーク日本語訳28頁。

にまで踏み込んだ定義がなされている（8頁）。

> 01. ビジネスモデルとは、企業が事業を行うことで、顧客や社会に価値を
>   提供し、それを持続的な企業価値向上につなげていく仕組みである。具
>   体的には、有形・無形の経営資源を投入して製品やサービスをつくり、
>   その付加価値に見合った価格で顧客に提供する一連の流れを指す。
> 02. ビジネスモデルは、単なる「事業の概要」や「儲けの構造」ではない。
>   「モデル」となるのは、競争優位性を確立し、その状態を保つための仕
>   組みや方法が、企業の価値観〔1.〕を事業化する設計図（青写真）と
>   して描かれるからである。したがって、「ビジネスモデルがある」とは、中
>   長期で見たときに成長率、利益率、資本生産性等が比較対象企業よりも
>   高い水準であることである。

　これらの定義を念頭に置きながら、本書では、「ビジネスモデル」とは「企業が収益を稼ぐ事業の仕組み」を指すものとして扱う。なお近年は、ビジネスモデルが「持続可能性」を内包しているか、あるいはガバナンスなどの企業の基盤によって担保できているかが、ESG投資家を中心するステークホルダーから問われている。

　このビジネスモデルについて言及する上では、成長戦略や中期経営計画などの会社の「将来」に関わる事項は捨象して、企業が通常営んでいる事業の「現在」の仕組みを記載するべきと筆者は考える。成長戦略をビジネスモデルに含めてしまうと、①現在の稼ぐ仕組みがどうなっているのか、理解したい投資家にとって、将来のビジネスモデルのトランスフォーム（変形）まで表現されていると混乱する懸念があること、そして、②将来の大きな環境変化へ対応すべくビジネスモデルを変化させるための取り組みを明確に描写することが困難となるためである。

　さて、ビジネスモデルについて実際に記載する上では、企業が「どのように」製品・サービスを開発・生産し、「誰に」「どうやって」販売し、収益を稼ぐことで、企業自身と社会に対して価値を提供するのか、このようなフローを論理的なプロセスの元に分かりやすく表現する必要がある。なぜなら、業界内や企業内部の役員や従業員にとっては日常的に運用しているフローであっても、統合報告書の読み手にとってはあまり馴染みのない

第3編　価値創造ストーリーを伝える統合報告書の作成実務

仕組みである可能性があるからである。

　ビジネスモデルの記載方法は業界、また企業によって異なってくる。ビジネスモデルは、IIRC フレームワークの活用などで他社との相互比較性をある程度意識しながら、読み手に自社の事業の仕組みを理解してもらう表現の必要がある一方、それは企業の価値創造の根幹であり、当該企業の他社との「差別化要因」「強み」であり、その企業の「らしさ」や「特徴」を示すものでもある。よって、一目見てどの企業のことか、企業の「顔」が見える必要があろう。1頁で示せるものもあれば、数頁にわたって、例えばバリューチェーンの各プロセスを、丁寧に説明しなければならないものもある。統合報告書の作成事務局が中心となりつつ、社内の各事業の担当者と討議をしながら、第三者の視点も取り入れ、自社の1つあるいは複数のビジネスモデルを可視化し、統合報告書にて開示することは、統合報告におけるもっとも重要なプロセスといえよう。

イ　掲載することの意義、重要性

(ア)　会社の事業の理解

　現在の統合報告書の開示例を概観すると、将来の成長戦略や ESG 情報の開示に注力する一方で、会社の現状、特にビジネスの仕組みについての基本的な情報が不足しているケースが一部に見受けられる。日本企業のうちには、幅広い事業部門を傘下に有しているなどの理由により、他セクターを専門とする投資家や海外の投資家から「何をしている会社なのかがよくわからない」といった反応を受けている企業も少なくない。こうした読み手にとっては、Web サイトや他の媒体などを逐一閲覧しに行くのではなく、統合報告書を通読することによって、企業の現在の「稼ぐ仕組み」を概観できることが調査の効率性の観点から有益となる。自社が日常的に行っている事業の仕組みを簡潔かつ論理的にビジネスモデルとして記載し、そのような読み手の理解を促進することは極めて大事である。

(イ)　会社の強みの訴求

　最近の開示例からは、統合報告書において、価値創造プロセスの項目で自社のアウトプット、アウトカムを丁寧に説明する企業が増加していることが窺われる。これにより、企業が最終的にどのような製品・サービスを

アウトプットとして生み出し、そのプロセスおよびアウトプットを通じてどのような財務的価値と社会的価値を創出するのかが概観できるようになってきている。

そこで重要となってくるのが、ビジネスモデルを会社の強みやコンピテンシー（財務、非財務両面）と紐付けることである。例えば、「高品質な製品・サービス」というアウトプットがあることを説得力をもって述べるのであれば、「高品質」を実現できる理由をあわせて説明することが必要となる。具体的には、製品・サービスを顧客に提供するまでの各プロセスの中で、何が他社との差別化、競争優位性、そして価格決定権の保持の要因となっているのか、また競争優位を持続的なものとするためにどのような仕組みを設けているのかを読み手に伝えることが考えられる。R&D（研究開発）プロセスで優秀な人材が活躍している、製造プロセスにおいて最先端技術を活用できているなどと、ビジネスモデルの説明において競争優位性を支える仕組みについての説明を交えると、「高品質な製品・サービス」という表現に関する読み手への説得力が向上する。また、こうした内容を説明することで、「将来」におけるビジネスモデルの持続性、すなわち企業にとっての中長期的に持続可能な収益確保の実現性を、あわせて読み手に伝えることができよう。

ウ　課題

㈠　**複数のビジネスモデルの認識**

日本の大企業は事業が多角化している、あるいは幅広い国・地域に展開しているケースが多く、1つのビジネスモデルでは会社全体の仕組みを表すことが困難な企業も多い。

その際には、複数のビジネスモデルの開示が有用である。事業ごと、あるいは展開地域ごとでビジネスモデルが異なる場合は、分けて開示し、それぞれのビジネスの仕組みと強みを訴求する必要がある。さらに総合商社や持株会社機能の強い企業では、各事業会社（各事業カンパニー、事業本部）についてどう事業ポートフォリオをマネジメントしているのかが稼ぐ仕組みの重要なポイントであるため、事業ポートフォリオと共に投資管理の仕組みに言及することが望ましい。読み手、特に投資家が知りたいのは、そ

第3編　価値創造ストーリーを伝える統合報告書の作成実務

の企業がどうやってその企業全体の収益（特に利益）を稼いでいるか、であるため、全社の稼ぐ仕組みにおける重要なポイントを記載すべきである。

　なお、IIRC フレームワークによれば、複数のビジネスモデルを有する組織もあると記している（例えば、異なる市場セグメントの中で経営を行っている場合）[13]。このような組織においては、重要な経営要素およびそのビジネスモデルを区分して示すことが、組織の実態をわかりやすく伝える上で重要である。複数のビジネスモデルを有する組織においては、全体として投資管理という1つのビジネスを行っていると評価できる場合を除いて、重要なビジネスモデルの個別的考察、およびビジネスモデル間の結合性の程度（事業間のシナジーの存在など）に関する解説が必要となる。これに対して、全体として1つの投資管理ビジネスを行っていると評価できる場合には、個々の投資のビジネスモデルではなく、投資管理のビジネスモデルに焦点を当てる方が適切となるだろう。

　㈠　顧客の認識

　企業が「誰に」売るのか、どのような個人・企業から収益をもらっているのか、といった観点が不足しているケースが見られる。例えば製造業の場合、ビジネスが B to B なのか、あるいは B to C なのか、または B to B to C[14] を推進しているのか、明確でないビジネスモデルの記載例が散見される。顧客は企業にとって重要なステークホルダーである。エンドユーザーが誰なのか、誰からお金をもらっているのか、明確化する必要がある。

　㈢　他セクションとのすみわけ

　前述したとおり、本書の定義では、ビジネスモデルは、企業の「将来」の戦略や経営計画を説明するものではないとしている。企業が日常的に、製品・サービスを生み出すにあたり行っている「現在」の事業活動を説明することが主な目的である。

　一方で、統合報告書において重要なことは、企業の価値向上のプロセスを1つの骨太かつ論理的なストーリーで訴求することである。そのため、統合報告書におけるビジネスモデルと、他の構成要素との結合性（結びつき）を意識することが重要である。IIRC フレームワークにおいても、ビジ

---

13)　IIRC フレームワーク日本語訳30頁4.21。
14)　本書では、エンドユーザーを意識した B to B という意味と定義する。

ネスモデルの特徴として「他の内容要素に適用される情報との結合性」[15]
と記載されている。統合報告書の全体を通じて、「現在」のビジネスモデル
が、会社の「過去」あるいは「将来」の要素と結び付いていることが望ま
しい。

（エ）　社内での討議によるビジネスモデルの整理

　ある程度の規模の収益を稼ぐ事業を複数営む企業の場合、各事業のビジ
ネスモデルを整理する必要がある。それぞれの事業が共通して運用する1
つのビジネスモデルがあるのか、あるいは別々なのか、社内でタスクフォー
ス型のディスカッションなどを行い、記載方法を討議することが望ましい。

　ビジネスモデルは、製造業の場合、バリューチェーン型の記載事例が多
くみられるが、必ずしもバリューチェーンで表現する必要は無い。また、
ビジュアルや図解を用いる会社もあれば、定性的に文章のみで自社独自の
ビジネスモデルの説明が可能な会社もある。ビジネスモデルの記載により、
企業の「らしさ」「特徴」を強く打ち出すことが重要であり、自社にとって
最適な表現方法を考え、記載することが読み手から期待されている。

エ　事例紹介

（ア）　**ダイドーグループホールディングス株式会社「統合報告書 2018」**

　同社は、国内飲料事業が中心だが、海外飲料事業（トルコ、マレーシア、
ロシア、中国)、医薬品関連事業や食品事業も展開しており、「統合報告書
2018」では各事業のビジネスモデルを説明している。

　各事業のビジネスモデルは、それぞれのバリューチェーンを軸にビジュ
アルおよび文章でわかりやすく説明されている。それぞれの事業が持つ強
みを、有形あるいは無形の資産の説明を通じて訴求し、安定収益を目指す
ことのできる仕組みを伝えている。最終的な顧客も明記し、現在のビジネ
スモデルを踏まえた「課題と今後の戦略」も各事業トップによるメッセー
ジ形式のコラムにて記載している。

---

15)　IIRC フレームワーク日本語訳 29 頁。

第3編　価値創造ストーリーを伝える統合報告書の作成実務

図表3-1-17　事業ごとにバリューチェーンでビジネスモデルを表現した例

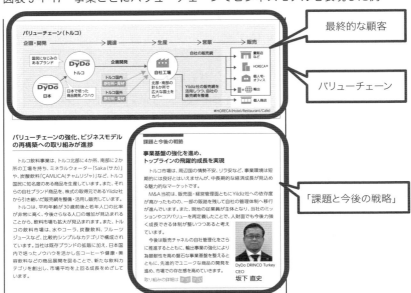

出所：ダイドーグループホールディングス株式会社「統合報告書2018」22頁

　(イ)　**サトーホールディングス株式会社「統合報告書2017」**

　同社はビジネスとして「自動認識ソリューション」を提供しており、「バーコードやICタグなどの自動認識技術を駆使して、現場で動くモノや人と情報を同期化して"情物一致"を実現し、トレーサビリティー、サプライチェーン、資産管理などさまざまな業務アプリケーションを現場で支える社会的インフラ」[16]を構築している。ここでは、図解はメインとしては用いず、概念的にビジネスモデルを解説している。文章で自社のビジネスモデルのコアとなる考えを記載し、他社が模倣できない理由、安定的な収益が確保できる理由を明確に表現している。

---

16)　サトーホールディングス株式会社「統合報告書2017」9頁。

第1章　統合報告概論

図表 3-1-18　ビジネスモデルを文章で表現した例

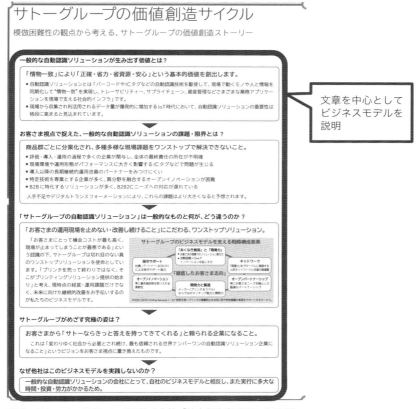

出所：サトーホールディングス株式会社「統合報告書 2017」9-10 頁

(ウ)　株式会社日本取引所グループ「JPX レポート 2018」

　同社のビジネスモデルは、自社ビジネスに関わる取引先を含め、市場の全体像を見開き 1 頁にまとめたものである[17]。金融市場におけるポジションを明確にしており、「価値協創ガイダンス」でも提唱されている「市場勢力図における位置づけ」[18]が理解しやすい印象である。また、4 つの収益源を認識し、稼ぐ仕組みが把握できる。

---

17)　株式会社日本取引所グループ「JPX レポート 2018」4-5 頁。
18)　経済産業省「価値協創ガイダンス」(2017) 8 頁。

133

第3編　価値創造ストーリーを伝える統合報告書の作成実務

　また、当該ビジネスモデルが省略されたものが、その次項にある「JPX
の価値創造」の中核に記載されている[19]。前項でビジネスモデルを理解し
たうえで、当項において価値創造のサイクルがより理解できるページ構成
となっている。

　㈢　トッパン・フォームズ株式会社

　新しいビジネスモデルの創出に関しては、社長メッセージや、特集ペー
ジで取り上げられる事例が散見される。トッパン・フォームズ株式会社は、
「統合報告書2018」において、営業担当の執行役員と、IT担当の執行役員
の対談を実施し[20]、デジタル時代における新しいビジネスモデルについて
討議しており興味深い。

(5)　経営戦略

　「経営戦略」という用語について、「ビジネスモデル」と同様、様々な定
義がみられるが、本項では「競争的な環境の中で企業が強みや差別化要因
を活かして成長するための中長期的な基本方針」とする。

　経営戦略に関する情報開示は、アニュアルレポート・統合報告書の双方
において最も重要な役割の1つを果たしてきた。近年の統合報告書では、
経営戦略とサステナビリティの関わりを記述するのがトレンドとなってい
る。特に日本で高く評価されている統合報告書では、統合報告書の作成以
前に、企業の経営方針や中長期経営計画において、経営戦略そのものにサ
ステナビリティに関する項目が組み込まれており、そのこと自体で報告書
としての評価が高くなっているケースも多い。本項では経営戦略に関する
記述の必要性・定義について言及する。

ア　当該要素の役割

㈠　意義・価値創造ストーリー上の役割

　経営戦略は、企業の中長期の成長を訴求するうえで欠かすことのできな
い要素である。経営戦略は、経営陣を中心に策定した後、中期経営計画や
長期ビジョンといった形で取りまとめ、社外にも情報開示されることが多

---

19)　株式会社日本取引所グループ「JPXレポート2018」6-7頁。
20)　トッパン・フォームズ株式会社「統合報告書2018」20-22頁。

134

い。統合報告書では、こうした開示を価値創造ストーリーに沿う形で読み手が理解しやすいように開示されている。

そもそも戦略とは、現状から将来ありたい姿に向かうための道筋を示したものである。そのため、理解の前提として事業環境分析および現在のポジショニングに関する情報が必要である。そのうえで、目的地を示す将来のポジショニングやありたい姿を示し、そこにたどり着くための施策、すなわち成長戦略を語る。また、経営戦略が説得力を持つものであるためには、その戦略が企業の価値創造の仕組み、いわゆる強み・特徴などを含んだビジネスモデルをうまく活かすことが重要であり、それには戦略とビジネスモデルが整合していることが必要である。

統合報告書における「経営戦略」の項には、価値創造ストーリーの中の目指す姿への道筋を示すという役割がある。そのため、経営戦略のみを独立して語るのではなく、ストーリーをつなぐ1つの要素として定性情報のみならず定量情報とともに表現することが重要になってくる。

(イ) 社内に与えるインパクト

統合報告書として中長期的に企業が向かう方向性と経営戦略を示すことで、企業の内部にとっても良い効果を期待することができる。統合報告書を従業員が読むことで戦略の実現を対外的にもコミットしていることが伝わり、経営陣の本気度を社内に伝えることができる。同時に、戦略の概要を財務情報のみではなく社会的意義や企業理念と結びつける形で説明した資料は今のところ統合報告書の他にほとんどないため、実際に働いて戦略を実行していく従業員にとって、仕事の意義を示すものとなりうる。若い世代にとって、「社会と共生」している企業で、「社会に貢献する」仕事をすることは、いまや最も大切な職業選択の条件である[21]。

イ 作成実務上の注意

統合報告書で経営戦略に言及する際には、いかにわかりやすく、多忙なエンゲージメント担当者にも理解しやすい形でこれを伝えるかという視点が重要になる。このような観点から優れた統合報告書の事例を分析すると、

---

21) 株式会社ディスコによる 2016 年 8 月調査結果より。調査対象 2017 年 3 月卒業予定者 1,137 名。

第3編　価値創造ストーリーを伝える統合報告書の作成実務

概して以下の2つの特徴を備えているケースが多い。

㈎　図解を活用する

経営戦略と、財務情報、非財務情報、資本配分（経営資源配分）、投資方針、企業理念、CSR方針、社会課題解決など、複数の異なる情報との関連や整合性を示すには図解の活用が有効である。

㈏　結合性に配慮する

すでに説明会等で開示されている経営戦略を統合報告書で開示しなおすことの大きな意義の1つは、戦略とその他の情報のつながりを価値創造ストーリーとして示すことにある。そのため、内容はもとより、ページの配置、デザイン、言葉の選び方も含め、いわゆる「結合性」への配慮が重要になる。テクニカル的にすぐにできる工夫の1つは、統合報告書内外の関連する開示情報へのリファレンス（参照情報）を付記することである。

ウ　経営戦略の記載箇所のポイント

経営戦略の記載箇所については、代表的なスタイルとして以下の3種類が挙げられる。また、複数のスタイルを併用する場合もある。

㈎　社長メッセージの中に記載

社長がメッセージの中で経営戦略を語る場合が多い。これは、経営戦略遂行へのトップとしてのコミットメントを強く打ち出したい場合などに用いられ、社長交代のタイミングや、社長のリーダーシップを強調したいタイミングで特に有効だといえる。一方、トップメッセージのうち戦略の説明に割く割合が大きくなりすぎると、社長のキャラクターや本人の強いコミットメントなどが伝えにくくなることもある。また、社長メッセージの情報量が増加する結果、記載が冗長となるおそれも生じる。

実例として、明治ホールディングス株式会社「統合報告書2018」を挙げておく。社長交代のタイミングにて、明治グループ2026ビジョンの説明を持株会社の社長メッセージの中で行っている。

第1章　統合報告概論

図表 3-1-19　社長メッセージで経営戦略を記載した例

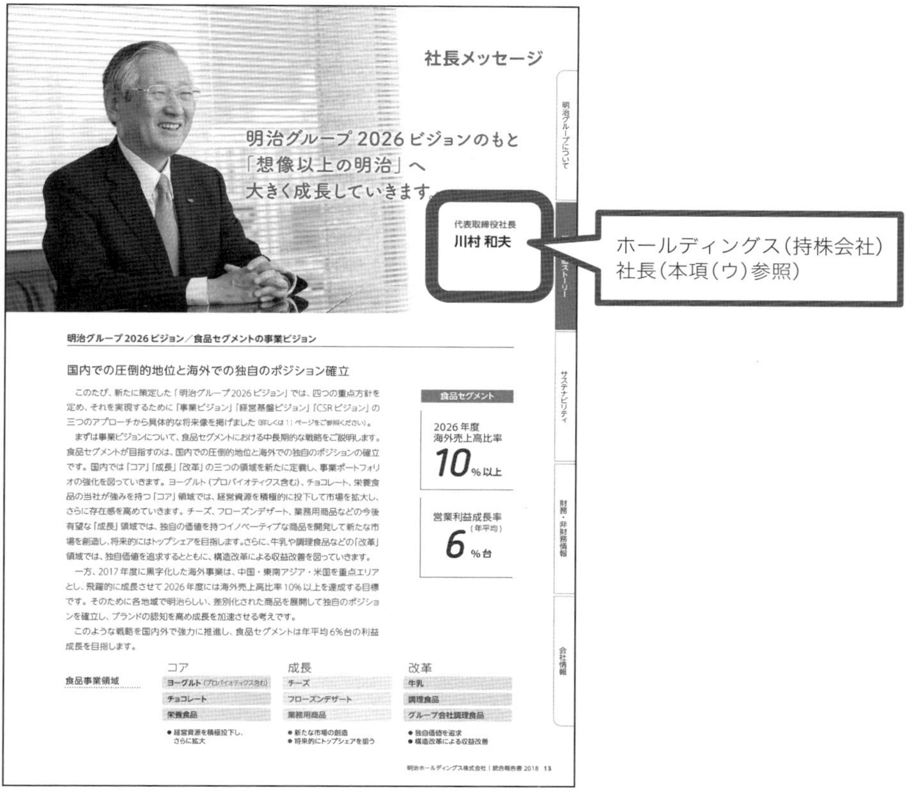

出所：明治ホールディングス株式会社「統合報告書2018」13頁

（イ）　独立した戦略のパートで記載

　経営戦略のみを独立させて掲載するスタイルは、特に中期経営計画の初年度など、会社として経営戦略に焦点を当てて説明したいタイミングで多く用いられる。

　当スタイルのプラス要因としては、経営戦略をまとめて掲載することで概要を把握しやすくなる。また、CSR の方針やマテリアリティ、企業理念との整合性を示すことで、報告書における戦略・財務情報と ESG 要素・非財務情報との結合性が向上する。一方、マイナス要因としては、社長メッ

137

第3編　価値創造ストーリーを伝える統合報告書の作成実務

セージ等と内容の重複が発生することもあり、統合報告書の企画策定段階で内容のすみわけについての十分な議論が必要となろう。

　本件の事例として、オムロン株式会社「統合レポート 2018」を挙げる（16-17 頁）。

図表 3-1-20　独立したパートで経営戦略を記載した例

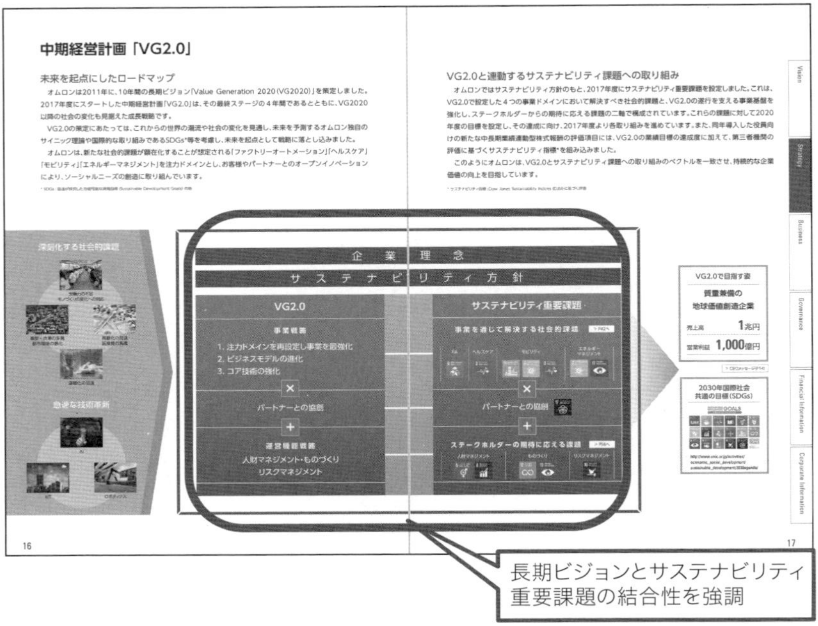

出所：オムロン株式会社「統合レポート 2018」16-17 頁

㈹　事業部門トップが各部門の戦略を語る形で記載

　社長ではなく、事業部門（あるいは持株会社の下にある事業会社）のトップが各部門の戦略を語る例もいくつか見受けられる。ビジネスモデルの特性が異なる事業を複数持つ企業などで多く採用されるスタイルである。また、中期経営計画発表の際、事業部ごとに、中計の目標や施策をブレークダウンして公表している場合も、このパターンとなりやすい。この場合、全社としての取り組みや戦略を社長が語り、事業部の戦略を事業部門長が語る、

第 1 章　統合報告概論

といった棲み分けがなされることが多い。このスタイルでは社長に加え、各事業部トップのコミットメントを伝えることができる。

全社戦略が持株会社社長、事業部戦略が事業会社と棲み分けされている例として、再度、明治ホールディングス株式会社「統合報告書2018」（18-19頁）を挙げておく。

図表 3-1-21　事業部門戦略を事業会社社長が説明している例

出所：明治ホールディングス株式会社「統合報告書2018」18頁

139

第3編　価値創造ストーリーを伝える統合報告書の作成実務

エ　経営戦略の記載における情報の結合性などのポイント

経営戦略についての記載を考えるうえで、情報の結合性および読み手の投資判断に資する観点から、押さえておくべきポイントを以下の4つに整理したい。なお、これらは必ずしも「戦略」とカテゴライズしたパートに含めなくても問題はなく、冊子全体で戦略を伝えるときに必要なポイントのことである。

　(ア)　経営戦略とは価値創造によるありたい姿への道筋を示すものである。そのため、今後の施策や目標のみを記載するのではなく、1) 前提となる環境分析 (社会課題や ESG を絡める) と、2) その環境の中で生かせる会社の強みや価値創造のプロセス (モデル)、3) 目指す姿のすべてを関連付けて伝える (結合性)。

　　事例として、カゴメ株式会社「統合報告書2018」(16-17頁) を挙げる。

図表 3-1-22　経営戦略に関連する項目を一覧表で開示した例

出所：カゴメ株式会社「統合報告書2018」16-17頁

第 1 章　統合報告概論

(イ)　現時点および将来目標とする自社のポジショニング、シェア、競合に関する情報などは戦略の実現可能性を判断するうえで重要であるため、可能な限り定量的に記載する。この点に関しては IIRC フレームワークおよび価値協創ガイダンス双方で言及があり、掲載されている実例も出てきている。本書では、味の素株式会社「味の素グループ統合報告書 2018」(32-33 頁)、カゴメ株式会社「統合報告書 2018」(10-11 頁) を事例として挙げておく。

図表 3-1-23　経営戦略に関連する定量情報で記載した例

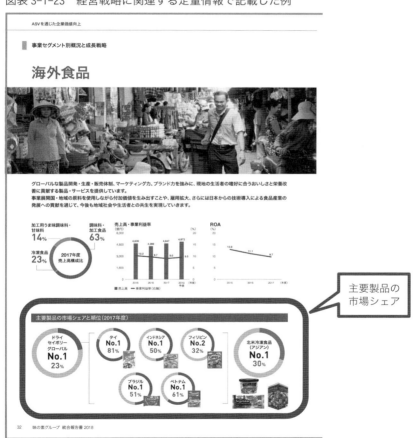

出所：味の素株式会社「味の素グループ統合報告書 2018」32 頁

第3編　価値創造ストーリーを伝える統合報告書の作成実務

㋑　経営戦略実現に必要な、財務面での資本配分（経営資源配分）や投資方針について言及する。キャッシュをどのように分配し、どのような規律で投資をコントロールするかを示す方針を可能な限り定量的に示すことが重要である。

　　事例として、カゴメ株式会社「統合報告書2018」55頁および60-62頁の記載が参考になろう。

㋒　経営戦略と連動する非財務面でのリスク管理や数値目標に言及する。重要性・影響度の高いリスクを特定し対策を示す。本項目については、近年、「機会とリスク」の記載の重要性が高まっており、統合報告書における今後の課題であろう。

　　事例としては、カゴメ株式会社「統合報告書2018」16-17頁、味の素株式会社「味の素グループ統合報告書2018」8-9頁、51頁（図表3-1-24）を挙げておく。

図表3-1-24　リスクと対策について記載した例

重要リスクと対策

味の素グループでは、グローバルな政治・経済・社会情勢等のビジネスを取り巻く環境を考慮し、影響度、発生可能性、リスクレベル等を総合的に勘案した上で、組織横断的に管理すべき「全社重要リスク」を選定するとともにグループ全体での対策を講じ、定期的に対応の進捗をチェック・管理しています。

	リスク	事業への影響	対策
グローバル展開	マクロ環境リスク	金融危機、貿易摩擦等の不安定な世界の政治・経済・社会情勢による事業活動の低下や業績悪化	・主要事業展開国のマクロ指標、治安情報のモニタリング ・マクロ経済環境の変化が味の素グループに与える影響分析、測定モデル構築
	ガバナンス	「ガバナンスに関するグループポリシー」の運用不徹底による組織運営における混乱や事業採算性低下	・グローバル企業として必要なポリシー類の整備およびそれに基づく組織・事業運営の徹底
	グローバル競争	市場環境や法制度等の外部情報不足による経営判断への影響および競争優位性低下	・市場環境・競合動向分析機能の充実
社会課題	グローバル気候変動・環境影響	渇水・洪水・水質悪化による生産停滞、資源の枯渇による原材料調達不全	・節水技術の研究開発 ・水リスクのモニタリング手法の検討
		各国法規制への対応の遅れによる生産コスト上昇、コンプライアンス違反	・各国・地域とのリーガルネットワーク構築
		脱炭素への取り組み遅延、炭素税の負担増加による生産コスト上昇	・気候変動予想情報の収集とその影響のモニタリング

142

第 1 章　統合報告概論

		廃棄物削減、リサイクルへの取り組み遅延による企業価値毀損	・経営リスク委員会の下部組織として、プラスチック廃棄物についての検討チーム設置
	関連リスク	サプライチェーンにおける社会・環境問題への対応遅延による原材料調達不全	・主要原料における社会・環境問題のモニタリング、対応計画の策定・実行 ・経営リスク委員会の下部組織として、アニマルウェルフェアについての検討チーム設置
企業運営	事業リスク	・メガトレンド、生活者トレンドの変化に適応できないことによる販売／マーケティングへのマイナス影響 ・うま味やうま味調味料「味の素®」に対するネガティブな風評の拡大	・トレンドの把握、事業に与える影響の分析、対応計画の策定・実行 ・特定非営利活動法人うま味インフォメーションセンター等と連携した啓発活動の実施
技術	情報セキュリティIT マネジメント体制	ICT 技術革新に対応できないことによる競争力低下	・ICT、情報リテラシーの向上 ・イノベーションの遅れにより発生するリスクの分析とモニタリング
		外部からのサイバー攻撃や脆弱な ICT マネジメント体制による競争力低下、システム機能不全	・適切なリスクアセスメントの実施
	IT インフラ整備	ICT インフラの整備遅延に由来する非効率な運営による機会損失	・グループ共通インフラとしての ICT 整備、管理の変化

出所：味の素株式会社「味の素グループ統合報告書 2018」51 頁

⑹　ESG（環境）[22]

ア　定義

　価値創造プロセスにおける環境情報は、IIRC フレームワークにおける自然資本で整理することができる。自然資本とは、「組織の過去、現在、将来の成功の基礎となる物・サービスを提供する全ての再生可能及び再生不可能な環境資源及びプロセス」であり、具体的には、企業の事業活動で利用する、または事業活動から影響を及ぼす「空気、水、土地、鉱物及び森林」や「生物多様性、生態系の健全性」などである[23]。

　自然資本に関わるグローバルな課題に地球温暖化がある。地球温暖化は

---

22)　塩瀬恵「TCFD 最終報告書の提言内容と比較！　気候関連情報の開示例分析」企業会計 2017 年 11 月号 103-108 頁。

23)　IIRC フレームワーク日本語訳 14 頁 2.15 項。

143

パリ協定に代表されるように各国が協調して解決していくことが必要になる。さらに、国家だけではなく、企業による地球温暖化防止への取り組みも期待されており、取り組みを促進する上で、「気候変動」に関する企業の情報開示の要請も高まっている。このことから、本稿では「気候変動」の観点から自然資本を説明する。

イ 意義、重要性

気候変動に関する情報開示の要請が高まっている背景に、投資判断でESG情報を考慮する投資（ESG投資）による運用資産がグローバルで増加していることがある（図表3-1-25参照）。ESG投資の投資判断では、企業が中長期的な視点でどのような経営方針を立てているか、サステナビリティ（持続可能性）に関するリスクとして把握しているものは何か、そのリスクをどのように管理しているかといった情報が考慮されている。こうした情報には、気候変動に関する情報も含まれる。したがって、企業は、持続的に成長していくことを示すために、価値創造プロセスにおいて気候変動への取り組みを説明することが重要になっている。

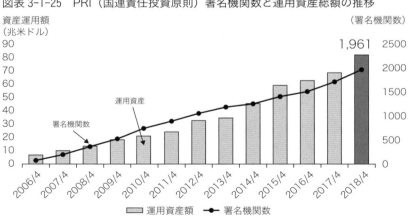

図表3-1-25 PRI（国連責任投資原則）署名機関数と運用資産総額の推移

出所：責任投資原則(PRI)ホームページ(https://www.unpri.org/about)

例えば、飲料会社は、商品の製造過程で生じる直接的な温室効果ガス

（GHG）の排出に加え、サプライチェーンや販売網から生じる間接的な GHG の排出の事業活動上の影響についての説明が必要になる。また、飲料会社の場合、事業において水資源（特に品質の良い水）が重要になることから水に関する企業の方針や考え方などについても開示することが必要になる[24]。

ウ　課題

地球温暖化への取り組みは、長期にわたるものであり、その効果は企業の業績にはすぐに反映されない。そのため、有価証券報告書などの企業の法定開示書類で言及されることは多くなかったが、パリ協定が 2015 年に採択されて以降、企業による気候変動などの環境対策への投資はコストではなく企業の競争力の強化につながるとの考えが顕著になってきた[25]。企業が市場で勝ち残り、中長期的な視点を有する投資家との関係を構築する上で、事業活動を通じて気候変動についてどのように対応しているかについてのコミュニケーションが重要になる。

他方で、こうした気候変動への取り組みは環境への取り組みとして、事業戦略とは別に開示されていることが多い。例えば、統合報告書において事業戦略は事業戦略の項目に、環境への取り組みはサステナビリティの項目に個別の情報として開示されている場合である。実際は、脱炭素への技術開発が企業の成長ドライバーとして、その技術を通じた製品がその企業のステークホルダーの環境対策に貢献し、企業の一連の価値創造プロセスとしてつながっている場合、こうした開示の仕方では、脱炭素への取り組みは環境情報として、当該製品については事業戦略として別々に開示され、その価値創造プロセスを見過ごされかねない。そのため、企業にとって価値創造プロセスを一貫したストーリーの形で説明する上で、例えば以下の

---

24)　気候関連財務情報タスクフォース（TCFD）による最終報告書の補助ガイダンス（非金融セクターの「農業・食品・林業」）の 62-63 頁。

25)　「……もはや温暖化対策は、企業にとってコストではない。競争力の源泉であります。環境問題への対応に積極的な企業に、世界中から資金が集まり、次なる成長と更なる対策が可能となる。……」2018 年 6 月 4 日の第 17 回未来投資会議における安倍総理の発言（https://www.kantei.go.jp/jp/98_abe/actions/201806/4mirai_toshi.html）。

第3編　価値創造ストーリーを伝える統合報告書の作成実務

対応が必要となる。

・環境への取り組みと事業活動との関連性を示す。具体的には、環境への取り組みを通じて企業の長期的なビジョンがどのように実現するかを説明する。

・長期的なビジョンに基づき策定した戦略の実行・効果をモニタリングする指標（KPI）を特定する。取り組みだけではなく、具体的な目標を明示することでコミットメントを示す。

また、気候変動に関する情報開示において、気候関連財務情報タスクフォース（TCFD）が提言した開示のフレームワークが主流になりつつある。2017 年 6 月 29 日に公表された TCFD の最終報告書で、財務情報に関連する気候変動の情報開示のフレームワークが示されている。TCFD については後段のコラムを参照されたい。

エ　事例紹介

ここでは、非金融セクターの「農業・食品・林業」に該当する飲料会社における気候関連の情報開示例を紹介する。国内は、アサヒグループホールディングスとキリンホールディングス、そして国外はハイネケンの 3 社になる。いずれの会社も統合報告書を発行しており、今回の開示内容紹介は 2016 年 12 月期の統合報告書からのものである。

㋐　アサヒグループホールディングス株式会社「統合報告書 2016」

アサヒグループホールディングスは、統合報告書で、10 年程度先を見据えた事業の将来像として、「酒類を中核とする総合飲料食品グループ」になるという長期ビジョンを打ち出している。この長期ビジョンを実現するための「中期経営方針」の 3 つの重要課題として、「『稼ぐ力』の強化」、「資産・資本効率の向上」、「ESG への取組み強化」が掲げられている。

気候関連の情報やデータは、「ESG への取組み強化」の項における、ESG 課題のうちの「環境」に含まれている。気候変動における CO_2 排出量のデータは、非財務ハイライトにも掲載され、同社がグリーン電力の活用など事業を通じた CO_2 排出量削減に取り組み、2016 年には国際的な非営利団体 CDP の調査において 2 年連続で最高評価を受けたことが紹介されている。

なお、「環境」（気候）に関連する取組みとしては以下の記載がある。

第1章　統合報告概論

・新規技術の導入による CO_2 削減

・温室効果ガスの削減

(ｲ)　**キリンホールディングス株式会社「KIRIN REPORT 2016」**

キリングループは、地球温暖化や自然破壊の深刻化など、社会問題の解決に事業を通じて取り組み、社会と共有できる価値の創造を目指す CSV（Creating Shared Value）経営を行っている。そして、CSV コミットメントとして「健康」、「地域社会」、「環境」、「酒類メーカーとしての責任」を重点的な社会課題として設定している。

CSV コミットメントの「環境」領域では、「環境活動の事業戦略への反映」として4つのコミットメントが設定されている。その中で以下のコミットメントが気候に関連するものになる。

「再生可能エネルギーの導入をはじめとした更なる温室効果ガス（GHG）排出量削減の取り組みを進めます。」

上記のコミットメントの具体的な取り組みとして、「地球温暖化」の項目で、2013年に「キリングループ長期環境ビジョン」を策定し、2050年に向けた長期目標を設定したこと、地球温暖化対策について Science Based Targets[26] の手法による GHG 中期削減目標が設定されていることが説明されている。詳細な取り組みについては、「長期環境ビジョン」、「環境報告書」において説明されている。

当報告書では、気候関連については上述の取り組みの概要の他に、「非財務ハイライト」で、CO_2 排出量のデータが示され、以下の説明がされている。

「バリューチェーンの CO_2 排出量を地球の吸収可能量に抑えることを目指し、取り組みを進めています。従来の省エネルギー活動に加え、再生可能エネルギー利用などの拡大などの取り組みも強化していきます。」

特徴的な点として、社長メッセージにおいて「ESG 課題への取組み」として、「自然の恵みを利用してお客様に商品を届ける私たちにとって、環境問題への取組みは不可欠」であること、そして「中でも地球温暖化に対しては、世界各国が連携して本格的な対策に着手しており、キリングループとしても積極的に貢献すべき」と社長のコミットメントが表明されている。

---

26)　キリンホールディングス株式会社「KIRIN REPORT 2016」49 頁。

第3編 価値創造ストーリーを伝える統合報告書の作成実務

(ウ) **The Heineken Company "HEINEKEN Annual Report 2016"**

オランダのビール醸造会社であるハイネケンは、「Brewing a Better World」を掲げてサステナビリティ経営を行っている。CO_2排出量の削減は、「Brewing a Better World」でフォーカスしている6つの領域のうちの1つである。気候変動は社会が直面するもっとも大きな脅威の1つであり、グローバル企業としてハイネケンにCO_2排出量を積極的に削減する責任があること、同社のバリューチェーンにおいて野心的なCO_2削減目標を設定していることが示されている。さらに取り組みの進捗を示すため、「2020年までのコミットメント」、「2018年のマイルストン」、「2016年の成果と進捗」そして進捗を踏まえた今後についての説明が端的に記載されている。また、CEOメッセージにおいても、効率性および生産性の目標を「Brewing a Better World」に密接に関連付けて、製造過程におけるCO_2排出量が2015年の6.7 kgCO$_2$-eq/hl から2016年に6.5 kgCO$_2$-eq/hl に減少（ソーラーパネルを約300,000設置したことによる削減効果に等しい）したことが説明されている。

ハイネケンの事例で特徴的なのは、原料からバー（酒場）までのバリューチェーンの中（醸造や配送）でCO_2削減に取り組んでいることが目標値とともに具体的に説明されていることである。さらに、主要な非財務KPIとしてどのような指標を使用しているか、その定義とともに「Reporting basis and criteria non-financial indicators（報告の基礎と評価基準としての非財務指標)[27]」でまとめられている。

[コラム：気候関連財務情報開示タスクフォース（TCFD）の最終報告書]

金融安定理事会が、気候関連財務情報開示タスクフォース（TCFD）を設立したのは、「気候変動（地球温暖化）が事業収支や資産に与える影響について、企業は株主や顧客などステークホルダーに対し開示する必要があるという点にある。気候変動が、企業の持続的な活動に甚大な影響をもたらすのは間違いない」と考えていたからである。また、こうした「リスク情報に基づく適切な投資判断と資産評価は金融市場の安定に寄与し、低炭素経済

---

27) 筆者仮訳。

148

第1章　統合報告概論

への移行を円滑に進めることに貢献する」とも考えられていたからでもある[28]。

2017年6月にTCFDが公表した報告書は以下の3つになる。

・全セクター共通の提言をまとめた「Recommendations of the Task Force on Climate-related Financial Disclosures」（最終報告書）

・金融及び気候変動の影響を大きく受ける特定の（非金融）セクター（エネルギー、運輸、原料・建築物、農業・食品・林業）向けに提供する補助ガイダンス「Implementing the Recommendations of the Task Force on Climate-related Financial disclosures」

・シナリオ分析についての補足資料「The Use of Scenario Analysis in Disclosure of Climate-Related Risks and Opportunities」

図表①は、TCFDが特定した4つの主要な項目（ガバナンス、戦略、リスク管理、指標および目標）と推奨される開示内容である。

図表①：提言内容と推奨される開示内容

ガバナンス	戦略	リスク管理	指標及び目標
気候関連リスクおよび機会に関する組織のガバナンスを開示する	組織の事業、戦略、財務計画における気候関連リスクと機会に関する情報が重要である場合、その実際・潜在的な影響を開示する	組織がどのように気候関連リスクを特定、評価、管理するかを開示する	適切な気候関連リスクおよび機会に関する情報が重要である場合、それを評価し管理するために利用する指標および目標を開示する
推奨される開示内容	推奨される開示内容	推奨される開示内容	推奨される開示内容
a）気候関連リスクおよび機会についての取締役の監督体制を説明する	a）組織が短・中・長期にわたり特定する気候関連リスクと機会を説明する	a）気候関連リスクを特定および評価する組織のプロセスを説明する	a）組織の戦略およびリスク管理プロセスに沿って気候関連リスクと機会を評価するため

---

28) 「グローバルオピニオン　気候変動リスクの開示を」シンガポール取引所　特別アドバイザー　ヨー・リアン・シム氏（TCFDの副議長を務める）、2017年8月4日付日本経済新聞。

			に組織が利用する指標を開示する
b）気候関連リスクおよび機会を評価し、管理する際の経営者の役割を説明する	b）組織の事業、戦略、財務計画上の気候関連リスクと機会の影響を説明する	b）気候関連リスクを管理する組織のプロセスを説明する	b）スコープ1、スコープ2、適切な場合はスコープ3の温室効果ガス（GHG）排出量および関連するリスクを開示する
	c）組織の戦略上のレジリエンスについて、気候関連の様々なシナリオ（2℃あるいはそれ以下のシナリオなど）を考慮して説明する	c）気候関連リスクを特定、評価、管理するプロセスがどのように組織のリスク管理全体に統合されるかを説明する	c）気候関連リスクと機会を管理するために組織が利用する目標および目標に対する実績を説明する

出所：TCFD の「Recommendations of the Task Force on Climate-related Financial Disclosures」14 頁の図表 4 を筆者仮訳。

気候関連財務情報開示タスクフォース（TCFD）の最終報告書では、気候関連リスクおよび機会による財務上の影響についての情報がより企業活動に関連づけて開示されるべきであり、財務報告上では当該情報利用者にとって重要な情報が開示されるべきであるとの見解が示された。以下は、図表①の提言内容における主な特徴である[29]。

・「戦略」、「指標および目標」の提言に関連した、推奨される開示内容は、重要性の評価による。つまり、気候関連リスクが企業に重要な影響を及ぼす場合に財務報告上で開示が求められることになる。

また、気候変動の影響を受ける非金融セクターに該当する企業で、年間の売上高が 10 億米ドル相当超の組織については、気候関連リスクが重要でないと判断される場合、財務報告以外の報告書における開示の検討を要する。

29）「TCFD Final Report FAQs」の「4. What are the major changes to the report and annex since the draft report was released?」および 2017 年 8 月 7 日に金融庁で開催された TCFD 最終報告書の説明会における長村政明氏（東京海上ホールディングス／東京海上日動）の説明会資料（「気候関連財務情報開示タスクフォース（TCFD）最終報告書の概要」）より。

・「戦略」の提言において推奨される開示内容 c) の、シナリオに関連する開示内容について、関連するガイダンスでは、気候関連リスクおよび機会に対する組織の戦略のレジリエンス（対応力）に焦点が当てられた。シナリオが企業活動にどのような影響を及ぼすかという視点から、シナリオに対して企業が策定した戦略が対応したものになっているかの説明を要すると考えられる。

　さらに、気候関連リスクおよび機会の財務上の影響については、「戦略上の計画」または「リスク管理」を通じて財務的影響が検討されることが明確にされ、財務上の影響には損益計算書および貸借対照表のほかにキャッシュ・フロー計算書への影響も含まれる。

　TCFD の提言における「ガバナンス」「戦略」「リスク管理」「指標および目標」の４つの主要な項目は、IIRC フレームワークなどにおいて、企業がその価値創造を伝えるうえでも重要な要素（IIRC フレームワークでは内容要素）として考えることができる。図表②のとおり、TCFD で推奨している開示内容は、すでにその他のフレームワーク等でも開示が求められている内容である場合がある。したがって、TCFD による提言が、企業に新たな企業報告を求めているものではないことを理解している必要がある。つまり、提言で推奨される開示内容を、企業は財務報告書上には開示していないかもしれないが、環境報告書や CSR 報告書など他の任意の報告書で開示している可能性がある。

図表②　戦略について推奨される開示内容 b) に対応するその他のフレームワーク

	その他のフレームワーク	
b)	G20/OECD のコーポレートガバナンス原則	5.a.2、5.a.7、5.a.8
	CDP2017 気候変動質問書	CC2.2、CC2.2a、CC2.2b、CC3.2、CC3.3、CC5.1、CC6.1
	GRI 201：経済パフォーマンス	201-2
	CDSB 気候変動報告フレームワーク	2.8、2.9、2.10、4.6、4.7、4.9、4.10、4.11、4.12、4.13、4.14
	CDSB 環境情報および自然資本報告フレームワーク	REQ-01、REQ-02、REQ-06

第 3 編　価値創造ストーリーを伝える統合報告書の作成実務

国際統合報告フレームワーク	3.3、3.5、3.39、4.12、4.23、 4.28、4.29、4.34、4.35、4.37

出所：TCFD の「Implementing the Recommendations of the Task Force on Climate-related Financial Disclosures」19 頁の「5. Alignment of Recommended Disclosures with Other Frameworks」の「Strategy Recommended Disclosures」の b）の一部抜粋を筆者仮訳。

(7)　ESG（社会）[30]

ア　定義

　社会に関する情報には、労働環境や安全衛生、地域社会への参画、人権などが含まれる。IIRC フレームワークでは、社会・関係資本と人的資本で整理することができる。社会・関係資本とは、「個々のコミュニティ、ステークホルダー・グループ、その他のネットワーク間又はそれら内部の機関や関係、及び個別的・集合的幸福を高めるために情報を共有する能力」であり、例えば、以下が含まれる[31]。
- ・共有された規範、共通の価値や行動
- ・主要なステークホルダーとの関係性、及び組織が外部のステークホルダーとともに構築し、保持に努める信頼及び対話の意思
- ・組織が構築したブランド及び評判に関連する無形資産
- ・組織が事業を営むことについての社会的許諾（ソーシャル・ライセンス）

　人的資本については、「人々の能力、経験及びイノベーションへの意欲」として以下を例示している[32]。
- ・組織ガバナンス・フレームワーク、リスク管理アプローチ及び倫理的価値への同調と支持
- ・組織の戦略を理解し、開発し、実践する能力
- ・プロセス、商品及びサービスを改善するために必要なロイヤルティ及

---

30)　塩瀬恵「ESG 開示上手な伝え方 第 4 回 価値創造の担い手は誰か」企業会計 2017 年 7 月号 129-133 頁。
31)　IIRC フレームワーク日本語訳 13 頁項目 2.15。
32)　前掲注 31）参照。

第 1 章　統合報告概論

　び意欲であり、先導し、管理し、協調するための能力を含む

　本項では、以下、事業活動において重要な資本である人的資本を中心に説明する。

イ　意義、重要性

　近時の「働き方改革」への取り組みの進展にもみられるように、人的資本のあり方は日本企業にとって重要な経営課題の１つとなっている。国際統合報告フレームワークの中で想定されている人的資本の情報は、経営戦略の視点からの情報開示、つまり戦略から紐づけての記載になると考えられる。例えば、企業が採用した人材戦略の理由や背景を説明することである。

　人的資本はコストとして捉えられることが多いが、「見えない資産」としての側面を再認識する必要がある。2017 年に日本の有力企業に送られた、ブラックロックのテリー・フィンク会長兼 CEO の書簡でも言及されているとおり、中長期視点の投資家は日本企業がどれだけ従業員に投資（能力開発や生活水準の向上）をしているかを、投資判断において今後より一層重視していくと考えられる。そのため、人的資本に関する情報を統合報告書の中で、企業の価値創造プロセスと関連付けて説明することは、企業価値を投資家へ適切に伝える上で重要である。社会情報も環境情報と同じように以下の視点から開示することが期待される。

　・統合報告書では、企業の価値創造や経営戦略の視点から説明する。

　・自社の取り組みを表す指標を選択する。

　人的資本の活用へ向けた取り組みは、IIRC によると、以下のような指標で把握・管理される[33]ため、投資家は統合報告書で示された戦略の実現可能性を人的資本の情報からも予想することができる。

人的資本を把握するのに適切なインプットと活動

　・従業員数

33）　IIRC による"Creating Value—The value of human capital reporting"の 17 頁のリストを筆者仮訳。

153

第3編　価値創造ストーリーを伝える統合報告書の作成実務

・従業員構成（例. 性別、年齢、常勤又は非常勤、派遣社員別の内訳）

・従業員報酬

・従業員給付制度

・採用コスト

・研修及び開発費用（安全・衛生に関するものを含む）

・雇用形態ごとの平均研修時間

・受講研修数

・従業員の行動が戦略目標に合うことを目的とした報酬制度

人的資本と関連しているアウトプットとアウトカム

・従業員のモチベーションとエンゲージメント（例. アンケート）

・従業員の定着率（例. 退職率）

・育児休暇後の定着率

・社内異動率（internal hire rate）

・欠勤率

・事故率

・労災による労働損失日数（days lost to injury）

・業務に関連した死亡率（work-related fatalities）

・労使問題

・従業員一人当たり収益

・生産性の向上

ウ　課題

人的資本に関する情報としては、これまでも有価証券報告書等で「従業員数」「平均年齢」「平均勤続年数」「平均年間給与」などが開示されている。そして、従業員数については、セグメント別の内訳、最近日までの1年間において人員に著しい増減がある場合はその事情、労働組合との間に特記すべき事項がある場合は簡潔な記載が必要になる。さらに、臨時従業員数が相当数以上ある場合は最近日までの1年間におけるその平均雇用人員の記載も求められる[34]。統合報告書の中でも、こうした従業員数に関する情

34）　開示府令第二号様式記載上の注意(29)。

報の開示に主眼が置かれており、企業の価値創造や経営戦略とのつながりが必ずしも示されていない報告書が多い。

　また、日本企業のグローバル化の中で、人的資本のデータが日本国内の範囲にとどまり、海外子会社に関しては、性別や職位（管理職）などのデータが整備されていない事例も多いようだ。

　さらに、日本企業の統合報告書では、人的資本について、インプットに関する指標はよくみられる一方で、アウトプットやアウトカムに関する指標は少ないと思われる。アウトプットやアウトカムに関する指標を人材戦略の施策の定性情報とあわせて示すことで、人的資本がどのように組織の価値を創造するかの理解を投資家に伝えることができるようになる[35]。以下はそのアウトプットの事例である。

　　・人的資本によりどのように組織が長期にわたり価値創造を行うことができているかの社内的な共有
　　・戦略に人的資本の管理をさらに取り込んで、戦略を展開・実施する
　　・従業員のロイヤルティ、モチベーション、イノベーションの向上を通じた生産性の高まり
　　・より強固なリーダーシップと経営スキルの向上
　　・戦略、リスク管理、企業統治のフレームワーク、倫理の価値との間のより密接な連携
　　・統合的思考を通じて行われる意思決定
　　・価値創造プロセスにおける人的資本管理の役割についての投資家の理解の高まりによる資本コストの低下

エ　事例紹介

　日本企業の統合報告書における人的資本の開示は、CSR に重点を置いた視点からの開示、そして経営戦略の視点からの開示の２つに大別される。CSR の視点からは、ステークホルダーの一員である従業員について、満足度等の情報が開示される場合が多い。一方、経営戦略の視点からは、人的資本を経営資源と捉えて経営計画との連動を示す例が多い。

---

35)　IIRC による "Creating Value—The value of human capital reporting" の 21 頁のリストを筆者仮訳。

第 3 編　価値創造ストーリーを伝える統合報告書の作成実務

(ア)　伊藤忠商事株式会社「アニュアルレポート **2016**」

伊藤忠商事のアニュアルレポート 2016（統合報告書）では、INPUT（採用・人材ポートフォリオ）→VALUE-UP→OUTCOME（人材戦略の成果）といった価値創造の区分で、人的戦略を説明している[36]。VALUE-UP では具体的に実施された以下の取り組みが説明されている。

・「現場力強化」を通じた改革　⇒　業務効率化と生産性向上を目的とした朝型勤務による成果、社員の経営参画意識向上を目的とした「未来の経営者」報奨制度など

・「多様化」の推進による人材力向上　⇒　「げん（現場）こ（個別）つ（繋がり）」改革としての人材の多様化に向けた取り組み

・育成を通じた「個の力」の向上　⇒　語学研修などを通じたグローバルで活躍できる強い「個」の育成

上記項目の 3 点目については具体的に中国語有資格者数の目標人数を掲げて、人的資本の活用に係る指標と中国における事業展開・拡大という経営戦略との関連を示している。

(イ)　**Southwest Airlines Co.　"2015 Southwest Airlines One Report**[TM]**"**

米国のサウスウエスト航空は 2009 年よりトリプルボトムライン[37]を採用し、「Performance（経済）」「People（社会）」「Planet（環境）」に情報を区分した統合報告書（2015 Southwest Airlines One Report[TM]）を発行している。人的資本は「People」の「Employees（従業員）」において、「Recruitment（採用）」「Training（育成）」「Benefits（報酬）」に分けて説明している。以下にサウスウエスト航空を表す特徴的な数値を紹介する。

・採用：サウスウエスト航空は同社にふさわしい人材を採用することにこだわりがあり、その結果、2015 年は 372,925 人の応募があったのに

---

36)　伊藤忠商事株式会社「アニュアルレポート 2016（統合報告書）」の 46-49 頁参照。

37)　トリプルボトムラインとは「企業の持続可能性を確保するためには、経済的収支がプラスでなければならないのはもとより、社会的収支及び環境的収支もプラスでなければ持続できないとみる考え方である。いいかえれば、CSR は 3 つの収支のバランスをとることによって相互補完的に企業価値を創造・向上させるとみる考え方であり、トリプル・ボトム・ラインをプラスにしている企業が持続可能性を有するとする考え方である」（広瀬義州編著『財務報告の変革』（中央経済社、2011 年）10 頁）。

第1章　統合報告概論

対し採用したのはその2%
・育成：従業員が大切であるというのが同社の社風であり、それを表しているのが2014年の従業員アンケート結果。71%がサウスウエスト航空での仕事が天職であると回答
・育成：従業員への感謝の気持ちを示す制度（Southwest Airlines Gratitude、SWAG）がある。これはお互いの感謝の気持ちをカードにして送って示すことで、従業員に関わらず、顧客からも送ることができる。こうした功労は現場の責任者はもちろんCEOも知ることになる。さらに、功労はポイント化されインセンティブ・プログラムとしてギフトカードや商品などに交換できる。2015年には約12億のポイントが交換された
・報酬：退職給付制度（401(k)制度を含む）への加入者は92%（全米の平均は83%）

　上記はいずれもアウトプットとアウトカムの従業員のモチベーションやエンゲージメントを示すものであり、サウスウエスト航空が従業員に対して高い優先順位を置いていることがみてとれる内容となっている。

(8)　ESG（ガバナンス）

ア　統合報告フレームワークにおけるガバナンスの位置付け

　IIRCフレームワークは、ガバナンスに関連する要求事項として、組織のガバナンス構造がどのように組織の短、中、長期の価値創造能力を支えるのかという問いへの答えを、統合報告において提供すべきだとしている[38]。
　また、ガバナンスに関するガイダンスとして、以下の事象が組織の価値創造能力とどのように関連付けられているかに関する洞察を提供することを、選択肢として挙げている[39]。

・組織のリーダーシップ構造：ガバナンス責任者のスキル及び多様性（例えば、経歴の範囲、性別、能力及び経験）、制度的要請が組織のガバナンス構

---

38)　IIRCフレームワーク日本語訳28頁項目4.8.。
39)　IIRCフレームワーク日本語訳28頁項目4.9.。

第3編　価値創造ストーリーを伝える統合報告書の作成実務

> 造の設計に影響を与えるかどうかなど
> ・戦略的意思決定を行い、組織文化を形成しモニタリングするための特定
> 　のプロセス：リスクに対する姿勢、誠実性及び倫理上の問題に対処するた
> 　めのメカニズムなど
> ・組織の戦略的方向性及びリスク管理アプローチに影響を与え、それらを
> 　モニタリングするために、ガバナンス責任者が取った具体的な行動
> ・組織の文化、倫理及び価値（主要なステークホルダーとの関係性を含む。）
> 　が、資本の利用及び資本への影響にどのように反映されるか。
> ・組織が、法的要請を超えたガバナンス行動を取るかどうか。
> ・イノベーションの促進及び実現に関するガバナンス責任者の責任
> ・報酬及びインセンティブは、組織の短、中、長期の価値創造とどのように
> 　関連付けられているか（例えば、報酬及びインセンティブにつき、組織に
> 　よる資本の利用及び資本に及ぼす影響とどのように関連付けるかなど）。

　IIRC フレームワークでは、原則としてすべての要求事項を適用すべきと
する一方で、ガイダンスについてはすべての事象を含める必要はないとし
ている（1.19 項）。そのため、統合報告書を作成する上では、以上のガイダ
ンスの各事象を踏まえつつ、組織のガバナンス構造がどのように組織の短、
中、長期の価値創造能力を支えるのかを示していくこととなる。
　それでは、組織のガバナンス構造は、どのように組織の短、中、長期の
価値創造能力を支えるのか。この問いに対する回答は、必ずしも一様では
ない。例えば、我が国のコーポレートガバナンス・コードでは、実効的な
コーポレートガバナンスの実現により、経営者の企業家精神の発揮を後押
しするという、「攻め」のガバナンスの実現へ向けた考え方が示されてい
る[40]。これに対して、英米をはじめとする諸外国では、過度のリスクテイ
クの回避や不祥事の防止を目指す観点から、「守り」のガバナンスに主眼を
置く議論が多いと指摘されている[41]。前者を重視するのであれば、企業家
精神の発揮へ向けた報酬およびインセンティブの内容が、ガバナンスの主
要なテーマの 1 つとなりえよう。また、後者の見解からは、内部通報制度

---

40)　改訂前コーポレートガバナンス・コード前文 7 項。
41)　油布志行＝浜田宰「「コーポレートガバナンス・コード原案」の概要及び同原案に
　　おける開示関係の規律」経営財務 3212 号（2015 年）。

などのリスク管理体制の充実が主要なテーマの１つとなりえよう。

　ただし、「攻め」と「守り」のいずれに主眼を置くとしても、透明・公正かつ迅速・果断な意思決定を通じて適切な水準でのリスクテイクを実現し、もって中長期の企業価値の向上を図るべきという点においては、両者は互いに共通点を有するといえる[42]。例えば、取締役会の構成が多様性やスキルセットの観点から適切な意思決定を確保するものとなっているかや、CEO の選任手続について客観性・適時性・透明性が確保されているかといった点は、ガバナンスのあり方についてどのような立場をとるかに関わらず、企業の価値創造力を支える上で重要な要素に該当する。

　また、統合報告書で開示する情報の選択に際しては、外部からの視点をも考慮に含めることが必要となる[43]。外部のステークホルダーのガバナンスに関する視点は、個別の企業によって様々であるが、一般的な傾向としてみれば、2018 年の改訂コーポレートガバナンス・コードで追加された事項は、株主や機関投資家の関心が相対的に高いものと考えられよう。そうした観点からは、サクセション・プランや指名・報酬委員会、経営陣幹部・取締役に関する報酬制度の内容などは、統合報告書での開示対象の有力な選択肢となる。

イ　開示に際しての考え方

　コーポレートガバナンスに関する取り組みについては、コーポレートガバナンス報告書で幅広い事項が開示の対象とされている。また、有価証券報告書でも、政策保有株式など一定の事項が開示の対象とされている。これらの媒体での開示は、比較可能性を担保する観点から所定の様式での開示が金融商品取引法または証券取引所規則により求められているため、企業独自の工夫等についてわかりやすく開示をするには必ずしも適さない。これに対して、統合報告書では、コーポレートガバナンスに関する取り組みのうち、特に投資家の関心が高いと思われる事項に限定する形で、記載の自由度を活かし、図表や写真等も用いつつ、企業の取り組みの内容をより掘り下げて紹介することが期待される。なお、コーポレートガバナンス

---

42)　前掲注 41)。
43)　IIRC フレームワーク日本語訳 21-22 頁項目 3.29。

報告書は、内容の変更があった場合には遅滞なく変更後の報告書を証券取引所に提出することとなっている。よって、コーポレートガバナンスに関する内容の変更について新たに統合報告書に記載する場合は、統合報告書の発行前、変更があった時点ですみやかにコーポレートガバナンス報告書を修正し開示する必要がある。

　また、機関投資家の多くは、上場企業のガバナンスに対する取り組みが外形的・表面的なものに終始しているのか、それとも経営判断の質の改善へ向けて工夫を重ねているのかを見極めたいと考えている。そうした関心に応える観点からは、経営陣と社外取締役・有識者等との対談やインタビュー等を通じて、ガバナンスに対する経営者の生の声を発信することが有力な選択肢となる。

　また、日本企業のうちには、2015年におけるコーポレートガバナンス・コードの適用開始後に、同コードへの対応を契機として、コーポレートガバナンスへの取り組みを開始した企業が相当数存在する。そうした企業では、ガバナンスの仕組みを一定程度導入していたとしても、運用面等での改善の余地や積み残しの課題が相当程度に上る例も多いであろう。そうした企業が、現時点で実施している施策の素晴らしさのみをアピールした場合には、かえって、将来的な改善の必要性への認識が薄いのではないかといった評価を受けかねない。そのため、外部のステークホルダーからの信頼の獲得を図る観点からは、現時点で課題として認識している事項や、当該事項について今後どのような時間軸で更なる改善を図っていくかについての方針を、あわせて率直に発信することが有力な選択肢となる。さらに、そのような認識が経営陣の中でどこまで共有されているかを示すのであれば、取締役会議長や各種諮問委員会の委員長などに、ガバナンスの充実へ向けた取り組みについて率直に述べてもらうセクションを設けることが選択肢となる。

　このほか、近時は、役員報酬について、基本方針やその種類、年次賞与の決定に際して用いられる指標とその割合、長期インセンティブ報酬の権利行使期間など、法定開示書類では必ずしも把握できない詳細にわたり開示を充実させる例が登場している。今後、日本企業の役員報酬の水準が上昇していく上では、報酬制度等についての開示の充実を求める声も高まっ

てくると思われる。将来の動きに先んじて対応を進めている例として注目される。

⑼ KPI

ア　KPI（主要業績指標）の定義と重要性

　中長期的な価値創造ストーリーの実現へ向けた企業の取り組みをステークホルダーに伝えるに際しては、これらの取り組みをどのような指標に基づいて企業が評価しているかをあわせて伝えることが重要となる。そこで、企業が自らの主要業績指標（Key Performance Indicator、以下「KPI」という）を策定・開示することが望まれる。企業の価値創造へ向けた取り組みの進捗を正しく評価できるような指標とするためには、必ずしも財務情報のみではなく、ESG を含む非財務情報をも取り込む形で指標を策定することが重要となる。このような非財務情報を指標に取り込むことで、例えば社員への教育投資や会社に対する満足度などの「見えない資産」を可視化し、中長期的な価値創造へ向けた企業の取り組みを適切に評価することが可能となる。

　KPI の設定に際しては、企業の持続可能な成長を適切に評価できる指標を選択することが重要である。短期視点の資本市場への最適化を志向すれば、KPI はどうしても財務面に偏りがちとなる。しかし、近年の資本市場においては、ESG 投資の拡大などを背景として、中長期的な視点をも織り込んだ形での成長への取り組みが求められている。KPI を策定する際にも、企業の非財務面の強みや独自性（例えば、コアコンピタンス、強み、自社ならではの資本、ESG 要素など）を適切に評価できる指標の選択が重要となってきている所以である。また、社内でも、非財務情報を含めた指標の共有により、全社の考え方のベクトルを長期的な視点で合わせることが可能となろう。

　KPI の策定目的は、投資家などのステークホルダーに良い数字をみせることにあるのではない。企業の経営管理において、KPI の進捗と達成状況を分析し、経営戦略の達成に向けた自社の取り組みにおける問題点を適時に把握し、軌道修正を行うことを可能とするためである。さらには、KPI

第3編　価値創造ストーリーを伝える統合報告書の作成実務

の一部を対外的にも開示し、適切な KPI が設定されていることを示すことで、中長期的な価値創造の実現可能性についての信頼を社外からも獲得することが可能となる。定量的な開示により経営の透明性を向上することで、ステークホルダーの納得感を高め、支持を得たうえで効果的に事業を推進する効果も期待できよう。

イ　日本企業の現状

㈠　KPI の重要性の認識について

　欧米企業は、KPI をベースに経営陣や自社の業績を評価する制度を導入しているケースが多い。こうした動きは、役員報酬の正当性および客観性を支える根拠として用いられており、役員報酬について透明性を求める資本市場の期待に応えるための取り組みであるという側面を有する。それに対し、KPI による経営評価をしている日本企業は欧米に比べるとまだまだ少ない。

　しかし、日本版スチュワードシップ・コードやコーポレートガバナンス・コードの普及により、KPI の考え方が日本企業にも広まってきている。有限責任監査法人トーマツ（以下、「トーマツ」という）が 2018 年 8 月に実施した統合報告の動向調査[44] によると、KPI の重要性を理解して指標を開示する企業の努力が明らかとなっており、約 9 割の企業が KPI を公表している。KPI を公表した企業のうち、財務 KPI のみを公表しているのは約 30%で、非財務 KPI も公表している企業は約 70%であった。また、数は少ないが、一部企業において非財務（ESG を含む）の KPI が役員報酬の評価にも採用されていた。

　次に、非財務 KPI の開示に関しては、企業特有の強みや経営資源に関連する KPI を約 2 割の企業が公表していることが、前述の調査で判明した。図表 3-1-26 はその内訳である。社会・関係資本関連の KPI が約 6 割を占めており、人的資本関連の KPI が約 3 割を占めている。社会との関係性や人材を重視する日本企業の特徴といえよう。また、「モノづくり」が日本企業の特徴といわれているにもかかわらず、KPI の公表数をみると、製造資本

---

44)　2018 年 8 月末に統合報告書と見なされる報告書を発行している企業（361 社）を対象にトーマツが調査を実施した。そのうち、60 社を任意抽出し集計した。

が11%と少ないという印象を受ける。

図表 3-1-26　自社に特有な非財務 KPI の開示

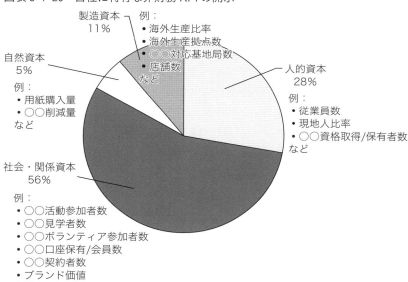

出所：トーマツが 2018 年 8 月に実施した統合報告の動向調査

(イ)　マテリアリティと結びつく KPI の設定が増加

　経営環境が激しく変化する時代において、多くの企業は激しい競争環境に晒されている。競争に勝つためには、「人・モノ・カネ・情報」といった経営資源をより効果的に活用する必要がある。すなわち、経営資源の選択・集中、そして中長期的に持続可能な成長を実現するために適切な資源配分が求められることになる。

　マテリアリティ分析は、企業や社会にとって中長期的に重要な社会的課題を特定することができる手法である。同分析を実施している企業は増加傾向にあるものの、多くの企業は課題抽出の段階にとどまっており、経営資源の配分に活用できているとはいい難い状況が前述の調査より明らかになっている。

第3編　価値創造ストーリーを伝える統合報告書の作成実務

　前述のトーマツが行った調査によると、1割ぐらいであるが、マテリアリティと結びつくKPIの設定が増加しつつあることがみてとれる。マテリアリティを戦略に落とし込んでKPIを策定し、その実現に向けて経営資源の配分を考えることが、経営戦略上より重要となってこよう。

(ウ)　プロセス指標と結びつく KPI の設定が必要

　事業を成功に導くために、各業務・事業プロセスに関する指標（以下「プロセス指標」という）が重要であり、事業を推進する過程における、プロセス指標での進捗管理能力の向上を図る必要がある。大企業の多くは多角化した事業展開を行っており、1つの部門や事業のみで価値創造を行うことは困難であることから、多くの部門や事業が連携・協力することで全社的な価値向上につなげていくことが必要である。そのため、より成長にコミットするためには、各事業のビジネスモデルにおけるプロセスを明示したうえで、そのKPIを策定することが望まれる。前述のトーマツの調査では、1割未満ではあるが、プロセスと結びついたプロセス指標としてのKPIを設定し開示する企業が出てきている。

ウ　実務上の論点

(ア)　事業の進捗管理と結果測定に関する KPI の策定に資するような、策定プロセスの構築が必要

　経済産業省のCGS（コーポレート・ガバナンス・システム）研究会が実施した企業アンケート調査結果によると、経営陣の中長期インセンティブ報酬を導入する上での困難・課題について、納得感のある指標の設定が難しいという回答が55％と最も多くなっている[45]。

　日本企業のガバナンスに対する評価は、特にKPIと結びついた報酬制度の導入に関して、大きな遅れをとっていると思われる。日本版スチュワードシップ・コードやコーポレートガバナンス・コードの普及、中長期視点の機関投資家の活動を踏まえ、企業側も今後一層取り組みの充実が求められるだろう。こうした状況を踏まえ、コーポレートガバナンスに関しては

---

45)　CGS研究会（第2期）の中間整理「実効的なコーポレートガバナンスの実現に向けた今後の検討課題」（2018年5月18日（http://www.meti.go.jp/press/2018/05/20180518004/20180518004-1.pdf））。

経営者のトップダウンにより KPI の活用を推進することが必要となってこよう。

(イ) 説明責任の観点に基づき KPI を運用すべき

　統合報告書の中には、KPI の動向を定性的に説明するだけでなく、今後の方向性も含めて説明しており、ストーリー性が理解しやすい事例も出てきている。一方、KPI の開示については単に良い数字をみせるためと PR 的に位置付けている企業もある。このことは必ずしも投資家を含めた多くのステークホルダーの利益に合致しているわけではない。企業の開示において、説明責任の重要性が益々高まっており、より実効性のある企業経営があらゆるステークホルダーから求められている。そのため、KPI の開示を PR の一環とみなす考え方は、KPI に基づき経営における PDCA マネジメントをしていくことの妨げともなりうるのではないか。

　統合報告書は、説明責任を果たすことで、投資家を中心としたステークホルダーと双方向的なコミュニケーションをしていく上での有効なツールである。よって、社内で醸成した統合思考を KPI の策定時に活用した上で、KPI が独り歩きしないようにその意味を丁寧に社内外に説明していく必要がある。そうすることで、定性的なイメージだけでなく、KPI による進捗管理も合わせた、より一貫性があり、納得性もある価値創造ストーリーをステークホルダーに伝えることができる。

エ　事例紹介

(ア) オムロン株式会社「統合レポート 2018」

　オムロン株式会社は会長メッセージとして下記の表現により、役員報酬評価における KPI の導入の記載を行っている。

> オムロンの創業者である…（中略）さらに 2017 年には、新たな中長期業績連動型株式報酬を導入しました。業績連動部分には VG2.0 の達成度や第三者機関の評価に基づくサステナビリティ評価を反映させて、持続的な企業価値の向上を経営陣に動機づける報酬体系としました。…

出所：オムロン株式会社「統合レポート 2018」67 頁

第3編　価値創造ストーリーを伝える統合報告書の作成実務

（イ）味の素株式会社「味の素グループ統合報告書 2018」

　財務につながる指標（うま味調味料、など）を具体的に分解しており、各々につながる非財務の指標や社会価値まで具体的に掘り下げている。

図表 3-1-27　価値創造ストーリーに非財務指標と財務指標が結合している事例

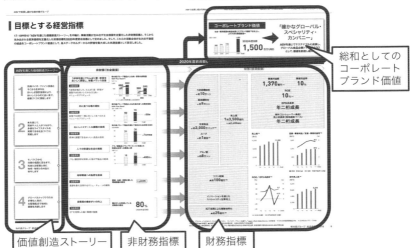

出所：味の素株式会社「味の素グループ統合報告書 2018」8-9 頁

（ウ）MS&AD インシュアランスグループホールディングス株式会社「MS&AD 統合レポート 2018」

　第2編第2章2の図表 2-2-8 で紹介したように、グループの修正利益の目標達成に貢献できる指標を詳細に分解し、具体的な取り組みや関連事業を明示している。

第1章 統合報告概論

3 価値創造ストーリーにかかわるその他の重要事項

(1) マテリアリティ

　日本企業の統合報告書における情報開示のポイントの1つとして、マテリアリティ（重要課題）の開示がある。マテリアリティは元々、CSR報告書やサステナビリティレポートにおけるGRIスタンダードを参考にした、主にESGテーマに関する開示であったが、近年統合報告書でも開示が行われるようになってきた。マテリアリティとして特定された社会課題に関連するESGテーマを統合報告書で開示し、マテリアリティ以外のテーマはCSR報告書、サステナビリティレポート、Webサイトにて開示する傾向がみうけられる。本項ではマテリアリティの必要性・定義、日本企業のマテリアリティ開示の現状、そして課題について言及する。

ア　マテリアリティの必要性・定義

　近年、マテリアリティが注目されてきた理由の1つには、企業を取り巻く外部環境の変化が挙げられる。特に気候変動（地球温暖化）による地球の持続可能性について、国連をはじめとする国際機関のみならず、金融システムの不安定化を懸念する金融機関が強い危機感を持つようになり、2006年に国連責任投資原則（PRI）が策定された影響が大きい。

　PRIは当時の国連事務総長であったコフィ・アナン氏が世界の大手機関投資家グループに対して行った責任投資推進のための原則策定の呼びかけを契機として、大手機関投資家の協力により策定された。PRIは年金基金や運用会社等の機関投資家がESG課題の投資への影響を理解し、ESG要因を投資の意思決定に組み込むことを促進するものである。

　我が国においては、年金積立金管理運用独立行政法人（GPIF）が2015年10月にPRIに署名し、本格的にESG投資を開始すると共に、企業に非財務情報の開示拡充を求めたことが大きい。また、2015年6月に適用が開始されたコーポレートガバナンス・コードにおいても、「上場会社は、会社の財政状態・経営成績等の財務情報や、経営戦略・経営課題、リスクやガバナンスに係る情報等の非財務情報について、法令に基づく開示を適切に行

167

第3編　価値創造ストーリーを伝える統合報告書の作成実務

うとともに、法令に基づく開示以外の情報提供にも主体的に取り組むべきである」と企業に非財務情報開示の拡大を要請した。

　しかしながら、企業が関係するサステナビリティ課題は数が多く、内容も多岐にわたるため、経営資源の制約上、その対応には限界がある。したがって、企業として、自社が対応すべき経営課題をマテリアリティとしてどのように検討し、選定したのかという判断根拠を示し、今後どのように対応していくのかを情報開示することは、機関投資家を始めとするステークホルダーにとっては重要な関心事項である。

　マテリアリティという用語は、様々な情報開示のフレームワークで用いられており、その定義も異なる。現状、日本企業の統合報告書では GRI スタンダード（The GRI Sustainability Reporting Standards）に基づいたマテリアリティの開示が大半を占める。統合報告に関する IIRC 国際統合報告フレームワーク（The International Integrated Reporting Framework）においてもマテリアリティは定義されている（エ(イ)参照）。

イ　日本企業におけるマテリアリティ開示の現状

　以下では、日本企業の統合報告書上のマテリアリティ開示の現状を、具体的な企業の統合報告書での事例を用いながら説明する。

(ア)　**日本郵船株式会社「NYK レポート 2018」**
　――中期経営計画に自社グループの重要課題（マテリアリティ）を組み込んだ事例

　大手海運会社である日本郵船株式会社は 2013 年度と比較的早い時期から統合報告書の作成に取り組んできた。当年度のレポートでは当社グループの企業戦略と、その基盤である CSR 活動について、グループの事業活動全般をよりわかりやすく伝えることを作成目的としている。2018 年 3 月に公表した新中期経営計画「Staying Ahead 2022 with Digitalization and Green」において、ESG を経営戦略に統合し、当社グループの重要課題（マテリアリティ）が「安全」「環境」「人材」であることを再定義した。NYK レポート2018 では、経営戦略の中に経営課題が含まれていることを明記した上で、後述の頁にて選定した 3 つの重要課題について、それぞれの課題、取り組みを、図解を用いてわかりやすく記載している[46]。

第 1 章　統合報告概論

図表 3-1-28　NYK グループの重要課題（マテリアリティ）

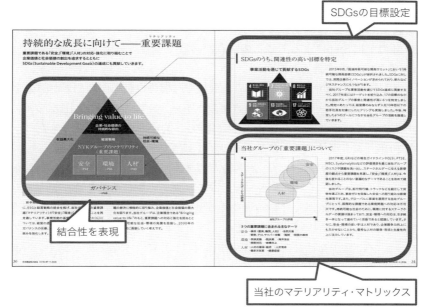

出所：日本郵船株式会社「NYK レポート 2018」30-31 頁

(イ)　株式会社丸井グループ「共創経営レポート 2018」
　　——経営者による統合思考を反映したインクルージョン視点による重点テーマの特定事例

　すでに第 2 編第 2 章 1 で紹介したとおり、小売事業、フィンテック事業の持株会社である同社は、2015 年より統合報告書の発行をスタートし、2017 年までの 3 年を一区切りとして制作してきた。4 年目である「共創経営レポート 2018」制作にあたっては、ステークホルダーに何をお伝えするべきか、青井社長を中心に、経営企画部、IR 部、財務部、サステナビリティ部、ESG 推進部、総務部からなるプロジェクトチームで議論を重ね、「丸井グループのコアバリュー」を中心に据えて編集している。創業以来脈々と受け継がれてきたコアバリュー「信用の共創」が、丸井グループの現在のビ

---

46)　日本郵船株式会社「NYK レポート 2018」30 頁。

169

第3編 価値創造ストーリーを伝える統合報告書の作成実務

ジネスや未来のビジネスにどうつながっているのかを様々な角度から表現している。同社のマテリアリティの特徴は、その設定プロセスに代表執行役員である青井社長が深く関与していることである。共創経営レポート2018の中にStep 3として以下の記載がある。

『経営レベルでの議論と決定

　代表執行役員がリーダーを務める会議で、関係役員・関係部署が議論を重ね、「インクルージョン」の視点で重点テーマを4つに決定。主管部署をサステナビリティ部・ESG推進部に定め、「共創サステナビリティレポート2016」およびサステナビリティサイトにて公表。』[47]

　特定された重点テーマは、お客さまのダイバーシティ＆インクルージョン、ワーキング・インクルージョン、エコロジカル・インクルージョン、共創経営のガバナンス（＝ステークホルダーインクルージョン）である。同社はすべての人が取り残されることなく「しあわせ」を感じられる、インクルーシブで豊かな社会をめざし、2016年11月に「インクルージョン（包摂）」視点で4つの重点テーマを定めた。インクルージョンには、これまで見過ごされてきたものを包含する・取り込むという意味があり、国連のSDGsの理念と同じ方向性を示すものである。同社は、すべてのステークホルダーとの共創により、この目標達成に向けて積極的に取り組んでいる。

　(ウ)　シスメックス株式会社　「シスメックスレポート**2018**」

　医療機器メーカーである同社は、ステークホルダーに同社の中長期的な価値創造について理解してほしいという思いから、2016年3月期（2015年度）より、財務・非財務情報を簡潔にまとめた統合報告書を作成している。シスメックスレポート2018は、同社の価値創造ストーリー「検査・診断を通して人々の豊かな健康社会を実現するために、シスメックスは、創立以来、50年にわたり新しい価値の創造に取り組み続けきた」についてを、シスメックスのあゆみ、経営資源、価値創造ストーリー、マテリアリティでストーリー付けて記載している。

　同社のマテリアリティは価値創造を支える位置付けであり、優先的に取り組むべきCSR課題（マテリアリティ）を特定し、アクションプランに展開

---

47)　株式会社丸井グループ「共創経営レポート2018」31頁。

第1章　統合報告概論

していることがその特徴である。特にマテリアリティ、主な取り組み、自社へのインパクト、ステークホルダーへの提供価値、関連するSDGsを表形式で記載しており、理解しやすい記述となっており、これからマテリアリティの特定を行う企業にとって参考になる事例である。かつマテリアリティの選定プロセスはWebサイト上に詳細に記載されており、統合報告書とWebサイトの開示のすみ分けがされている（http://www.sysmex.co.jp/csr/management/materiality.html）。

図表3-1-29　シスメックスの価値創造

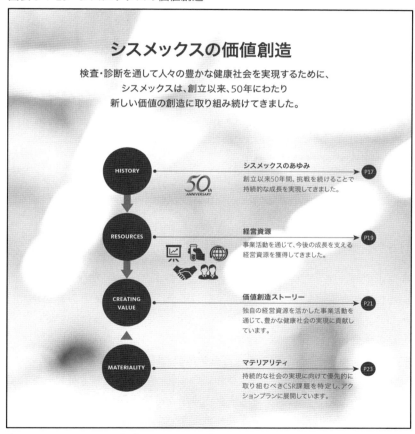

出所：シスメックス株式会社「シスメックスレポート 2018」16頁

171

第３編　価値創造ストーリーを伝える統合報告書の作成実務

図表 3-1-30　持続的な成長を支えるマテリアリティの取り組み

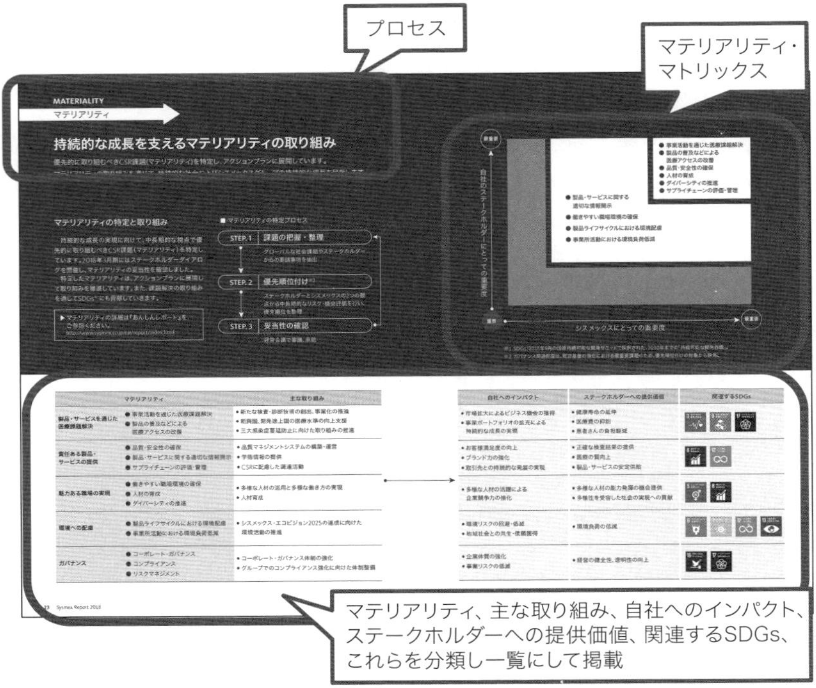

出所：シスメックス株式会社「シスメックスレポート 2018」23–24 頁

ウ　日本企業におけるマテリアリティ開示の課題

　開示上の課題として、統合報告書上にマテリアリティの開示が行われていない事例が数多く見受けられる。その場合、従来、CSR 報告書やサステナビリティレポート上で開示していた ESG の取り組みを列挙していることが多いため、経営戦略とサステナビリティとの情報の結合性に乏しく、アニュアルレポートと CSR 報告書を合体した印象を受けることが多い。

　また、マテリアリティは開示されているが、特定プロセスが記載されていない事例もあり、自社が対応すべき重要な経営課題を当該企業がどのように検討・選定したのかという判断根拠が示されていないため、マテリアリティ自体の合理性、説得性に乏しい（別途 Web サイトにて特定プロセスを

172

開示している場合には Web サイトへのリンクを明記することが望まれる）。

　特定されたマテリアリティの開示についても、その開示が一般的、抽象的な記載にとどまっており、自社の具体的な取り組みが記載されていない事例が見受けられる。例えば、地域社会との共生、ガバナンスの充実、地球環境への配慮といった粒度で開示し、具体的な取り組みが記載されていない事例である。抽象的な記載であると、企業が対応すべき経営課題についてステークホルダーが理解することが困難になろう。

　また、マテリアリティが特定され自社の取り組みが記載されていても目標や実績といった KPI の開示に乏しい事例が多い。ステークホルダーに企業の経営課題の対応の進捗状況を説明するためにも可能な限り KPI の開示に取り組むことが望まれる。

　日本企業においては、形式的な情報開示にとどまることなく、マテリアリティとして自社が対応すべき経営課題を当該企業がどのように検討・選定したのかという判断根拠と、今後どのように対応していくのかについて、ステークホルダーにわかりやすく情報開示していくことが今後の課題である。

エ　各フレームワークにおけるマテリアリティの紹介[48]

㋐　GRI スタンダード（**The GRI Sustainability Reporting Standards**）

Global Reporting Initiative（GRI）は、サステナビリティに関する国際基準の策定を使命とする非営利団体であり、2016 年 10 月には最初のグローバルな持続可能性報告の「基準」となる "The GRI Sustainability Reporting Standards"（以下、「GRI スタンダード」という）を公表した。

マテリアリティについては、GRI 101：基礎の中で以下定義されている。

マテリアリティ（Materiality）

1.3　報告書は、次に該当する項目を記載しなければならない。

1.3.1　報告組織が経済、環境、社会に与える著しいインパクトを反映している項目、または

---

48)　日本公認会計士協会「経営研究調査会研究報告第 61 号　サステナビリティ報告におけるマテリアリティに関する現状と課題―効果的な ESG 情報開示に向けて―」（2018 年 2 月 9 日）。

第３編　価値創造ストーリーを伝える統合報告書の作成実務

> 1.3.2　ステークホルダーの評価や意思決定に対して実質的な影響を及ぼす項目

　また、GRI101 1.3の図では参考としてマトリックスが例示されている。当該マトリックスを参照していると思われる日本企業が多く見受けられる。

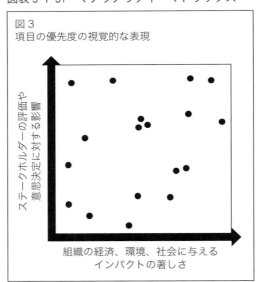

図表3-1-31　マテリアリティ・マトリックス

出所：GRI「GRI 101：基礎」11頁より

(イ)　**IIRC 国際統合報告フレームワーク（The International Integrated Reporting Framework）**

　IIRC国際統合報告フレームワークにおけるマテリアリティは、企業の価値創造に対する重要性という意味で定義されている。

> マテリアリティの定義
> 統合報告書は、組織の短、中、長期の価値創造能力に実質的な影響を与える

> 事象に関する情報を開示する。(IIRC フレームワーク日本語訳 20 頁 3.17)。

(2) トップメッセージ

ア　トップメッセージの重要性

　経営トップがどのような「思い」をもって経営方針を定め、またどのような姿勢で日々の意思決定に臨んでいるのかを知ることは、企業の中長期的な価値創造ストーリーを理解する上で極めて重要である。また、経営者が自ら経営について語る言葉は、経営戦略の実現へ向けた経営陣のコミットメントの強さを読み手に伝える手段となりうる。そのため、投資家は、トップメッセージの開示を強く重視している。これらの内容を伝えるため、ほとんどの統合報告書では、経営者からのメッセージ(「トップメッセージ」)が掲載されている（後記イ参照）。また、統合報告書の登場以前を振り返ってみても、アニュアルレポートの作成実務において、トップメッセージの掲載は半ば当然視されていた。

　なお、IIRC フレームワークで掲載が推奨されている「内容要素」のうちには、トップメッセージは含まれていない。また、経済産業省の価値協創ガイダンスにおいても、同様に含まれていない。このように、フレームワークおよびガイダンスと統合報告書の作成実務との間で掲載する項目の内容に乖離が生じる理由は、前者は「伝えるべき内容」を項目ごとにまとめたものであるのに対して、後者では、トップメッセージは経営に対する姿勢をトップが自らの言葉で示すという「伝達方法」に着目して独立した項目と位置付けられていることに起因するものといえよう。そのような観点をも踏まえつつ、IIRC フレームワークでトップメッセージと関連する箇所を挙げるとすれば、「ガバナンス責任者は、組織の戦略、ガバナンス、実績及び見通しがどのように長期にわたる価値創造につながるかについての最終的な責任を有する。ガバナンス責任者は、統合報告書の作成と表示に関する効果的なリーダーシップと意思決定を確保する責任がある。(以下略)」[49]

---

49)　IIRC フレームワーク日本語訳 24 頁指導原則「信頼性」24 頁 3.41。

第3編　価値創造ストーリーを伝える統合報告書の作成実務

という点が、統合報告書で示した経営戦略等が企業の長期的な価値創造に
どのようにつながるかについての経営者のコミットメントの必要性を示唆
していると解釈することができよう。また、価値協創ガイダンスで求めら
れている「価値観」の章の「1.1　企業理念と経営のビジョン」の開示は、
当該発行体の経営者が自らの言葉で伝えるべき開示項目であるといえよ
う[50]。

イ　日本企業の統合報告書における「トップメッセージ」開示の傾向

(ア)　開示の有無

　2018年10月末までに発行されている直近年度の日本企業の統合報告書、
および財務・非財務情報を開示していると認められるアニュアルレポート
等のうち361社分を調査したところ、タイトルは様々であるものの360社
が経営トップのメッセージを開示していた。また、120社が併せてCFOあ
るいは財務担当責任者のメッセージを掲載していた。トップメッセージに
割く頁数としては、4頁以上を割く企業が大半である一方で、1、2頁の企
業が1割弱、また半頁程度の「ご挨拶」にとどまる企業が数社みられた。
統合報告書の分量にもよるものの、統合報告書においてトップメッセージ
に期待される役割（前記ア参照）に照らせば、それ相応の分量の記載が期待
されている。

(イ)　構成

　トップメッセージの体裁は、いくつかのテーマに沿って経営者が語るモ
ノローグ形式、もしくは、Q&A形式の大きく2つに分けられる。いずれの
形式をとる場合であっても、前年の統合報告書や他媒体で開示した文章を
ほぼ踏襲したと思われる文章と、経営者の「今の思い」が肉声として明ら
かに伝わってくる文章との間に大きな差がみてとれる。読み手にとって、
統合報告書の作成およびその内容に対するトップのコミットメントの強弱
もしくはトップの関与度の高低をうかがい知ることができる結果となって
いる。

---

50)　図表3-2-5参照。

また、最近の傾向としては、トップメッセージの一環として経営トップと社外取締役や社外有識者との対談を統合報告書に掲載する企業も現れている。この方式をとると、経営者が一人で語る場合とは異なる角度で経営者の考え方が表現されることになり、極めて興味深い試みといえる。他方で、対談の過程で話題が特定の事項に集中したためか、トップメッセージから読みとるべき価値創造ストーリーが描き切れていなかったり、トップメッセージの項目で言及することが期待される内容が足りていない場合も散見される。このような場合において、ストーリー性や必要な要素を確保することを目的としてか、通常のトップメッセージと対談形式を両方掲載するなどの工夫をする企業もみられた。

　(ウ)　内容

　開示例をみると、業績概況や新年度の取り組み、中期経営計画を公表している企業ではその進捗などの財務情報、株主を含むステークホルダーへのメッセージなどの内容がトップメッセージで記載されていることが多い。非財務情報については、多くの開示例で、ダイバーシティ、働き方改革、育成方針といった人材に関連する方針や取り組みへの言及が見られた。他方で、社会課題については、SDGsへの言及や社会貢献への配慮など抽象的で具体性に乏しい言及にとどまる開示例が過半を占めていた。また、「株主還元」について、大半の企業がなんらかの言及をしている一方で、投資家のニーズが高い財務戦略（資本戦略）についてはトップメッセージで明確かつ具体的に言及している開示例に、CFOメッセージの項目で言及する例を加えても全体の半分に満たなかった。価値協創ガイダンスや2018年の改訂コーポレートガバナンス・コードで開示が要請されている「資本コストへの配慮」については、2018年発行の統合報告書のトップメッセージで言及している企業が散見されるものの、まだまだ少数派の域を出ない状況であった。

ウ　日本企業の統合報告書における「トップメッセージ」の課題と改善の方向性

　トップメッセージにおける課題としては、大きく以下の2つが挙げられる。

第3編　価値創造ストーリーを伝える統合報告書の作成実務

・トップ自らのコミットメントを感じさせる、臨場感のある、トップ自身の言葉によるメッセージとなっているか
・年度業績の報告にとどまらない、中長期的な自社の持続的な成長や価値創造ストーリーについて、財務情報のみならず非財務情報を含めた経営戦略に基づき語っているか

　トップメッセージに対する投資家の注目度は、他の項目と比較しても相当高い。特に、現在は企業の株式を保有していない等の理由から、トップと直接対話をする機会の乏しい投資家にとって、トップメッセージは経営者の考え方を知る貴重な手がかりとなる。しかしながら、現状の開示例では、定型の挨拶文や、既存の開示文章の焼き直しの域を出ないメッセージが掲載されている企業が数多くみられている。可能な限り、毎年の統合報告書の作成に際して、そのタイミングでの経営者の「思い」や戦略に対する考え方の変化などを、あらためてメッセージとして引き出すことが望まれるゆえんである。このためには、統合報告書の作成の最初の段階から、制作担当者が統合報告書を作成する意義や狙いを経営陣と共有し、トップメッセージの重要性について理解を得ておくことが極めて重要である。また、投資家が期待する「トップ自らの言葉によるメッセージ」の実現に向けて、取材経験の豊かな外部インタビュアーを活用することも一案である。

　トップメッセージのコンテンツとしては、前述したように、業績報告、新年度あるいは中期の経営戦略、ESG要素への考え方、株主還元政策、ステークホルダーへのメッセージなどが一般的に掲載されている。しかし、統合報告書と、従来のアニュアルレポートや年次報告書との差異は、何よりも、中長期的な視点での自社の価値創造ストーリーを伝えることを目的とする点にある。中長期的な企業の持続可能性と、価値創造の継続性を読み手に伝えるには、過去の企業活動の結果である財務情報に加えて、将来の企業のあり方に影響を及ぼす非財務情報を効果的に伝えることが不可欠となる。その伝達にあたって、中長期的に自社の事業にインパクトを及ぼす社会的課題をどのように認識しており、そこにどのようなリスクと機会があり、それに対応して、自社が将来あるべき姿に向けてどのような戦略を実行しようとしているかを、トップが自らの言葉で、いわば「価値創造ストーリー」の縮図として語ることは、極めて有効である。

第1章　統合報告概論

　したがって、トップメッセージのコンテンツの検討に当たっては、そもそも、それに先立つ価値創造ストーリーの構築が必須であり、それに続いて、個々のコンテンツについて経営者自らが優先順位の確認を行うことが望ましいといえよう。

統合報告のさらなる充実へ向けた視点・取り組み

1　はじめに

　企業を取り巻く環境は刻一刻と変化している。2015年に、フランスのパリで開催されたCOP21（国連気候変動枠組条約第21回締約国会議）においてパリ協定が採択され、同年の国連サミットでは「持続可能な開発のための2030アジェンダ」が採択され、同アジェンダには2016年から2030年までの国際目標として持続可能な開発目標（SDGs）が記載された。持続可能な社会に向けたこれら2つの大きな動きは、金融業界の活動にも影響を及ぼし、ESG投資などの長期的な視点に基づいた資金の流れとなって企業活動にも影響している。企業にとってはその価値創造を通じて持続可能な社会への貢献について投資家を含めたステークホルダーに伝える手段の1つが統合報告である。統合報告書に含める要素は前章で説明したとおりである。
　一方で、日本でも2019年1月31日に「企業内容等の開示に関する内閣府令」の改正が施行され、制度開示においてもより企業の価値創造に関連する具体的な項目が増えている。統合報告書を含む企業報告は、単なる業績の報告から、持続可能な社会に向けてステークホルダーが企業と対話するための素材としての役割を担う目的がより明確になってきた。本章では、こうした最近の潮流に基づき、統合報告が今後どう変化し、充実していくべきか、読み手が理解するためのポイントを提供する。

2　各報告書の果たす役割・境界／時間軸を考慮した情報開示——財務情報から企業価値情報へ[1]

　企業の持続可能な成長を支える中長期視点の投資家（以下、「中長期投資家」という）は、企業の持続的成長の可能性について財務情報を基に、当該財務情報に重要な影響を及ぼしうると考えられる非財務情報を加味して投

---

[1]　塩瀬恵「ESG開示上手な伝え方 第3回 仕入先情報で「強み」を語る」企業会計2017年6月号115-119頁。

資判断を行う。中長期投資家が非財務情報を加味する理由の1つに、投資判断における時間軸のとらえ方がある。中長期投資家が投資判断を行う際に、財務情報だけでは把握できない企業の実像や、将来像に関連する情報が必要になり、それが非財務情報から把握できる可能性がある。非財務情報には様々な情報が含まれるが、それを環境（E）・社会（S）・ガバナンス（G）という観点で区分した情報がESG情報になる（図表3-2-1を参照）。

図表3-2-1 投資家と企業情報の関係

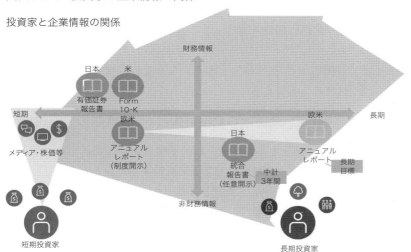

　非財務情報には、「一見すると企業価値と関係がないと思われる情報の中に、持続的成長にとって管理すべきリスクや、必要な経済的利益の源泉を見出すプロセスが含まれる。」[2]。価値創造ストーリーを語る上で必要なのは、この非財務情報がどう財務情報に関連するのかを示すことである。非財務情報における「必要な経済的利益の源泉を見出すプロセス」を、具体的に英国の大手スーパーマーケット、WM Morrison Supermarkets PLC

---

2) 2017年1月に環境省の「持続可能性を巡る課題を考慮した投資に関する検討会（「ESG検討会」）」より公表された「ESG投資に関する基礎的な考え方」（http://www.env.go.jp/policy/kinyu/rep_h2901.pdf）の27頁。

第 3 編　価値創造ストーリーを伝える統合報告書の作成実務

（モリソン社）によるステークホルダー（仕入先）との関係についての情報開示の取り組みを題材として概観する。

　モリソン社の取り組みとは、2017 年 1 月に英国財務報告評議会（Financial Reporting Council、以下「FRC」という）の財務報告ラボ[3]が事例研究として取り上げたもの[4]で、具体的には以下の 2 点の情報開示についてである。

- ・commercial income[5]（財務情報）：英国のスーパーマーケット業界における commercial income の報告、特にモリソン社が採用した方法について
- ・仕入先との関係（ESG 情報のうちの S（社会）情報）：仕入先との関係についてより広範に報告・開示することと、ビジネスモデルへのつながりを示すこと

　まずは、財務情報と ESG 情報との関係を企業の情報開示におけるそれぞれの位置付けから整理する。

(1)　企業の情報開示における財務情報と ESG 情報の位置付け

　財務情報と ESG 情報との関係を一般的な情報開示の配置から整理した場合、財務情報に含まれるのは財務諸表と財務諸表注記からなる「財務諸表情報」と「財務諸表外情報」に整理することができる。「財務諸表外情報」は、財務諸表を補足したり補完したりするナラティブ（記述）情報のことであり、「MD&A（経営者による討議と分析）」（米国 SEC 規則）、「戦略報告書（Strategic Report）」[6]（英国 2006 年会社法）、「経営者としての説明」（国際財務報告基準実務記述書）などに含まれる情報が該当すると考えられる。ESG 情報は、企業の環境・社会・ガバナンスの情報であり、その情報範囲は財務

---

3)　財務報告ラボは、英国の企業報告の有効性を高めるために財務報告評議会により、2011 年に設置された。なお、日本でも 2012 年 7 月、経済産業省に企業報告ラボが設置され、「伊藤レポート」プロジェクトの母体となった。

4)　"Lab case study report：WM Morrison Supermarkets PLC Supplier relationships and emergent issues reporting"（https://www.frc.org.uk/FRC/media/Documents/January%202017/Lab-report-WM-Morrison-Supermarkets.pdf）

5)　commercial income は販売奨励金、リベート、仕入割戻など、小売業者が契約に基づいて仕入先から受け取る金額など。

6)　戦略報告書はアニュアルレポートを構成するもので、財務諸表に関連する情報を提供し、主に企業のビジネスモデル、戦略、目標等が含まれる。

情報よりも広範になる。日本では、2019 年 3 月に金融庁から公表された「記述情報の開示に関する原則」が対象とする情報領域と符合すると考えられる。

(2) モリソン社による情報開示の取り組み

ア　モリソン社について

モリソン社は、1899 年に、バターと乳製品の小売業者として英国のブラッドフォードで設立された。現在では約 500 店舗を展開する英国で 4 番目に大きなスーパーマーケットチェーンである。また、食料品のインターネット販売、生鮮食品の生産・輸送、魚介類の調理・提供、食肉の加工、パンの製造・販売、不動産投資・開発なども行っている。英国企業であるモリソン社は戦略報告書を公表している。

イ　英国財務報告ラボの事例研究の背景

英国財務報告ラボが、モリソン社の開示の取り組みを事例研究として取り上げた背景には、2014 年に生じた、ある英国の大手スーパーマーケットのリベート取引に絡む不正会計問題が関連している。スーパーマーケットのような小売業者が仕入先と行うリベート取引の形態は複雑である場合が多い。また小売業者は、仕入先に商品を販売する場所や機会を提供する立場であることから、取引において仕入先より優位なポジションになる場合が多い。不正な会計処理として問題になったのは、リベート取引に絡み、仕入先から受け取るリベートの処理を通じて利益が過大計上されたという点である[7]。一般的にアニュアルレポートによる開示では、従前からリベート取引に関する情報が限定的であったため、投資家はこうした不正な会計処理が、問題となったスーパーマーケットだけなのか、または業界全体の慣行となっているのかを判断できず、この限定的な情報開示が問題となった。これを受けて、FRC は小売業者に対して、仕入先との複雑な取り決めについては具体的に報告するように要請した[8]。FRC の要請により、モリ

---

7)　不正会計問題に関する詳細は前掲注 3) の財務報告ラボの事例研究レポートを参照のこと。

ソン社は、仕入先との取引に関する情報を包括的に開示するよう改善すると共に、財務報告ラボに投資家の反応についての調査を依頼した。そこで、財務報告ラボは、前述の2点について調査研究を実施することとした。調査は投資家にインタビューする手法で行われた。調査対象となった報告書は、FRCからの開示要請直後の年度（モリソン社は2015年2月1日終了事業年度（2015年度）[9]）のアニュアルレポートである。

ウ commercial income についての開示の拡充

以下は、モリソン社の戦略報告書または財務諸表注記における主な開示内容である。2015年度のアニュアルレポートと、2014年2月2日終了事業年度（2014年度）のアニュアルレポート[10]を比較することで、開示の拡充がどのように行われたかを確認する。

＜2014年度：（戦略報告書では記載なし）＞
・（財務諸表注記）小売業界において supplier income[11]が奨励金、リベート、割引の総称であることと、会計方針の説明

＜2015年度：＞
・（戦略報告書）CFO メッセージにおいて commercial income について株主に有用な情報を加えた旨を記載
・（戦略報告書）当期業績の説明（Review of year）の中で「開示の改善（Enhanced disclosure）」として、FRC の要請に従って、取締役会で commercial income についての情報の透明性を高めることを検討したこと、モリソン社における commercial income には何が該当するかの説明と前期・当期の金額など
・（財務諸表注記）commercial income の会計方針、その種類・内容・収益認識、未収収益についての貸借対照表上での区分。以下は「種類・性

---

8) "FRC urges clarity in the reporting of complex supplier arrangements by retailers and other businesses"（2014年12月8日公表）

9) http://www.morrisons-corporate.com/ar2015/pdf/Morrisons_AR_2014_Full.pdf

10) http://www.morrisons-corporate.com/Documents/Corporate2014/Morrisons_AnnualReport13-14_Complete.pdf

11) supplier income と commercial income は同じもの。モリソン社では2014年度まで supplier income としていた。

質・収益認識」部分の開示内容（抜粋）である。
（例）種類：実績に基づくリベート（Volume-based rebates）[12]
　　　内容：指定された販売量を達成することで、または特定の商品について指定期間内に仕入先が設定した条件を達成したことで受け取るリベート
　　収益認識：当期の実績、傾向、仕入先との契約条件により予想される販売量または購入量に基づき収益認識。リベートは仕入条件に従って請求し、見積もりから生じるリスクを最小にするため、請求する前に、仕入先と同意した年度末で認識する最終金額についての確認を仕入先から得る

　財務諸表注記では、2014 年度は commercial income の一般的な説明のみであったのに対し、2015 年度では会計方針だけではなく、モリソン社に生じる commercial income についての具体的な内容の説明も加わり、開示範囲が拡充された。特に、2015 年度では CFO メッセージや業績の説明においても commercial income について言及することで、モリソン社の経営陣が commercial income の開示を同社の課題として認識し、その改善に取り組んだことがわかる。投資家からも、レポートの前半にある CFO メッセージに説明があることで commercial income に関する情報が追加されたことを早い段階で認識できるなど、開示拡充後の情報は有用であるとのフィードバックがあった。

エ　仕入先との関係についての情報

　財務報告ラボの報告書によると、サプライチェーンにおける企業の影響は競争上の優位性として捉えられることがある一方で、アニュアルレポートで開示されるその情報や程度は企業ごとに異なるとされている。小売業者と仕入先との関係について、投資家による見解を理解するにあたり、財務報告ラボが投資家に質問したのは以下の 2 点である。

・仕入先との関係についての重要性
・スーパーマーケット・セクターにおける当該開示情報の質

---

12)　当該事例はモリソン社の 2015 年度アニュアルレポート 76 頁の commercial income の会計方針の volume-based rebates の項目を筆者翻訳。

第3編　価値創造ストーリーを伝える統合報告書の作成実務

　1点目について、投資家は、仕入先との関係は企業の成長能力をみる際に重要になり、持続的に成長する上での長期的なドライバーで、ビジネスモデルの中核をなすものであると考えている。2点目の開示についての投資家の見解は様々であり、2014年度のアニュアルレポートの情報量では小売業と仕入先との関係を理解するには十分ではないとの意見もあった。

　スーパーマーケットにとって、顧客のニーズに応えた品揃えを維持することが収益につながるため、仕入先との関係は重要になる。仕入先にとっても、自社の商品をスーパーマーケットの棚に置いて、販売してもらうことで収益につながるため、スーパーマーケットと良好な関係を構築することは重要になる。この両者の取引をスーパーマーケットの視点からみた場合、主に商品の仕入れ、仕入実績や商品の販促などにより仕入先から受け取るリベート取引になる。こうした取引は会計処理を通じて commercial income など財務諸表に数値となって表れるが、スーパーマーケットと仕入先との関係は財務諸表には表れない。しかし、この両者の関係を示す情報を長期的な視点でとらえると、冒頭の「必要な経済的利益の源泉を見出すプロセス」となり、財務情報を補完する情報とみなすことができると考えられる。モリソン社にとっても「仕入先」は重要なステークホルダーの1つである。仕入先との関係は同社のビジネスモデルにおいて重要なインプットであり、「社会・関係資本」[13]を構成する。モリソン社のアニュアルレポートでは、この仕入先との関係は戦略報告書の「ビジネスモデル」と「Relationships（関係）」の「Our suppliers（私たちの仕入先）」の項目で説明されている。

　「ビジネスモデル」では、モリソン社は「What we do」（事業活動部分）と「How we are different」（差別化要素）に分けてビジネスモデルを説明している。モリソン社で特徴的なのは、生産・輸送・販売までをほぼ自前で行うことができることであり、同社ではこれを垂直統合型（farm to fork：農場か

---

13)　IIRC フレームワークにおいて社会・関係資本とは「個々のコミュニティ、ステークホルダー・グループ、そのほかのネットワーク間又はそれらの内部の機関や関係、及び個別的・集合的幸福を高めるために情報を共有する能力」であり、その一例として「主要なステークホルダーとの関係性、及び組織が外部のステークホルダーとともに構築し、保持にと止める信頼及び対話の意思」が含まれる（IIRC フレームワーク日本語訳 13 頁 2.15「社会・関係資本」）。

第2章　統合報告のさらなる充実へ向けた視点・取り組み

ら食卓まで）のビジネスモデルと呼んでいる。こうしたモリソン社のビジネスモデルは同社独自のものであり、強みでもある。しかし、2015年度の開示内容は、「商品の品質を確保するため仕入先に高い製造基準を求める」といった他社と同程度の開示水準だったため、投資家からは同社の特徴が伝えきれていないとの指摘があった。2016年度では、農家や漁師から直接仕入れていること、自社工場等を保有しているといった他社と差別化できる点を強調することでモリソン社独特のビジネスモデルを伝える記載に大きく変わった。

　また、「Our suppliers」では、英国ビジネス・エネルギー産業戦略省が2009年に施行した小売業者に対する規制、「食料雑貨品供給に関する行動規約（Groceries Supply Code of Practice（コード）」を遵守していること、さらに、遵守するにあたってどういったことを実施しているかを具体的に説明している。その一例が、仕入先からの不公平取引（complaints）の件数、その対応・報告体制の説明である。例えば、2016年度のアニュアルレポートでは、コードに関連した不公平取引件数の大部分を仕入先と解決したこと、新たに9件の不公平取引の届けを受け、コード・コンプライアンス担当役員に通知したことなどが記載されている。仕入先と公正な取引を行っているということを、業界の規制を遵守していることで伝える一例であり、不公平取引の解決などモリソン社が仕入先と適切な関係構築に努めていることが理解できる。

オ　財務情報と ESG 情報との関係

　図表 3-2-2 は、長期的な視点から、前述の(1)で説明した一般的な情報開示の位置付けに、モリソン社の取り組みを含めて、財務情報と ESG 情報との関係を表したものである。財務情報である commercial income は短期的な情報である。こうした収益が持続的に生じるかは、ESG 情報である仕入先との関係が維持できるかによる。いい換えると、仕入先との関係構築ができないと、顧客のニーズに対応した品揃えができず、顧客が離れ、商品が売れず、その結果 commercial income も生じない。したがって、commercial income の計上額や会計処理のみならず、長期投資家は commercial income が持続的に生じるかを予測し、計上された commercial income は実

態に即したものかを判断する上で、仕入先との関係についての情報を利用することになる。このため、ESG情報も財務諸表外情報と同様に、投資判断に資する情報として財務諸表情報を補足・補完する情報と位置付けることができると、長期的な視点からは、財務諸表外情報とESG情報との間に情報の区分の境目はないかもしれない。一見すると企業価値とは関係ないと思われる仕入先との関係を、経済的利益の源泉として長期投資家は投資判断で利用する場合がある。

また、業界固有の慣習などに関連する財務情報については、会計方針の定型的な説明ではなく、モリソン社のcommercial incomeのように自社の実態に即して具体的に記載することで、ESG情報と財務情報との関連性を見出すことが可能になり、投資家は企業の実像を描くことができるようになると考えられる。

図表 3-2-2　情報の位置付け（長期的な視点）

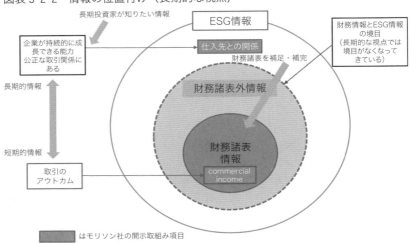

3 非財務情報をめぐる国際的なフレームワークの関係について

IIRC フレームワークは原則主義であり、具体的な測定などは他の確立されたフレームワークなどを参照することになる。そのため、IIRC は IIRC フレームワークがグローバルで活用されるように、様々な情報開示のフレームワーク設定主体と覚書を交わし、連携を図っている（図表 3-2-3 を参照）。

図表 3-2-3　IIRC を中心とした企業報告に関連する組織の関係図

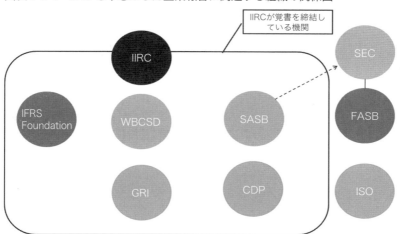

一方で財務情報以外の環境や社会の領域においては様々なフレームワークがあり、企業側としてはどれを活用すべきか悩ましいという問題がある。そうした中で、コーポレート・レポーティング・ダイアログ（Corporate Reporting Dialogue：以下「CRD」という）が、2014 年に IIRC の音頭取りにより設置され、サステナビリティ情報開示における主要な組織である GRI、SASB[14]、CDP[15]、CDSB[16]がメンバーとして参加している。会計基準設定主体の IASB[17]もメンバーとして参加しているが、FASB[18]はオブザーバー

---

14) SASB：Sustainability Accounting Standard Board 米国サステナビリティ会社基準審議会。

第 3 編　価値創造ストーリーを伝える統合報告書の作成実務

としての参加になる（図表 3-2-4 を参照）。

図表 3-2-4　企業報告ダイアログ

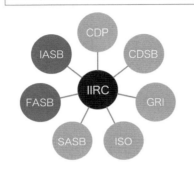

CRDに参加している企業報告に関連する組織

企業報告ダイアログ（Corporate Reporting Dialogue：CRD）は、マーケットによる企業報告のフレームワーク、基準、関連する規定間のさらなる統一性、一貫性、比較可能性についての要請に応えるために設計されたイニシアチブ

■2014年6月に立ち上げ

■2015年5月にLandscape Mapを公表。Landscape Mapは、CRDに参加しているレポーティング・イニシアチブの間の関連性を表すオンラインのマッピング・ツール
（http://corporatereportingdialogue.com/）

　2018 年に、CRD では、企業が、市場や社会の要請に対応した効率的で包括的な情報開示を行えるように、企業報告における様々なフレームワーク間の整合性を検討していく 2 年間のプロジェクトが開始された。このプロジェクトにおいては CRD メンバーの SASB、GRI、CDP、CDSB が TCFD の提言に対してそれぞれのフレームワークをマッピングし、指標（metrics）などは可能なところは整合させていく予定である。最初の成果物は 2019 年の第 3 四半期に公表され、主に以下が示される予定である。

・各報告フレームワークと TCFD 提言との紐づけ（linkage）
・各報告フレームワーク間の紐づけ
・非財務指標と財務上の影響（outcome）との関連
・TCFD 提言をどのようにメインストリームの報告書（アニュアルレポートなど）に組み込むかの説明

15）　CDP とは、2000 年に英国で設立された気候変動など環境分野に取り組む NGO であり、国際的な機関投資家との連携により環境影響を管理するためのグローバルな情報開示システムを運営。
16）　CDSB：Climate Disclosure Standards Board 気候変動開示基準審議会。
17）　IASB：International Accounting Standards Board 国際会計基準審議会。
18）　FASB：Financial Accounting Standards Board 米国財務会計基準審議会。

第2章　統合報告のさらなる充実へ向けた視点・取り組み

4　価値協創ガイダンスの活用[19]

(1)　価値協創ガイダンスとは

　2017年5月に経済産業省より「価値協創のための統合的開示・対話ガイダンス——ESG・非財務情報と無形資産投資」（以下「価値協創ガイダンス」という）が公表された。価値協創ガイダンスは、「企業価値向上に向けて、企業経営者と投資家が対話を行い、経営戦略や非財務情報等の開示やそれらを評価する際の手引となるガイダンス（指針）」[20]である。企業価値における無形資産の割合が増えていることは第1章で示したとおりであるが、また、前述の2「各報告書の果たす役割・境界」で説明したように非財務情報から企業価値に関連する情報も投資家が企業に期待している情報の範囲に含まれるようになってきた。

　「価値協創ガイダンス」は、上場企業の経営者には、「何を開示し投資家との対話につなげればよいか」、そして投資家には、「長期的な視点で投資する際の判断基準は何か」を示す。いわば企業と投資家の「共通言語」を定義したものである。「価値協創ガイダンス」における基本的な枠組みとして6つの項目が示されている。

(2)　価値協創ガイダンスの基本項目[21]

　価値協創ガイダンスは以下の6つの基本項目からなり、IIRCフレームワークの内容要素をより日本企業の文脈で整理したものである。

　・価値観（企業理念やビジョン等、自社の方向・戦略を決定する判断軸）

　・ビジネスモデル（事業を通じて顧客・社会に価値を提供し、持続的な企業価値につなげる仕組み）

　・持続可能性・成長性（ビジネスモデルが持続し、成長性を保つための重要

---

19)　塩瀬恵「〈業種別〉統合報告開示の傾向と対策」企業会計2018年3月号107頁。

20)　経済産業省「「価値協創のための統合的開示・対話ガイダンス」を策定しました—ESG・非財務情報開示と無形資産投資の促進—」(http://www.meti.go.jp/press/2017/05/20170529003/20170529003.html)。

21)　前掲注20)参照。

事項、ESG やリスク等）
・戦略（競争優位を支える経営資源や無形資産等を維持・強化し、事業ポートフォリオを最適化する方策等）
・成果と重要な成果指標（財務パフォーマンスや戦略遂行の KPI 等）
・ガバナンス

図表 3-2-5　価値協創のための統合的開示・対話ガイダンス　全体像

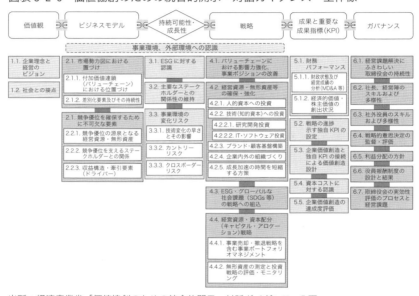

出所：経済産業省「価値協創のための統合的開示・対話ガイダンス」5 頁

5　SDGs との関連付け

　持続可能な開発目標（SDGs）とは、2015 年 9 月の国連サミットで採択された「誰一人取り残さない」持続可能で多様性と包摂性のある社会の実現のため、2030 年を年限とする 17 の国際目標である[22]。図表 3-2-6 のアイコンは万国共通のものであり、企業も持続可能な世界を実現するための重要

---

22)　外務省「「持続可能な開発目標」（SDGs）について」（2019 年 1 月）より引用。

なプレイヤーとして位置付けられている。つまり、持続可能な世界を実現するために企業がこの17の目標に配慮していることを示すことは、自社の商品やサービスがどのように持続可能な世界に貢献しているかが理解できるということになる。

図表 3-2-6　SDGs の 17 の目標

　一方、企業は、IIRCフレームワークに基づく関係を通じて、価値創造に対する持続可能な開発目標に向けた課題における、各企業にとっての重要性についての読み手の理解を深めることができる。これは、IIRCフレームワークにおける、6つの資本アプローチ、長期視点、結合性の指導原則、そして取締役会の関与の要請という特徴によるものである。
　以下は、IIRCフレームワークで示す6つの資本とSDGsの17の目標とを対応させたものである。財務資本は14の目標、製造資本は10の目標、知的資本は9の目標、人的資本は12の目標、社会・関係資本は17すべての目標、自然資本は9の目標に関連する。図表3-2-7はそれぞれの内訳を示す[23]。

第3編　価値創造ストーリーを伝える統合報告書の作成実務

図表 3-2-7　6 つの資本と SDGs 17 目標との関係

	1	2	3	4	5	6	7	8	9	10	11	12	13	14	15	16	17
財務資本			✓	✓	✓	✓	✓	✓	✓	✓	✓	✓	✓	✓	✓		✓
製造資本		✓									✓	✓	✓	✓			✓
知的資本			✓			✓	✓			✓		✓	✓	✓		✓	✓
人的資本			✓	✓	✓	✓	✓					✓	✓	✓	✓		✓
社会・関係資本	✓	✓	✓	✓	✓	✓	✓	✓	✓	✓	✓	✓	✓	✓	✓	✓	✓
自然資本		✓				✓	✓				✓	✓	✓	✓	✓		✓

　事業を IIRC の 6 つの資本で整理した場合、図表 3-2-7 に基づいてそれぞれの資本がどのようなアウトカムにつながるかを SDGs と紐づけて整理することが可能になる。次項では、そのうちの人的資本について、具体的なガイダンスの利用を通じてどのような要素を報告書で説明するかを紹介する。

⑴　人的資本について[24]

　ESG 投資や、持続可能な開発目標（SDGs）といったグローバルな動きは、日本企業に、本業を通じてどのように社会へ貢献しているかを説明する要請が高まっている。例えば、先ほども取り上げた、米国大手運用会社ブラックロックの最高経営責任者のラリー・フィンク氏は、同社の投資先企業へ毎年送る書簡の中で、取締役会における、株主を含むステークホルダーへの貢献についての議論の必要性を示している[25]。

　こうした貢献を説明する際に必要な情報の 1 つとして、人的資本が挙げられる。第 3 編第 1 章 2 ⑺の ESG（社会）の項では、人的資本について IIRC フレームワークに基づく概念の整理と統合報告書の実例を紹介したが、本

---

23)　Carol A. Adams "The Sustainable Development Goals, integrated thinking and the integrated Report" 2017 年 9 月、IIRC and ICAS 14 頁の図表 "Aligning the SDGs with the value creation process" を基に筆者作成。

24)　塩瀬恵「英国A4Sのガイダンスにみる　人的資本報告の考え方」企業会計 2018 年 7 月号 111-117 頁。

25)　「ブラックロック、日本企業 450 社に書簡」日本経済新聞 2018 年 2 月 28 日付電子版記事。2018 年には約 450 社の日本企業に送付された。

項では別の手法での開示アプローチを紹介する。

　人的資本とは、「人々の能力、経験及びイノベーションへの意欲」[26]であり、企業の見えない資産である。企業は、働き方改革に取り組む中、人的資本に対する考え方、人材戦略を示す必要性は高まっている。人的資本を企業がどのように考え、意思決定に結び付け、情報開示するかを、英国のThe Prince's Accounting for Sustainability Project（以下「A4S」という）[27]が公表した「A4S Essential Guide Series：Social and Human Capital Accounting」[28]を紹介する。

(2)　A4S による人的資本のガイダンス

　今までに、6つの領域のガイダンスが公表されている。本項ではそのうちの、社会・人的資本についてまとめられた「ESSENTIAL GUIDE TO SOCIAL AND HUMAN CAPITAL ACCOUNTING」（以下「ガイダンス」という）をもとに、企業経営の文脈でどのように人的資本を考えればよいか、そして意思決定プロセスにおいてどのように反映し、人的資本の情報をどのように開示するかを説明する。ガイダンスは経理財務担当者向けではあるが、企業の価値創造に人的資本を関連付ける際に、財務との関係を理解することは欠かせないことから、このガイダンスは人事やCSR担当者等、経理財務以外の担当者にとっても有用である。まず、ガイダンスで説明されている、どのように経営の意思決定プロセスに人的資本の情報を反映するか、その手順について説明する。

　ガイダンスでは人的資本を、「組織の成功に貢献する、従業員およびバリューチェーンの関連者の知識、技術、特性」[29]と定義している。この定義を検討する際には前述のIIRCフレームワークの定義も参照され、同フレームワークの定義（能力、知識、意欲）と大きく異ならない。いずれの定義においても、人的資本は「見えない資産」であり、組織やステークホルダーへの影響を具体的に示すことは、財務資本、製造資本、自然資本といっ

---

26)　IIRC フレームワーク日本語版 13 頁 2.15 項。

27)　A4S の HP は https://www.accountingforsustainability.org/en/index.html。

28)　https://www.accountingforsustainability.org/social-and-human-capital。

29)　ガイダンスの 5 頁。

第3編　価値創造ストーリーを伝える統合報告書の作成実務

たその他の資本と比べて難しい。

　ガイダンスでは、まず、現在の意思決定プロセスを理解することからはじめる。そして、事業や社会へのアウトカムを高める上で、意思決定プロセスにおいて有用な人的資本の情報の種類を判断するという手順を提案している。つまり人的資本のどのような情報を開示すればよいかからはじめるのではなく、社内の現状理解からはじめるのである。これは、意思決定のプロセスは企業の業種や組織文化に大きく左右されることから、既存のプロセスを十分に理解することが重要になると考えられる。

　さらに、日常の現場においても企業の考え方が共有されていることが不可欠になる。つまり、意思決定に必要な情報ニーズの優先付け、データおよび情報の分析、経営情報の設計・準備・伝達、情報システムの監視・責任といった領域においては、単独の部門ではなく組織全体での取り組みになる。人的資本の情報の場合、人事部やCSR部門のみで取り扱う情報として捉えるのではなく、企業全体の情報として捉える。そうすることで、企業にとって重要な人的資本に係る課題であれば、取締役会で議論され、経営で意思決定され、その結果、課題に取り組むことで生産性が高まり、収益が上がるといったアウトカムに結び付くことが期待される。英国のエネルギー会社、Scottish and Southern Energy Plc.（以下、「SSE」という）のCFOであるGregor Alexander氏は、「人的資本を評価することで、従業員（our people）についての考え方が変わった。生産性を上げて、持続可能な労働力を確保しながら、従業員を個々に開発するといった考え方に変わった。」と述べている[30]。

　ガイダンスでは、社会・人的資本に関する会計における事業上のベネフィットとして以下の5つを挙げている。

　　・ソーシャルライセンス（license to operate）の強化
　　・新しく生じるリスクへの積極的な管理・対応
　　・評判が上がる、維持する
　　・コストの削減
　　・新しい市場や機会の特定・調査

---

30)　ガイダンスの10頁。

第2章 統合報告のさらなる充実へ向けた視点・取り組み

(3) 意思決定で人的資本を考える3つのステップ

人的資本の情報を把握し、意思決定に反映するプロセスは、次の3つの
ステップからなる。

ア「範囲（Scope）」

イ「測定と評価（Measure and Value）」

ウ「結果の評価と利用（Evaluate and Apply）」

以下より各ステップについて説明する。

ア 範囲（Scope）

範囲（Scope）[31]のステップでは、どの人的資本の要素が、事業上の意思
決定に最も関連性があるかを以下の順番で判断する。

(ア) 境界の特定（Boundaries）

(イ) 重要性の決定（Materiality）

(ウ) 完全性の確認（Completeness）

(ア)「範囲（Scope）」のステップの中で、最初に行う「境界の特定
（Boundaries）」[32]とは、人的資本の情報のどこまでを評価の対象とするかそ
の境界を決めることである。まず、組織の説明責任、支配、影響力を考え
て、事業、バリューチェーン、時間的・地理的にどこまでを対象とするか
その境界を決定することから始める。対象とする境界を決めることで、人
的資本の情報の範囲が、意思決定者の情報ニーズに対応しているかを明確
にすることができる。境界を決める際に、以下を考慮する。

・意思決定の対象：人的資本を評価するのは、組織全体、個々の事業部
　門、プロジェクトまたは製品のどの意思決定においてか（図表3-2-8の
　ステップ1）

・バリューチェーン：製品・サービスの利用から生じる影響や依存につ
　いては、バリューチェーン全体（川上からオペレーション、川下まで）を
　対象とする（図表3-2-8のステップ2）

---

31) ガイダンスの16頁。

32) ガイダンスの17頁。

第3編　価値創造ストーリーを伝える統合報告書の作成実務

・期間：評価の期間は、行われる意思決定による（図表 3-2-8 のステップ 3）
・影響等が及ぶ対象：アウトカム、影響、ベネフィット、依存の大部分がどこで、どのように生じるかを特定する。例えば、これにはオペレーション、サプライヤー、顧客、特定の地域などが含まれる

図表 3-2-8　境界の特定手順[33]

ステップ 1： ・意思決定の種類を特定する	何の意思決定か ・企業レベル（例：全社または子会社） ・プロジェクト（例：新規投資、組織再編、プロジェクト・サービスの応札） ・プロジェクト（例：研究開発の支出、製品の変更）
ステップ 2： ・人的資本のリスクと機会がバリューチェーン全体のどこになるかを判断する ・最も大きな影響が及ぶ部分（川上からオペレーション（Direct Operations）まで、または川下）を特定する ・組織やそのステークホルダーに関連する可能性がある影響および依存を特定する ・バリューチェーンのどこまでを支配し、影響力があるかを特定する	影響や依存の大部分はバリューチェーンのどこで生じるか ・上流：サプライヤー（2 次、3 次取引先を含む）の活動 ・オペレーション（Direct Operations）：企業がオペレーションを直接支配する活動（過半数所有子会社等を含む） ・下流：商品・サービスの購入、利用、再利用、回収、リサイクル、最終的な廃棄に関連する活動
ステップ 3 ・適切な利用期間を特定する	どの期間を利用するか ・過去：将来の決定へのインプットとして、または業績を評価するために過去の影響を判断する ・時点：ある時点の影響／依存を評価する ・事業年度：年間の活動を示し、その他の報告期間に対応する ・今後予定されるプロジェクト／プロジェクトの期間：プロジェクト／製造の期間全体の影響を判断する

---

33)　ガイダンスの 18 頁。

第2章　統合報告のさらなる充実へ向けた視点・取り組み

　（イ）　次に行うのが、「重要性の決定（Materiality）」[34]である。ガイダンスでは、「サステナビリティ情報における重要性であり、組織やステークホルダーへのアウトカムの関連性及び重大さを決定する」とされている。そのため、「境界の特定（Boundaries）」で決められた境界において、組織やそのステークホルダーにとって最も重要な影響を及ぼすことになる課題に絞り込む。これは、すべての課題を評価することは非現実的で、非効率であり、組織にとって最も重要で、その影響が大きな課題に重点を置くためである。重要性を決定する際に、以下を考慮する。

- ・重要性の評価においては、人的資本だけでなく、その他の資本（財務、製造、知的、社会、自然）もそれぞれが相互に関連していることから、すべての資本を考慮する
- ・組織に責任があると考えられる影響のすべてをそれぞれ、組織の支配・影響力とともにリストにする（社会・人的資本に関連する主要なテーマは図表 3-2-9 を参照）
- ・現在・将来、組織に直接影響を及ぼす可能性のある課題だけではなく、事業活動の枠組みよりも広範に影響を把握した場合はその影響（例.社会的要請の変化、政策）についても特定する
- ・重要性の評価は、通常、商業上の影響とステークホルダーの関心事の水準を反映して、現在から近い将来の社会・人的資本の影響を織り込む

図表 3-2-9　人的資本に関連する主なテーマとその例[35]

主なテーマ	例
ソーシャルライセンス（license to operate）	信頼と評判、コミュニティとの関係、責任ある税務方針（responsible tax policy）、社会的期待への対応
従業員の強化とレジリエンス	興味・関心を引き付けること（attraction）・採用・定着（retention）、研修・教育、雇用の創出、実習、技術
職場環境	報奨・表彰・公正な報酬（fair pay）、結社の自由（freedom of association）・団体交渉権（right to collective bargain-

---

34)　ガイダンスの 21 頁。
35)　ガイダンスの 6 頁。

第3編　価値創造ストーリーを伝える統合報告書の作成実務

	ing）、強制労働、安全衛生、児童労働、ダイバーシティ、従業員の権利、労働時間、福利（wellbeing）
社 会 動 向（social trends）	高齢化、インクルージョン（性別・人種・宗教・性的思考・経済的弱者（economically disadvantaged））、都市化（Urbanization）、市民権（citizenship）
人権	プライバシー、セキュリティ（サイバーセキュリティ含む）、表現の自由

　(ウ)　「完全性（Completeness）」[36]とは、「正と負の両面について、重要性のある全ての情報を含む」[37]ことである。「完全性」では、「重要性の決定（Materiality）」において特定した重要な課題については、プラス・マイナスの影響と依存の両方を含めるように考慮する。また、主要な意思決定者とステークホルダーのグループに意見を求めて、重要事項が漏れないようにする。これにより信頼できる、バランスのとれた有用な範囲を決定することができる。完全性を確認する際に、以下を考慮する。

　・プラスとマイナスの影響と因果関係の両方を含める（つまり良いことだけを対象とするのではない）

　・議論の的になっているという理由や、組織の支配や影響力が及ばないという理由でトピックを除かない（社会・人的資本に関連する主要なテーマは図表 3-2-9 を参照）

　・バリューチェーンおよび影響が及ぶコミュニティのステークホルダーの意見を理解する

　・社内の主要な意思決定者を特定し、その意思決定者が必要とする情報を把握する

イ　測定と評価（**Measure and Value**）

　「範囲（Scope）」のステップを完了して、次に行うのが「測定と評価（Measure and Value）」のステップである。これは、「範囲（Scope）」で特定された課題に対して、どのように情報の基礎を、つまり情報を収集し、価値

---

36)　ガイダンスの 25 頁。
37)　IIRC フレームワーク日本語訳 24 頁 3.47。

第2章　統合報告のさらなる充実へ向けた視点・取り組み

を計算するかを決定する。「測定と評価」は次の手順で行われる。

　（ア）　測定（Measurement）

　（イ）　評価（Valuation）

　（ア）　「測定（Measurement）」[38]においては、情報の利用者のニーズを満たすように、組織全体で実施されているその他の評価や報告と整合するように、最も適切な時間の区分とデータの収集方法を検討する。これは、評価を行うのに適切な時間の長さを選び、データの収集をできるだけ効率的に行うためである。その際に、以下を考慮する。

　　・比較分析ができ、年間の変化を示せるように、または資産の耐用年数に対応するように、時間の長さを選ぶ

　　・将来の評価を考慮する際に割引率を利用する

　　・既存の業績の報告スケジュールに合うように、意思決定のための情報の適時性を考慮する

　　・組織に既にある情報システムおよび外部の情報ソースを利用して、情報を効率的に収集できるようにする

　　・情報の入手可能性、収集できる情報、意思決定に必要な情報の詳細さの間のバランスをとる

　（イ）　「測定（Measurement）」において人的資本の情報の時間の区分と収集方法を決定した後、組織の影響／依存を測定し、組織および社会にとっての価値を把握するのが、「評価（Valuation）」[39]である。価値を算定することで、事業上の意思決定に組み込みやすくなり、ステークホルダーとの意思疎通がよくなる。評価の際に、以下を考慮する。

　　・意思決定するのに「アウトプット」を測定することからアウトカム（価値の創出または毀損）を評価することに意味があるかどうかを判断する。例えば、研修プログラムにおけるインプットは時間と使用される資源、アウトプットは出席者数、そしてアウトカムは出席者により組織や社会にもたらされる価値になる

　　・バリュエーションは、定性分析（例．価値についての記述による説明）、

---

38)　ガイダンスの27頁。

39)　ガイダンスの29頁。

第3編　価値創造ストーリーを伝える統合報告書の作成実務

財務的な定量分析（例. アンケートデータ、監査結果、指標など）、非財務的な定量分析（例. 株主価値、社会的価値）になる
・異なるアプローチの良い点と悪い点を検討する。例えば、定性的なアプローチは説明しやすいが、定量的なアプローチのほうがより意味があり、意思決定に組み込みやすい場合がある
・財務的価値は事業の取り組みに反映しやすいが、証明されていない変換係数を利用している可能性があり、不確実性が高まる場合がある

ウ　結果の評価と利用（**Evaluate and Apply**）

最後のステップが、「結果の評価と利用（Evaluate and Apply）」である。検討結果を評価し、事業の意思決定に利用する方法を設定する。
　(ア)　信頼（Confidence）
　(イ)　利用（Application）

　(ア)　「信頼（Confidence）」[40]においては、対象データが、強固で、比較可能で、信頼性のあるもので、意思決定者が信頼できるものであることを見極める。そして、透明性を示し、不確実性を認識する。これは、対象データは、意思決定で利用する上で適切なものでなければならないためである。最終的には内部または外部の品質チェックと検証の対象となる場合がある。また、信頼性は、ギャップと不確実性について透明性が高いこと、マイナスとプラス両方の影響と依存が示されていることで高まるからである。信頼性を検討する際に、以下を考慮する。
・使用される仮定、評価手法・方法は、どの評価においても明確に説明されている
・プロセスや結果に不確実性がある場合は、その不確実性について言及し、判断した理由を説明する
・絶対値を使う代わりに、評価手法を使用して範囲を示す場合がある。これは、データの信頼性の程度を示し、場合によっては感応度分析を行うことで、利用者にとって有益になることもある

---

40)　ガイダンスの32頁。

第2章　統合報告のさらなる充実へ向けた視点・取り組み

　(イ)　「利用（Application）」[41]においては、検討結果を組織全体で適用し、事業上の意思決定のプロセスに組み込む。つまり、検討結果を、事業の成功を推進し、社会への貢献を最大化するために利用する。利用する際に、以下を考慮する。

- ・複数のレベル（全社、事業部門、プロジェクト、製品開発）で利用する
- ・新しい市場やビジネスモデルを特定して、製品のイノベーションを推進する上で役立つ
- ・長期的な戦略の開発で利用する
- ・リスク管理の結果を（特に長期的に検討する際に）反映する
- ・投資のための検討資料に反映する
- ・業績管理の裏付けとして指標の分析に反映する
  　例えば、HROCE と HROI の指標
  　　HROCE：Human Returned on Capital Employed（投下人的資本利益率）
  　＝関連する生産性の測定値／人的資本価値
  　　HROI：Human Return On Investment（人的資本投資収益率）
  　＝関連する生産性の測定値／人件費
- ・現行および今後の法制度および業界の基準に対応しているかを確認する
- ・投資家との対話に利用する
- ・より範囲が広がった企業の報告に反映して、評判を高め、ステークホルダーとの対話を支援し、ソーシャルライセンスを維持する

　意思決定の際に人的資本を考える上で、この3つのステップを通じて、企業は、意思決定に必要な人的資本の情報を把握することが可能になる。

(4)　人的資本の「測定と評価（Measure and Value）」の事例

　従業員が会社の大切な資産であることは、多くの企業が述べているが、実際に従業員を資産としてどのように企業が取り組み、どのように企業の価値創造に関連しているかを説明することは難しい。ガイダンスで紹介されている SSE の事例で、同社が人的資本の価値とその業績への影響をど

---

41)　ガイダンスの34頁。

203

第3編　価値創造ストーリーを伝える統合報告書の作成実務

のように判断しているかを説明する。

　SSE は英国のエネルギー会社で、電力・ガスの生産、販売、供給を行っている。またエネルギー関連のその他のサービスも提供している。SSE の取り組みが先進的で特徴的なのは、人的資本について、経済的価値として数値化したことである。SSE は2015年4月に"VALUABLE PEOPLE"という人的資本についての報告書を発行した。同報告書によると、人的資本による経済的価値は34億ポンドであり、1ポンドの投資に対して7.65ポンドのリターンが生じた。

　意思決定で人的資本を考える3つのステップのうち「測定と評価（Measure and Value）―測定（Measurement）」をSSE がどのように行って、経済的価値を導き出したかを説明する。SSE は図表 3-2-10 の7つのステップを実施した。

図表 3-2-10　人的資本の測定のステップ

ステップ	情報のソース
ステップ1：従業員を同質のグループに分ける（将来の報酬の伸びが同じグループに分ける）	SSE の人事システム
ステップ2：グループごとに年齢と報酬との間の関係を推測する	内部見積り
ステップ3：平均的な報酬の統計データに個々の従業員を対応させる	内部見積り
ステップ4：長期にわたる報酬の増加率（見込）を個人の現行の報酬に適用する	内部見積り
ステップ5：労働生産性の伸び率に将来予測される報酬を調整する	英国：予算責任局（OBR）2013年のデータ、Datastream2014年データ アイルランド共和国：中央統計局（CSO）、Datastream2014年データ
ステップ6：従業員が SSE に在籍すると予想される年数を調整する。その際に以下を考慮する 1．定年の年齢 2．契約期間	1．英国：国家統計局（ONS）による労働力調査、OECD の 2012年データ アイルランド共和国：CSO による労働力調査、OECD の 2012年データ

第2章　統合報告のさらなる充実へ向けた視点・取り組み

3．健康上の理由による退職 4．死亡率 5．その他の退職理由（自己都合および会社都合）	2．SSE の人事システム 3．英国・アイルランド共和国：ONS による年間人口調査（APS）（2011 年） 4．英国：ONS の 2013 年データ 　アイルランド共和国：CSO の 2013 年データ 5．SSE の人事システム
ステップ 7：個人の予想される将来の報酬額を 2014 年の価値に割り引く	SSE で使用する加重平均資本コスト（WACC）

　SSE は、2015 年のアニュアルレポートの「財務の概況（Financial overview）」（16 頁）で、2015 年 4 月に"VALUABLE PEOPLE"を公表して人的資本の価値について報告したこと、その金額が約 34 億ポンドであることが示された。"VALUABLE PEOPLE"では、上記の 7 つのステップは具体的に開示されていないが、「予想される将来の報酬額の総額×SSE の在籍年数の調整×割引率＝人的資本の経済価値」と計算式で説明されている。SSE はこの人的資本の経済価値を、収益や営業利益といった損益情報（それぞれ 9 ポンド、0.25 ポンド）、そして有形固定資産、総資産、純資産に対する割合といった貸借対照表情報（それぞれ 33％、16％、66％）など主要な財務指標に置き換えて人的資本の業績との関連を示した。

[コラム：A4S とは]

　A4S は、2004 年に英国のチャールズ皇太子が設立したイニシアチブである。21 世紀に入り、IT 技術などの発展により、企業を取り巻く環境が目まぐるしく変化している中、企業における意思決定や報告はまだ 20 世紀のまま（財務情報中心）であることへの問題意識のもとに設立され、その目的はこうした環境の変化に意思決定や報告を呼応させていくように、経理財務のリーダーに以下のような行動を起こさせることにある。

・持続可能でレジリエントなビジネスモデルを採用すること
・財務上の意思決定を、環境・社会課題によるリスク・機会を反映した統合的なアプローチで行うこと
・経理財務のグローバルなコミュニティにわたる行動に拡大すること

205

第3編　価値創造ストーリーを伝える統合報告書の作成実務

　A4S の活動は、経理財務担当者やリーダーに、財務情報だけではなく、企業経営に関連する環境・社会情報も考慮して意思決定を行うことを推進している。

　A4S はその後、2008 年にアカウンティング・ボディー・ネットワーク（Accounting Bodies Network）を、2013 年には CFO リーダーシップ・ネットワーク（CFO Leadership Network）を立ち上げ、CFO リーダーシップ・ネットワークでは、企業の最高財務責任者（CFO）や経理財務担当者に環境・社会課題を事業プロセスや戦略に組み込むことを検討し、議論し、実務や経験を共有する場を提供している。2010 年には、グローバルレポーティングイニシアティブ（GRI）とともに国際統合報告委員会（現在は国際統合報告評議会）を設立し、企業の価値創造を報告するための国際的なフレームワークの策定に関与した。

　2015 年からは、CFO リーダーシップ・ネットワークにおいて共有された実務や経験について、経理財務担当者による経理財務担当者のためのガイダンスが公表されている。

(5)　SDGs に配慮した経営の事例

　SDGs に配慮した経営という点から本項の最後にドイツに本社のあるアディダス（adidas）の事例を紹介する。ここ数年の間に自然災害が及ぼす事業への、さらには日常生活への影響を肌身に感じた人も多いのではないだろうか。SDGs が示す目標は、裏を返せば現在、世界が抱えている重要な課題であり、それを解決し、現在、私たちが受けている恩恵が次世代にも続くように世界で行動するための目標と考えることができる。以下で紹介するアディダスは実際に自然資本がどのように事業に統合され、SDGs の目標に貢献しているかの具体的な事例である。

　アディダスは、環境への影響を考慮し、1989 年に全商品におけるフロンの使用を禁止したことから始まり、1998 年には効率的なサプライチェーンマネジメントの構築への取り組みを開始し、関連するグループの規則を整備した。こうしたサステナビリティへの事業への取込が評価され、2000 年以降アディダスはダウジョーンズサスティナビリティインデックスの構成銘柄となっている。2001 年からはサステナビリティ報告書を公表している。

206

第 2 章　統合報告のさらなる充実へ向けた視点・取り組み

　2017 年のサステナビリティ報告書によると、アディダスは、NGO の
Parley for the Ocean とパートナーシップを組み、共同で海岸に流れ着いた
プラスチックを素材（Parley Ocean Plastic）としたスポーツシューズを開発
し、2017 年で百万足の同素材によるスポーツシューズを製造した。今では、
水着の素材などにも使用されその用途は広まっている。こうしたアディダ
スの海洋汚染への取り組みは、SDGs の目標の 14「海の豊かさを守ろう」
に貢献し、そして収益にも貢献しているという、事業を通じた社会課題解
決の一例になる。こうした取り組みはアディダスの 2017 年のアニュアル
レポートでは社長メッセージの中でサステナビリティの取り組みとして記
載されている一方、サステナビリティ報告書では、その取り組みを始めた
背景など詳細な情報が掲載されている。

6　サステナビリティに関する KPI

　KPI は、Key Performance Indicator の略であり、重要な業績指標である。
財務情報における KPI は、ROE（Return on Equity）や ROA（Return on Assets）、
投下資本利益率（ROIC）が示される。一方で非財務情報の KPI としては、
環境の領域では二酸化炭素排出量や水使用量など、社会の領域では従業員
数や育休制度利用者数など福利に関するもの、そしてガバナンスの領域で
は社外取締役の人数や女性管理職比率など多岐にわたる。こうした多くの
指標が非財務情報にあるなか、米国のサステナビリティ会計基準審議会
（SASB）は、サステナビリティ会計基準を 2018 年 10 月に成文化した[42]。同
基準では、11 セクター 77 業種のそれぞれに、投資家が投資判断をする際
に利用できる、財務情報に関連する重要なサステナビリティの項目を特定
し、KPI を整理すると共に、測定できない内容は記述的な情報として整理
されている。
　これは、6 年間という長い期間、投資家を含むステークホルダーとエン
ゲージメントを行って成文化に至ったものであり、成文化された基準はグ
ローバルで利用されることを前提としたものになっている。
　SASB は以下をサステナビリティの領域として、重要な項目を特定して

---

42)　SASB の Web サイト "Sustainability Accounting Standard" を参照のこと。

第3編　価値創造ストーリーを伝える統合報告書の作成実務

いる。
- ・環境
- ・社会資本
- ・人的資本
- ・ビジネスモデルとイノベーション
- ・リーダーシップとガバナンス

　SASB の基準を利用している企業は世界的に増えており、サステナビリティの領域で財務情報との観点からとりまとめられた KPI として、今後、グローバル標準となることも考えられる。成文化された基準が公表された今、SASB は基準の利用の普及につとめている。その中で、実務からのフィードバックや基準の改善につながるように、サステナビリティ・アドバイザリー・グループを 11 セクターそれぞれに設置した。基準の改訂に向けた意見発信を行うことができる場でもあり、2019 年 2 月現在、日本からはエーザイがヘルスケアのセクターに、そして東京電力と電気事業連合会がインフラストラクチャーのセクターのメンバーになっている。

7　統合報告書に記載される情報の信頼性

　情報開示のデータが様々なフレームワークや基準を通じて整備されてくると、次に期待されることはそのデータの信頼性になる。統合報告書についての保証は、IIRC においてステークホルダーへの意見募集などを通じて、2014 年 7 月に「Assurance on〈IR〉：an introduction to the discussion」と「Assurance on〈IR〉：an exploration of issues」が公表された。IIRC は基準設定主体でないことから保証基準の策定までには進まなかったが、統合報告書への保証を付与するには、2013 年にフレームワークが公表されたこともあり、保証についての議論は時期尚早であることが示された。その後、国際監査・保証基準審議会（International Auditing and Assurance Standards Board：IAASB）において統合報告のワーキンググループが設置され、ワーキング・パブリケーション（Exploring Assurance on Integrated Reporting and Other Emerging Developments in External Reporting）が 2015 年に公表され、2016 年には保証実務における主要な 10 の課題を提示されディスカッション・ペーパー「外部報告の新形態への信頼を確保する：保証業務に対する

第2章　統合報告のさらなる充実へ向けた視点・取り組み

10 の重要課題」（Supporting Credibility and Trust in Emerging Forms of External Reporting：Ten Key Challenges for Assurance Engagements）」が公表された。それ以降、保証に関する議論が進んでいなかったが、2018 年に IAASB の外部報告の新形態のプロジェクトとして、議論が再開されている。

8　MD&A（経営者による討議と分析）の拡充

(1)　MD&A とは

　MD&A とは、「経営者による討議と分析」（Management's Discussion and Analysis）を意味する。MD&A の起源は、もともとアナリストの要望に応えて上場企業が任意で公表していた業績予想関連情報を SEC が強制的な開示項目に定めた 1982 年に遡る。その後、米国では 2001 年のエンロン事件に端を発する会計スキャンダルを受けて、オフバランス取引に関する情報の質を高めることも意図されるようになり、MD&A の開示内容も拡充が図られた[43]。今日では「MD&A は、財務諸表に表示された会計数値の基礎にある理由や背景、および既知のトレンド、事象、不確実性が将来の企業業績に与えうる影響などについて、経営者自らが解説し、分析的な説明を行う財務報告におけるナラティブな開示媒体として裏付けられて」いる[44]。我が国でも、2003 年 4 月以後に開始する事業年度の有価証券報告書から、「財政状態及び経営成績の分析」についての開示が義務付けられている。直近では、2018 年 1 月 26 日に公表された改正開示府令において、MD&A の開示の拡充が図られている[45]。

---

43)　2003 年 12 月に発表された米国 SEC ガイダンス "Interpretation：Commission Guidance Regarding Management's Discussion and Analysis of Financial Condition and Results of Operations" では、Fortune 500 社の実例レビューに基づき、企業の財政状態や経営成績にインパクトをもたらす非財務的 KPI やキャッシュ・資本支出の見込み、会計上の見積り他不確実性の根拠やその影響までを narrative に（主として非財務情報などを記述的に表現する）説明することが推奨されている。

44)　古庄修＝小林直樹「米国における財務諸表外情報の開示と保証」山﨑秀彦編著『財務諸表外情報の開示と保証——ナラティブ・リポーティングの保証』（同文舘出版、2010 年）101-102 頁。

209

第3編　価値創造ストーリーを伝える統合報告書の作成実務

(2)　統合報告書における MD&A の位置付け

　我が国では、統合報告書のガイダンスが公表される前から、任意の開示資料としてアニュアルレポートを作成・公表する上場企業が数多く存在した。なお、かつては我が国において、アニュアルレポートは英文のみ作成されることが多かった。その背景として、日本の法定開示資料である有価証券報告書は分量が多く、かつ注記などを含めた記載内容も詳細にわたるため、英文への翻訳を躊躇する企業が多く、そのために有価証券報告書を英訳する代わりにアニュアルレポートを外国人投資家向けの英文開示資料として発行するニーズがあったと思われる。近年でも、統合報告書の発行に取り掛かっていない企業の中には、英文のアニュアルレポートと、和文（もしくは日英）の CSR 報告書、環境報告書、社会貢献活動報告書などを併用し、和文のアニュアルレポートを作成しないところも多い。これらの企業は、日本の投資家が財務情報を知りたい場合は有価証券報告書や決算短信、決算説明会資料、会社案内などの開示情報で用が足りるだろうという考えを持っているのではないかと思われる。

　さて、従来のアニュアルレポートでは、有価証券報告書の代替としての機能を期待されていたこともあり、財務諸表とともに、財務分析も含めた、MD&A、いわゆる「経営者による討議と分析」（Management's Discussion and Analysis、MD&A）[46] を掲載するケースが多かった。ところが近年、財務情報と非財務情報、もしくは ESG 情報の結合性を重視した統合報告書の発行が進むにつれ、報告書全体の情報量の観点からは、アニュアルレポートと、CSR 報告書もしくはサステナビリティレポートを合わせた情報の中から掲載すべき情報を取捨選択する必要が出てきた。これに伴い、企業の作成

---

45)　金融庁「「企業内容等の開示に関する内閣府令」等の改正案に対するパブリックコメントの結果等について」（2018 年 1 月 26 日）（https://www.fsa.go.jp/news/29/sonota/20180126.html）。

46)　英国の「営業・財務概況」（Operating and Financial Review、以下「OFR」という）、国際会計基準審議会（International Accounting Standard Board、以下「IASB」という）による「経営者としての説明」（Management Commentary、以下「MC」という）。日本では、アニュアルレポートや統合報告書内の一項目として捉える場合、通称「財務セクション」とも呼ばれる。

210

担当者が盛り込みたいと思う論点や要素がアニュアルレポートに比べて増加したため、企業によってはMD&Aのみならず財務諸表すら統合報告書からカットしてしまう例も散見されるようになった。そうした企業の中には、財務セクションを統合報告書の別冊として発行する企業もあるが、中には有価証券報告書を英訳することで代替するケースもある。

　一方、投資家の立場からすると、一人で数多くの企業を調査することが多いため、企業の報告書はできることなら一本化されたものを元にワンストップで調査をしたいというニーズが強いことが、ESG投資家、議決権行使担当者、エンゲージメント投資家、そして外国人投資家との対話やヒアリングから明らかになっている。よって、統合報告書においても、「経営者による討議と分析」（Management's Discussion and Analysis、MD&A）および財務諸表から構成される財務セクションを掲載することが、投資家に統合報告書を読ませる工夫の1つとして、単年の有価証券報告書、決算短信や決算説明会プレゼン資料などでは開示が不足しがちな情報の整理の仕方として、統合報告書のMD&Aを活用している事例を取り上げたい。

　本項では、統合報告書の中でMD&Aを活用している事例として、株式会社ローソンを取り上げる。

　まず、財務セクションの冒頭には、自社を取り巻く環境だけでなく、日本のコンビニエンスストア業界を俯瞰するパートが設けられており、子会社・関連会社の状況は、各社ごとに連結化された経緯や事業展開の様子が時系列でまとめられている。また、主要な定量的数値についても、過去5〜10年間ほどの推移が揃っており、一部のPL数値については計画差についても触れられているため、経営・事業戦略や施策の進捗度合いなど業績・財務数値の背景を読み取りやすい。中長期投資を想定しているステークホルダーにとっては、有価証券報告書でのディスクローズで当期と前期の2期比較にとどめてしまうよりも、中長期的な時系列データを掲載することで投資家にとってのワンストップな利便性を提供する意味で、有益な開示資料となっているといえよう。

第3編　価値創造ストーリーを伝える統合報告書の作成実務

図表 3-2-11　統合報告書の MD&A で業界の動向や市場シェアを時系列で記載している例

財務セクション

経営陣による財務状況と業績の評価及び分析

業界の動向

　2017年度（2017年3月1日〜2018年2月28日）の日本経済は、政府の景気対策などの効果や雇用・所得環境の改善により緩やかな回復基調で推移し、小売業界においても消費者マインドの改善に持ち直しの動きが見られました。

　こうしたなか、2017年（1月〜12月）のコンビニエンスストア業界は、ライフスタイルの多様化などによる食生活の変化に伴い、顧客ニーズに応えた商品の品揃えを充実したことなどから、業界全体の年間売上高は11兆7,451億円と前期比+2.6%になりました。一方で、他業態等との競争激化に加え、10月の台風などの天候不順が影響し、既存店売上高は前期比-0.3%とマイナスで推移しました。なお、12月末現在の店舗数は5万6,374店で前期比+1.3%の増加となりました。

■小売業界の市場規模とコンビニエンスストア業界のシェア※1　　　　　　　（単位：十億円）

	2017	2016	2015	2014	2013	2012	2011	2010	2009	2008	2007
小売業年間売上高	142,514	139,877	140,666	141,219	138,897	137,585	135,157	136,479	132,961	136,019	135,417
コンビニエンスストア業界年間売上高	11,745	11,445	10,995	10,423	9,872	9,477	8,775	8,114	7,981	7,943	7,490
小売業におけるコンビニエンスストアのシェア	8.2%	8.1%	7.8%	7.3%	7.1%	6.9%	6.5%	5.9%	6.0%	5.8%	5.5%

出所：経済産業省「商業動態統計調査」
※1. 小売業年間売上高・コンビニエンスストア業界年間売上高は暦年ベース
※2. 2013年3月、経済産業省により2004年以降の数値の改訂が行われ、上記数値はその修正を反映したものとしています。

■コンビニエンスストア全体に占める上位4チェーン※1の全店売上高　　　　　　（単位：十億円）

	2017	2016	2015	2014	2013	2012	2011	2010	2009	2008	2007
ローソン	2,283	2,157	2,049	1,961	1,945	1,907	1,826	1,683	1,666	1,559	1,415
セブン-イレブン・ジャパン	4,678	4,515	4,291	4,008	3,781	3,508	3,281	2,948	2,785	2,763	2,574
ファミリーマート	3,016	3,009	※2 2,006	1,860	1,722	1,585	1,535	1,440	1,274	1,246	1,122
サークルKサンクス			975	944	951	947	980	923	902	940	902
4チェーン合計	9,977	9,682	9,321	8,773	8,399	7,947	7,622	6,994	6,627	6,508	6,013
4チェーン合計シェア	84.9%	84.6%	84.8%	84.2%	85.1%	83.9%	86.9%	86.2%	83.0%	81.9%	80.3%

出典：各社の公表データ
※1. 上位4チェーンの数値は年度、4チェーン合計シェアは暦年ベースのコンビニエンスストア業界年間売上高を分母として計算しています。
※2. ファミリーマートとサークルKサンクスは2016年9月1日に経営統合しました。

> 小売、コンビニエンスストア業界の数値情報

出所：株式会社ローソン「統合報告書2018」財務セクション3頁

　なお、MD&A だけでなく、統合報告書全体において、業界環境の分析を掲載する場合、欧米では自社と競合の情報を相対比較しやすいように工夫されている開示をよくみかける。これに対して、日本では競合企業の情報を引用する開示や、社内で実施している業界分析についても開示をためらう企業が少なくない。その理由として、業界のマーケットシェアなどで単純な比較をすると自社の独自性などの強みを表現しきれないことや、業界内での横並び意識といった要因がしばしば挙げられている。しかし、投資家などのステークホルダーからすれば、まず業界における相対的なポジションを確認した上で、その企業ならではの競争優位性や差別化要因が何であるかを検証したいはずであり、自社のマーケットシェアや競合企業と

第 2 章　統合報告のさらなる充実へ向けた視点・取り組み

の相対比較は投資家との対話の出発点であると考えるべきである。とはいえ、有価証券報告書や決算短信には法定開示に対する心理的ハードルがあるのは否めず、現状では自社を取り巻く業界構造や競合の分析まで記載するケースはまだまだ少ない。したがって、任意開示資料の中で自社の置かれている業界の分析や競合比較を発信し、情報の受け手となるステークホルダーとの対話の中で自社の考える差別化要因や経営戦略をブラッシュアップしていく取り組みは、とりわけ海外投資家との対話をスムーズに進める上でも有効ではないかと考える。例えば、ドイツに本社のある BASF SE の IR デイの資料をみると、セグメントごとの概要をまとめたスライドには必ず競合企業が 4〜5 社ずつリストアップされている[47]。また、同じドイツの SAP SE の統合報告書（2017 年版）は、役員の業績連動報酬のベースとなる自社の株価パフォーマンスを相対比較しており、競合企業 10 社から成る競合インデックスにおける各企業のウェイト付の様子まで詳細に説明している[48]。このように、自社の置かれている市場を分析し、競合との相対的なポジションをどのように位置付けているかを発信することは、経営戦略が偏りのない前提条件の上に成り立っていることをステークホルダーに納得してもらう上でも大事なスタンスであろう。

　MD&A の事例としてもう一点、ローソン統合報告書 2013 の MD&A2013 における、子会社の業績記載について紹介する。これは、報告書発行当時子会社であった九九プラス（その後、株式会社ローソンに吸収合併される）の記載だが、同社において投資家の関心の高かった重要子会社について、当期の状況の記載だけでなく過去の出資の経緯や、全体の出資額について記載しており、M&A 投資案件に対しての投資家の進捗評価に有益な情報を掲載している。また、当該社だけでなく、他の重要子会社についても、5 年時系列での主要業績を掲載しており、決算発表ごとに開示する企業は多くても、こうして時系列でまとめて掲載する企業はまだ多くはみられず、投資家に

---

47)　ホーム画面→Investors→BASF Capital Markets Day より、2018 年 11 月 20 日の Keynote Presentation が入手可能であり、該当頁は 28-33 頁にわたっている。

48)　SAP Investor Relations のホーム画面→Reports→SAP 2017 Integrated Report の 75-81 頁で描かれている Compensation Report のうち、業績連動報酬の一指標として自社株価の相対パフォーマンスが紹介されている。

第３編　価値創造ストーリーを伝える統合報告書の作成実務

図表 3-2-12　統合報告書にて子会社の時系列開示を記載している例

出所：株式会社ローソン「統合報告書2013」の MD&A2013、12 頁

とって有益といえよう。

　なお、法定開示資料である有価証券報告書に記載される MD&A につい
ても、近年金融庁の下で改革が進められている。この働きかけを行ってい
る金融庁金融審議会ディスクロージャーワーキング・グループの報告では、
日本企業の MD&A は諸外国における開示と比して、計数情報をそのまま
記述しただけの記載やボイラープレート化した記載が多いと指摘がされて
いる[49]。同報告を受けて、金融庁は 2019 年 1 月 31 日に開示府令を改正し
ており、改正府令は 2019 年 3 月 31 日以後に終了する事業年度に係る有価
証券報告書から適用されている[50]。さらに、金融庁は、2019 年 3 月 31 日
に「記述情報の開示に関する原則」および「記述情報の開示の好事例集」
を公表し[51]、財務情報以外の情報の一層の充実を企業に対して促している。

214

こうした当局の働きかけを受けて、今後は制度開示の面からも、MD&A 等の開示の充実が図られていることが想定される。

9　統合報告書の作成に向けた組織・部門間の連携の進め方

図表 3-2-13　統合思考の企業内での重要性に関するイメージ図

統合思考は社内をまとめる経営戦略カクテル（潤滑油）

経営課題の共有化（＝統合思考）が、コーポレート各部門の相互理解につながり、「質の高い対話」を可能にする統合報告を実現する

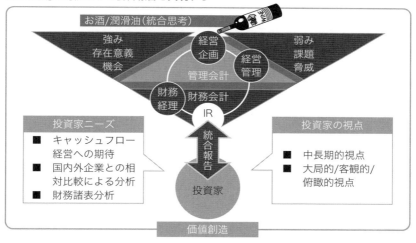

出所：筆者作成

　本項では、企業が実際に統合報告書を作成する上で、統合思考がなぜ重要なのか、実務的にはどういう制作体制が選択肢となりうるのかという点や、作成担当者が直面する組織の壁、関係各所との連携について述べる。

49）　金融庁金融審議会「ディスクロージャーワーキング・グループ報告―資本市場における好循環の実現に向けて―」（2018 年 6 月 28 日）では、我が国の MD&A 開示は、「財務情報の要約にとどまり分析的でない例がみられる、特記すべき事項の記載が不十分である例がみられる」といった指摘があったとし、それらを受けて 2018 年 1 月に MD&A のなかで経営者視点による経営成績等の分析・評価の記載を求める内閣府令の改正が行われたことを報告している。
50）　https://www.fsa.go.jp/news/30/sonota/20190131.html
51）　https://www.fsa.go.jp/news/30/singi/20190319.html

第3編　価値創造ストーリーを伝える統合報告書の作成実務

　制作体制のあり方を検討する上では、そもそも統合報告、およびその前提としての統合思考が、企業の組織においてどういう意味合いを持つのかを、改めて整理することが有益であろう。図表3-2-13は、筆者の経験に基づき、企業の組織の中で統合報告などの投資家との対話がどう受け取られるのか、企業と投資家との対話を軸に、一覧で図解したものである。まず、投資家の窓口であるIR（投資家広報）セクションは、企業によって、コミュニケーション部門（広報セクションと同じ組織）、財務経理部門（財務セクションや経理セクションと同じ組織）、経営戦略部門（経営企画セクションや経営管理セクションと同じ組織）、社長直下（社長室と同じ組織）のいずれかに属することが多いと思われる。そして、組織の中で企業ごとに、そしてそのときの社長ごとに位置づけが変わる部門といえよう。この状況こそまさに、企業におけるIRセクションの立ち位置を如実に表している。近年のESG分野の意識の高まりにより注目されているCSRセクションも、財務経理部門直下はさすがに稀だろうが、前述したそれ以外の部門に属するケースが多く、IRセクションと似ている。

　また、企業では、財務会計と管理会計との間で、異なる指標が用いられることが多い。財務会計では、売上高や営業利益など、開示規則および会計基準で開示の求められる各種指標が法定開示書類に記載される。これに対して、管理会計では、財務会計上の各種指標に加えて、受注高や不良発生率、操業度など、個々の企業が自らの経営管理に適切であると判断した指標（KPI）が業績評価などの目的に使用される。投資家は、社外に開示された財務情報をベースとして財務分析を行う一方で、企業の経営陣は、管理会計上の指標に基づいて経営管理を行うことが多い。投資家は財務会計上の数値しかわからないため、機関投資家と企業が対話をする上では、一定程度まで管理会計上の指標を開示するなどの方法により、財務会計と管理会計との情報のいわば「橋渡し」をIRセクションが行う必要がある。

　なお、フェア・ディスクロージャー・ルールとの関係上、受注高などの情報を一部の投資家に対してのみ選択的に開示することは困難な場合が多いと考えられる。かといって、重要な経営指標を社外へ公表してしまうと、同業他社に経営状況が筒抜けとなりかねない。そのため、管理会計上の指標をどこまで投資家へ開示するかについて、経営企画セクションや経営管

理セクションとの協議を経て、経営陣の了承を得ることが不可欠となる。さらに、機関投資家向け決算説明会の準備においてIRセクションがQ&Aを用意する際にも、こうした経営戦略部門の協力は必要不可欠となっている。

　こうした状況の中、経営戦略部門からIR活動の意義について理解を得て、協力を求めるためにも、前述の統合報告書作成プロセスを推進することが重要となる。すなわち、統合報告書の作成における「企業価値創造ストーリー」の構築および可視化プロセスを通じ、自社の経営戦略の表現を共通言語として構築することで、社内への理解を深めることができるわけである。これこそがまさに、「統合思考」の醸成といえよう。また、投資家からの、財務情報分析に基づく中長期的視点から俯瞰した意見を受け取ることで、外部変化に的確に対応するための経営戦略の修正に役立てることも可能である。さらに、投資家が期待するキャッシュフロー経営の推進に際しても、必要な経営指標やKPIの設定を行い、これらを社内外に理解させるための共通言語の構築により、経営の更なる改善を図ることができる。ひいては、前述したとおり、社内でのサイロ化をもたらしかねない事柄の1つである、社外（投資家など）が見ている財務会計と、社内（経営企画、経営管理、財務経理など）がみている管理会計の間の結合性の重要さが理解され、財務情報・非財務情報に関しても社内外の共通言語化が進み、統合報告書を基軸とした開示の透明性・納得性が高まることで、あらゆるステークホルダーからの信頼感が増すはずである。また、統合報告書での事業に関する「SWOT分析」や「リスクと機会」の検討・掲載などにより、自社の強みや差別化要因、収益機会が明示されるとともに、外部からの脅威や社内の弱みといった課題を整理でき、企業が自社の弱点を正確に認識・把握して解決に努力している点を明示することは極めて重要である。すなわち、課題解決できていない項目も率直に社内外にディスクローズできる企業は、投資家はもちろん、社内外のあらゆるステークホルダーからの信頼感が増す。さらに、ダイバーシティ（多様性）の前提として必要な企業理念に表される企業アイデンティティ（同一性）への求心力といった「見えない資産」の重要性への社内外の理解が高まることも、統合報告書作成プロセスによる重要な成果である。

第3編　価値創造ストーリーを伝える統合報告書の作成実務

　すなわち、統合報告書作成を出口としつつ、作成プロセスを通じて「統合思考」醸成を実現できる「統合報告」活動は、まさに、企業の社内を動かし、組織を活性化させる重要なきっかけになる。なぜなら、社内外の「共通言語」を通じた「質の高い対話」による「つながり」の構築が組織を活性化するからである。まずは、経営に対して、統合報告活動における経営戦略の表現プロセスで把握できた課題をフィードバックすることで、経営に資する良質のリソースの提供が可能となる。いわば、統合報告活動に関わるコーポレート部門が一体となり、経営戦略の質的改善に貢献できることが統合報告書制作の意義の1つである。さらに、企業内の従業員に対しては、通常、自分の所属する組織自体のミッションや業務に忙殺され、なかなか企業の戦略や業績に思いを巡らす余裕がない中、業務の一環としてクロスセクション的に、統合報告作成プロセスへの関与を深めることで、統合報告書を身近なものとして受け止めてもらい、社内の作り手だけでなく読み手としての多数の従業員にも企業の中長期戦略の妥当性、中長期的な持続可能性に共感・納得してもらうことで、会社の一員として働ける安心感を抱き、長く楽しく働くモチベーションアップにつながるのである。

　そもそも、経営陣と従業員、こうした企業社内のステークホルダーに対しての情報開示は、当該企業の中長期成長を期待する社外のステークホルダーへの情報開示とベクトルは一緒のはずである。すなわち、統合報告書は、社内外のステークホルダー間のベクトルを同一にするためのツール、すなわち「共通言語」であるといえよう。

　さて、こうした統合報告書の社内における効果を認識した上で、では実際に統合報告書作成をする場合には、どういう体制が考えられるだろうか。

　もちろん、企業によって様々な形態が考えられるが、大きく3つのやり方に分けられよう。

　(1)　IR セクションもしくは CSR セクションが主管して作成し、社内関係部署には確認依頼したい箇所を限定して、原稿や情報のやりとりを行うにとどめる

　(2)　IR と CSR、場合によっては経営企画部門も入って、事務局を組成し、事務局内で合議しつつ、それ以外の社内関係部署には(1)と同様の限定的な関与にとどめる

(3) 図表 3-2-14 のように、経営企画、IR、CSR などの部署を核に、コーポレート部門を中心に、もし可能であれば事業部門、営業部門も参画して、タスクフォース体制、もしくは委員会形式を採用して、統合報告の中身について積極的な関与を求め、統合思考の醸成を目指す

図表 3-2-14　組織横断型統合報告活動

タスクフォース体制により、クロスファンクションでの統合報告書作成による社内活性化を図る企業が増えています

タスクフォース体制による統合報告書作成を通じ、社内コミュニケーションの活性化を図る

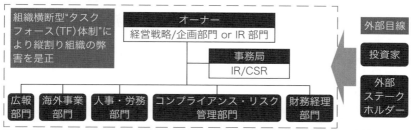

■経営戦略/企画部門の主体的な関与が望ましい＝統合報告書は経営戦略と密接にかかわるため
■経営戦略のコンセプトを討議でまとめるプロセスを通じて、TF メンバー間で「経営戦略」が身近なものへ

- 完成後、TF メンバーには伝道師として、共通言語化した「経営戦略」のコンセプトを社内に伝えてもらうのが理想
- TF 体制の課題は、「評価」。ボランティアにならないように評価制度の工夫が必要　横軸組織の常であり、会社への忠誠心だけでは報われない

出所：筆者作成

　もちろん、(1)、(2)でも十分統合報告書の作成は可能であり、こうした体制によって統合報告業界で評価の高いレポートを発行している企業も多い。通常の開示業務において、社内関係部署と密接なコミュニケーション、情報共有ができていれば、(1)もしくは(2)の体制のほうが、効率的かつ迅速に統合報告書が発行できるケースもありうる。一方、開示部門が中心となって統合報告書の制作を強く主導した場合、場合によっては、社内の共感を

第3編　価値創造ストーリーを伝える統合報告書の作成実務

得られず、「IR セクションが勝手に作っている」という印象を持たれてしまう可能性もありうる。これは、IR 業務自体にもいえることだが、あまりに IR セクション主導で社内とのコミュニケーション不足のままに業務を進めてしまうと、「きれいな IR」、すなわち、耳触りのよい専門用語やプレゼン資料を駆使するばかりで平易に表現する努力をせず、それどころか社外へのアウトプットの表現が実際の経営と乖離してしまうリスクがあることも否めない。それを避けるには「いかに統合報告作成業務への社内の共感を醸成するか」、そして「いかに社内を巻き込むか」が重要である。

　なお、筆者の統合報告作成経験では、(3)のパターン、すなわち、IR セクションや CSR セクションのみならず、社内関連部署を巻き込んだタスクフォース・スタイルを採用した。もちろん立場やミッションの異なる部署からメンバーが 1 つのテーブルに着くわけであり、喧々諤々の議論になり、まとまりや意思疎通を欠く瞬間が何度もあった。しかし、統合報告書作成の目的としての、本業が「社会と共生」していることが企業の収益につながる、そのあり方を表現したいというタスクフォースメンバー全員の思いは一致しており、何度も議論を重ねた後、再び作業は活性化するに至った。そうした作成プロセスを通じて、メンバーは企業理念を再認識し、企業の本質の表現である「統合思考」を「共通言語」として理解するに至った。このプロセスは大変に意義あるものだったと思う。さらに、議論を重ねた結果たどり着いた、統合報告書における熱のこもった表現が、いくつかの表彰を受けるなど高い評価につながったものと考えている。

　すなわち、統合報告書作成に際して IR セクションや CSR セクションなど社内各部署からなるタスクフォース・スタイルをとることで、社内を巻き込み、統合報告に関する当事者意識を醸成することを可能にすることができる。しかし一方で、社内での立場や、セクショナリズム、個々人の考え方の違いなどの要因により、議論が散漫になり迷走してしまうリスクもある。それを回避するには、まず統合報告書作成における重要項目の定義となる「統合報告書の作成理念」をメンバー間で共有し、「作成の目的」「対象となるステークホルダー」「企業理念の位置付け」を定義していくプロセスが必要である。筆者の経験を例にとると、「作成理念」は「社会との共生を基軸とした経営戦略の実行という一貫した流れを表現すること」、「作成

の目的」は「企業が中長期的に持続可能な成長を実現できる理由・根拠を説明すること」、「対象となるステークホルダー」は「投資家・株主だけでないマルチ・ステークホルダーであること」、そして「企業理念の位置付け」は「社内では事業活動の原動力かつ求心力となり、社外では社会との共生を目指す企業の思いを知る手がかりとなること」と定めた。

しかし、これらのステップは基本的に企業側、サプライ・サイドの論理に過ぎない。より大事なのは「統合報告の読み手は何を期待するのか」、つまり、ディマンド・サイドの視点を持つことである。

まずは、

(1) 読み手の立場に立って、「読みたい」と思える制作物であること。

対象がマルチ・ステークホルダーであれば、国内のセクター・アナリストだけではなく、外国人投資家や個人投資家、そして社内のステークホルダーにもわかりやすい平易な表現を心がけ、文章ばかりではなく、写真や図表などを工夫することが読み手にとってフレンドリーな表現になるはずである。理想は「ひと目で会社の差別化要因や強み、そして会社の課題と解決への打ち手が分かること」だろう。

次に、

(2) 企業が非財務情報を中心とする、いわば「見えない資産」を表現することで、中長期成長性への期待と信頼が高まること。

財務情報など「見える資産」については、決算書や商品・工場・店舗などを実査することで理解・分析できるが、「人財」「ブランド価値」「社風」「社会でのステイタス」「経営力」、そして「社内のやる気」などは外からみえにくく、そしてこれらが実は本源的な企業の力であり、短期で収益に寄与しなくとも中長期的には収益に寄与することは、企業のIR担当者は社内で実感しているはずである。これらをどうわかりやすく表現するか、統合報告書の制作担当者の力量が問われる事項である。

最後に、統合報告書の重要な機能となるのが、

(3) スチュワードシップ・コード実践、すなわち「企業と投資家との対話」の前提となる項目が記載されていること。

投資家と企業の質の高い対話が、企業に中長期的に持続可能な成長をもたらす、というその役割に期待が高まる中、対話の前提となる重要な情報

第3編　価値創造ストーリーを伝える統合報告書の作成実務

が価値創造ストーリーを軸として包括的に表現されていること。つまり、対話の前提を共有することで、企業と投資家双方で対話に要する時間の効率化が図られ、効率化により創出された時間で疑問点の確認や資本市場からの指摘を含めた、より深い対話が可能になる。実は、その考え方は投資家向けにとどまらず、企業における統合報告書の意義とも重なるものである。統合報告書は「社内・社外を合わせたマルチ・ステークホルダー間のベクトルを同一にするためのツール」であり「共通言語」である。社内だけでなく、社外との共通言語というコンセプトを鑑みると、さきほどの社内における制作体制の分け方に付け加えて、

　(4)　社外の目線や資本市場の観点といった第三者視点や読み手の視点を取り入れるため、統合報告活動の企画に外部有識者やコンサルタントの関与を図るという体制も、統合報告書の付加価値向上、そして統合思考の醸成には有益だと思われる。

第4編

企業価値の向上を目指す
対話や開示の実務

第1章　投資家との対話のあり方
第2章　投資家との対話に関する規制
第3章　外国人投資家のトレンドと英文開示・
　　　　Web サイト開示の重要性
第4章　統合報告書を活用する基盤としての、
　　　　IR 活動の実際

第 4 編　企業価値の向上を目指す対話や開示の実務

第1章　投資家との対話のあり方

1　はじめに

　本章では、上場企業が投資家との間で対話に臨む際の基本的な考え方を概説する。

　2014 年以降の我が国のコーポレートガバナンス改革においては、上場企業と投資家との建設的な対話が、中長期的な企業価値の向上と持続的な成長の実現に向けて重要な役割を果たすものとして位置付けられている。2014 年以降に我が国で公表された各種のガイドラインや報告書等における投資家と上場企業との対話の位置づけを概観すれば（図表 4-1-1 参照）、その政策的な関心の高さや改革のスピードが垣間みえる。上場企業の関係者は、この間、毎年のように新たな課題への対応に追われてきたと推察される。

　機関投資家と上場企業との対話を企業統治において重視する動きは、必ずしも日本に特有のものではない。元来は英国を発祥とする取り組みが、日本だけでなく大陸欧州や米国にも広がったものである[1]。主要先進国の資本市場では、ここ数十年にわたり、機関投資家による株式保有比率が継続的に上昇している。このような資本市場の構造変化を背景として、コーポレートガバナンスの実効性確保へ向けて機関投資家の果たすべき役割は、政策的な後押しを受けて拡大の途にある。我が国の上場企業もまた、各社の置かれた状況に応じて程度の差はあれ、今後さらに、機関投資家との対話に一層積極的に取り組むことが求められるようになる可能性が高いと考えられる。

　統合報告を用いれば、このような投資家との建設的な対話を行う上で不

---

1)　江口高顯「エンゲージメントの時代における機関投資家の役割——スチュワードシップ・コードとコンプライ・オア・エクスプレインを巡って」宍戸善一＝後藤元編著『コーポレート・ガバナンス改革の提言——企業価値向上・経済活性化への道筋』（商事法務、2016 年）43 頁参照。

可欠の基盤ともなる[2]非財務情報を、わかりやすく効果的に開示することができる。機関投資家が強い関心を有する非財務情報は、自社の経営戦略・経営課題、リスクやガバナンスに係る情報、ESGへの取り組みなど、多岐にわたっている。これらの非財務情報を有機的に関連付け、一貫したストーリーに沿って統合報告書を作成するならば、読み手である機関投資家は、これらの非財務情報についての理解を深めた上で、上場企業との対話に臨むことができる。そのため、統合報告書の作成は、投資家との対話の充実へ向けた取り組みの一環として、近時のコーポレートガバナンス改革の過程でも様々な場面で推奨されるに至っている[3]。

　上場企業にとっては、統合報告を用いることにより非財務情報の開示の充実を図るのに留まらず、投資家との対話を通じて得たフィードバックを基に、自社の経営戦略やESGなどに関する取り組みを改善していくことが肝要となる。その上で、次年度の統合報告で取り組みの状況や成果を発信し、フィードバックを受けるといったサイクルを確立することにより、投資家の視点を経営に反映し、企業価値の向上へとつなげてゆくことが期待される。その意味で、統合報告書を作成する際には、投資家との対話に有用な内容となっているかが重要であり、そのためにも、投資家との対話についての理解をまずもって深めておくことが必要である。

　こうした観点から、本章では、企業価値の向上へ向けた投資家との対話のあり方について言及する。以下では、2において投資家と上場企業にとっての対話の目的を、3において対話の相手となる機関投資家の種類と属性を、それぞれ概説する。また、4と5において対話の内容と一般的な経路・手法について概説する。

---

2)　コーポレートガバナンス・コード基本原則3参照。

3)　例えば、伊藤レポートは、「対話のベースとして、たとえば統合報告書等の作成・活用などを通じて、長期志向の投資家に訴求するビジネスモデル等を示すこと有益であろう」と述べている（21頁）。

第4編　企業価値の向上を目指す対話や開示の実務

図表 4-1-1　投資家との対話に関連する主なガイドライン・報告書等

時期	ガイドライン・報告書等	対話・情報開示に関する言及内容
2014 年 2 月	スチュワードシップ・コードの公表	機関投資家に対して、「目的を持った対話（エンゲージメント）」を行うよう要請
2014 年 8 月	伊藤レポートの公表	上場企業に対して、投資家との対話を通じて資本効率を高め、企業価値の向上へ繋げていくことを要請 企業と投資家との「高質の対話」の実現と、統合報告の作成を含めた情報開示のあり方の再検討を要請
2015 年 4 月	対話促進研究会報告書の公表	「対話先進国」の実現に向けて、望ましい企業情報開示と株主総会プロセスのあり方を提言
2015 年 6 月	コーポレートガバナンス・コードの適用開始	上場企業に対して、株主との間で「建設的な対話」を行うことにより、中長期的な企業価値の向上を目指すこと等を要請4)
2016 年 4 月	金融審議会「ディスクロージャーワーキング・グループ」報告の公表	企業と株主・投資者との建設的な対話を促進すべく、制度開示に係る自由度の向上と対話に資する情報の充実へ向けた開示制度等の改正を提言
2017 年 3 月	CGS ガイドラインの公表	社外取締役がステークホルダー等との対話を円滑に行うために、筆頭独立社外取締役を選定することについての検討を要請
2017 年 5 月	価値協創のための統合的開示・対話ガイダンスの公表	企業価値の向上に向けて、企業経営者と投資家が情報開示や対話を通じて相互理解を深める上での共通言語と指針の公表
2017 年 5 月	改訂スチュワードシップ・コードの公表	アセットオーナーによる運用機関のスチュワードシップ活動のモニタリング、議決権行使結果の個別開示の要請、パッシブ運用を行

---

4)　このほか、コーポレートガバナンス・コードの公表後に、同コードとスチュワードシップ・コードの実施状況が形式だけでなく実質を伴ったものとなっているか、企業と投資家との対話が建設的な形で進んでいるか等といった観点からフォローアップを行うべく、「スチュワードシップ・コード及びコーポレートガバナンス・コードのフォローアップ会議」が設置された。2015 年 10 月、2016 年 2 月および 2016 年 11 月に、意見書(1)〜(3)がそれぞれ公表されている。

		う運用機関への積極的な対話・議決権行使への取り組みの要請等
2017 年 10 月	伊藤レポート 2.0 の公表	ESG をはじめとする非財務情報の扱いや、その視点に基づく長期投資の促進等へ向けた取り組みを提言
2018 年 6 月	改訂コーポレートガバナンス・コードの適用開始	政策保有株式の保有の適否の検証およびその開示や、CEO の選解任手続の客観性・透明性・独立性の確保等を要請
2018 年 6 月	投資家と企業の対話ガイドラインの公表	資本コストや CEO の後継者計画、政策保有株式などの具体的な事項を掲示して、上場企業と機関投資家の対話においてこれらの事項を重点的に議論するよう要請
2018 年 6 月	金融審議会「ディスクロージャーワーキング・グループ」報告の公表	企業と株主・投資者との建設的な対話の更なる促進を目的として、対話に資する情報の更なる充実へ向けた開示制度の改正を提言
2018 年 9 月	改訂 CGS ガイドラインの公表	社長経験者の相談役や顧問に就任している場合における積極的な情報開示を推奨

2　投資家と上場企業にとっての対話の目的

　投資家が上場企業との対話を望むか否か、望むにしてもその目的・程度・態様は、実際には様々である。上場企業への投資機会は万人に開かれている。少数の銘柄に長期で集中投資する投資家や、短期での鞘取りを目指す投資家、他の投資家の投資行動の最大総和値に従って投資を行うことで市場平均と同程度の成果を狙う投資家など、様々な投資家が資本市場には参加している。そうした投資家のすべてが上場企業と対話を希望するわけではない。個別企業の中長期的な企業価値の向上や持続的成長への関心の程度も様々である。

　上場企業としても、投資家との対話に何を求めるかは、各社の置かれた経営環境や株主構成、経営方針、経営課題などによって様々である。例えば、2017 年に公表された CGS ガイドラインでは、グローバル展開の進んだ大規模・多角化企業は、非連続な経営環境の変化の中で複雑化する経営課題への対応を迫られており、事業ポートフォリオの適切な見直しを含め

第4編　企業価値の向上を目指す対話や開示の実務

て、迅速・果断な意思決定を促す必要性が特に高いと指摘されている。こ
うした企業は、海外投資家の保有比率も高く、グローバルスタンダードの
観点からもわかりやすいガバナンスの仕組みを作る要請が強い場合も多い
と指摘されている。このような企業が、持続的成長へとつなげてゆくため
の「気づき」を得ることや、中期経営計画の策定・公表に際しての「緊張
感」を社内で共有することなどを重視するのであれば、自社のビジネスモ
デルや経営方針等に強い関心を有する投資家と積極的に対話を行うことが
合理的となる。また、浮動株比率の高い株主構成の下で、自社の経営体制
等について投資家の理解と信任を得ることで、株主からの支持の基盤を強
化することを重視するのであれば、広く機関投資家が関心を持ちやすいガ
バナンスへの取り組み等を重点的に対話のテーマとすることが合理的とな
りうる[5]。

　そのような前提の下で、投資家と上場企業が対話に臨む上での主な目的
をあえて列挙するとすれば、企業と投資家が双方向のコミュニケーション
を通じて相互理解を促進する段階と、それを超えて解決すべき課題を設定
した上で課題解決について議論する段階のそれぞれについて、図表 4-1-2
のような事項が挙げられよう。

図表 4-1-2　上場企業と投資家との対話の主な目的（例）

段階	投資家側の目的	上場企業の目的
①相互理解の促進	✓短期の業績予測に資する判断材料の獲得 ✓投資先企業のビジネスモデル・経営方針への理解の深化を通じての、長期保有・集中投資に合致するかの見極め	✓新たな株主層の獲得を通じた、長期・持続的成長への原資の確保と資本コストの低減 ✓議決権行使前の株主からの意見の聴取

---

5)　他方で、比較的規模が小さく、多角化も進んでおらず、海外投資家の保有比率の
　低い企業については、過大な現預金を抱えていても、機関投資家からの規律付けが
　働きにくく、コーポレートガバナンスに対する関心も低い場合も多いと考えられる。
　このような企業について、CGS ガイドラインでは、資本コストに見合った業績を上
　げられていなければ、コーポレートガバナンスの強化を通じて、経営戦略の見直し
　やビジネスモデルの転換など、迅速・果断な意思決定を促す必要性が特に高いと指
　摘されている（CGS ガイドライン6頁）。

第1章　投資家との対話のあり方

	✓投資家側の投資基準（ESGへの取り組みなど）を企業が満たしているかの把握	
②相手方の経営・議決権行使等への働きかけ	✓より良い株主議決権の行使判断や、投資判断を行うための情報収集 ✓対話を通じて企業価値の向上を促すことによる、投資リターンの最大化 ✓ガバナンスやESGへの取り組みの推奨を通じた、外部不経済の解消と全体利益の最大化	✓企業の経営哲学や経営戦略等に対する支持・信任の獲得 ✓自社の成長やガバナンスの改善へ向けた「気づき」や、経営に臨む上での緊張感の獲得

3　投資家の種類・属性

　機関投資家は、年金基金などのアセット・オーナーと、アセット・オーナーから資金の運用を受託するアセット・マネジャーとに大別される。そしてアセット・マネジャーは、その運用スタイルによって、アクティブ運用とパッシブ運用とに大別できる。

図表 4-1-3　2つの運用手法

パッシブ運用 ➤	市場の動きを表すインデックス（指標）等をベンチマークとし、これらベンチマークと連動した運用成果を目指す運用手法 →市場平均並みの収益率を確保
アクティブ運用 ➤	市場の動きを表すインデックス（指数）等のベンチマークを上回る成績を目指す運用手法 →市場平均以上の収益率を確保

　このうち、アクティブ運用では、上場企業の個社に対してリサーチを行い、市場で現在過小評価されていると考えられる銘柄を自ら選別して投資を行う。アクティブ運用の投資家は、対話などを通じて投資先企業の企業価値を向上させることにより、市場全体のパフォーマンスを上回る運用成果を得ることが期待できることから、経営成績の向上へ向けた対話により

229

積極的となるインセンティブを有する。また、投資判断に至るまでの間に、個社の経営環境や戦略、経営計画などの個社事情についてリサーチを行っていることから、経営成績の向上へ向けた課題についても相対的に深い理解を有している場合が多い。

なお、アクティブ運用のうち、少数の銘柄に絞り込んでポートフォリオを形成する、いわゆる集中型投資の運用手法を採用している投資家においては、上場企業個社に対する洞察・理解がより深く、また上場企業との対話を通じて経営成績の向上を働きかける動機もより強い。これに対して、アクティブ運用であっても、投資する銘柄を絞り込まずに幅広く投資するタイプの場合には、上記のような特徴は必ずしも顕著ではなく、目先の企業業績など短期的な経営情報に引きずられやすくなる[6]。

次に、パッシブ運用の投資家は、コストをかけて市場全体のパフォーマンスを上回る運用成果を追うことはせず、市場全体のパフォーマンスに連動したリターンを低コストで実現することを目的として、TOPIXなどのベンチマークに連動したポートフォリオを運用する。パッシブ運用の下では、個別の投資先を調査する必要がなく、また投資先銘柄の入れ替えの頻度もアクティブ運用より少なくなるため、運用コストを低く抑えることが可能となる。

パッシブ運用では、対話等を通じて投資先企業の企業価値を向上させたとしても、これによる株価向上の効果が同じインデックスを用いたパッシブ運用を行う運用機関に等しく及ぶ。その一方で、対話等を行った運用機関は、これに費やしたコストを自ら負担するため、運用成績において相対的に劣後することにもなりかねない[7]。例えばTOPIXの構成銘柄である2,000社弱に投資をしている運用機関が、投資先銘柄の経営課題を個別具体的に把握するのはほぼ不可能に近い。こうした事情に起因してか、パッシブ運用については、アクティブ運用と比較すれば対話頻度はより少ない

---

6) 江口高顯「多様な投資家、多様なガバナンス効果」神作裕之編『企業法制の将来展望——資本市場制度の改革への提言（2018年度版）』（資本市場研究会、2017年）422頁以下。

7) See Lucian A. Bebchuk, Alma Cohen, Scott Hirst, The Agency Problems of Institutional Investors, Journal of Economic Perspectives, Vol. 31 pp. 89-102（2017）（https://ssrn.com/abstract=2982617）。

といった指摘がなされている[8]。また、対話のテーマについても、ガバナンスやリスクへの対処といった点についての議論が中心となりがちである。

　上場企業としては、機関投資家との対話へ臨む際には、その特性をあらかじめ把握し、その関心の所在や行動原理等をあらかじめ概括的に把握しておくことが有用である。また、自社が投資家との対話に何を期待するのかを明確化して、場合によっては自社が望む投資家とより重点的に対話を行うことも選択肢となる。

4　投資家と上場企業との対話の内容

　上場企業と投資家とが前向きに対話を行う場合に一般的に中心となる話題は、経営理念やビジョン、具体的な戦略、さらには企業価値を創出する仕組みとしてビジネスモデルなどである。また、ガバナンスに関連して、取締役会の構成や独立性、新任取締役の研修、取締役会でのアジェンダ、取締役会運営の自己評価、執行役員や戦略に対する監督なども議題となりうる。このほか、企業戦略、中長期の経営計画、資本政策（構成・配分、規律）、ガバナンス、リスク（社会・環境問題に関するリスクを含む）と機会への対応など、投資家として建設的に対話できる項目を、対話において重点的に取り上げることが望ましい旨が、伊藤レポートでは指摘されている[9]。

　なお、対話の内容は、投資家が対話に臨む際の目的を、投資判断のための仮説の構築・検証に資する情報を得ることに置いているか、それとも上場企業に対して変化を働きかけることに置いているかによっても異なりうる[10]。前者では、投資家が疑問点について質問をし、上場企業がこれに回答することが主なやりとりとなる。後者では、投資家が個社企業の経営に対して認識している課題の説明・共有や、課題の解決へ向けた取り組みの方向性についての議論が主なやりとりとなろう[11]。

　こうした内容について実効的かつ効率的に対話を進める上では、投資家

---

8)　金融庁スチュワードシップ・コード及びコーポレートガバナンス・コードのフォローアップ会議「「企業と機関投資家の間の建設的な対話」に関する海外投資家の意見の概要」（2016 年 9 月 23 日）（http://www.fsa.go.jp/singi/follow-up/siryou/20160923/01.pdf）。

9)　伊藤レポート 84 頁、87 頁。

10)　伊藤レポート 83 頁、投資家フォーラム第 13 回・第 14 回報告書 6 頁図表 1 参照。

231

が関心を有する非財務情報についてあらかじめ充実した開示がなされていることが極めて重要となる。統合報告書の作成・公表は、投資家側がこれらの点について理解を深めるのを助け、対話の実効性と効率性の向上につながるといえよう。

5　投資家と上場企業との対話の経路

上場企業側の対話への体制としては、多くの場合、IR 部門における投資家対応の担当者（IR 担当者）が IR ミーティングや株主向け説明会の開催、投資家と経営トップや社外役員とのミーティングの設定等に従事している。また、これとは別に、総務部門などにおける株主総会の担当者（SR 担当者）が、株主に対する議案の説明や賛成票の確保などへ向けた働きかけ等を行っている。

機関投資家においても同様に、ファンドマネジャーが個社に対して経営改善を働きかける役割を担うと共に、議決権行使担当者が議決権行使判断を行う形での役割分担が行われているケースが多い。また、これらに加えて、ESG 担当者のように、個別の投資テーマに合わせて専任の担当者が置かれているケースもある。

同じ運用会社の中でも、各担当者は自らの職責に応じて異なる事項への関心を有する。例えばファンドマネジャーは投資先企業による経営改善への取り組みを注視している一方で、自社が投資先企業に対してどのような議決権行使をしているかや反対の理由を必ずしも十分に把握していない場合がある。上場企業としては、機関投資家内での役割分担のあり方を把握すると共に、SR 担当者と IR 担当者の間で、それぞれのカウンターパートである議決権行使担当者とファンドマネジャーの動向等について適切に情報共有を進めることが望ましい[12]。

---

11)　三瓶裕喜「わが国における建設的対話における諸論点」商事法務 2136 号（2016 年）45 頁参照、伊藤レポート 84 頁参照。

12)　投資家フォーラム第 7 回報告書（2016 年）2-3 頁参照。

第1章 投資家との対話のあり方

[コラム：アクティビストとの向き合い方]

　アクティビストとは、株主提案や委任状争奪戦などの経営への短期的な介入手法を通じて、上場企業に対して経営改善を要求し、株価を押し上げることによって投資リターンを得ようとする投資家をいう。多くの場合には、上場企業の数％から20％程度の株式を取得し、不採算事業からの撤退をはじめとする「選択と集中」や増配・自社株買い等の株主還元の実施を上場企業へ働きかける。その上で、上場企業がこれらの要求に応じることにより株価が上昇した場合には、これを売り抜けることで利益を確保する。

　日本では2000年代における村上ファンドの活動が社会の注目を集めたことで、その存在が幅広く知られるようになった。その後、リーマンショックを機に日本でのアクティビストの活動は停滞期を迎えるが、近時のアベノミクスに始まる株価の回復やコーポレートガバナンス改革の動きをいわば追い風として、日本でもアクティビストの活動が活発化してきている。黒田電気に対する株主提案において議決権行使助言会社大手であるISS（Institutional Shareholder Services Inc.）が賛成を推奨するなど、議決権行使助言会社がアクティビストに有利な意見を表明し、機関投資家がこれに追随する動きが見られることも、このような傾向をさらに助長しているといえる。

　いったんアクティビストの活動の対象となると、上場企業は彼らによるマスメディアなどを利用した公開のキャンペーンにしばしば巻き込まれ、経営陣を中心にその対応に相応の経営資源を費消することを余儀なくされる。そのような事態に陥るのを避ける観点からも、上場企業は常日頃から自社の経営戦略や資本政策を機関投資家へ積極的に説明し、自社の経営方針について理解・賛同を得られやすい環境の構築に努めておくことが望ましいといえる。

233

第4編　企業価値の向上を目指す対話や開示の実務

第2章　投資家との対話に関する規制

1　はじめに

　近時のコーポレートガバナンス改革では、投資家と上場企業との間の建設的な対話が果たす役割に強い期待が寄せられている。他方で、対話の場面において、上場企業が未公表の重要な情報を正当な理由なく一部の投資家にのみ提供し、これにより当該投資家が他の市場参加者に先駆けて利益を得るような事態がもし生じたとすれば、こうした情報を知り得ない一般の投資家と比べて著しく有利となり、不公平が生じる。そうなると、市場参加者の信頼が損われ、証券市場の健全な発展を阻害することにもなりかねない。

　上場会社は、臨時報告書の提出義務と適時開示の義務を負っており、重要な事実が決定され又は発生した場合にはこれを公表することとされている。その意味で、未公表の重要な情報の一部の者への選択的開示の問題は、一定程度までは防止されている。しかし、例えばM&Aにおいて買収の決定には至っていなくとも当事者の実務担当者間でほぼ合意が成立しているなど、適時開示や臨時報告書の提出義務までは生じていなくとも、投資判断に影響を及ぼす未公開の情報を上場企業が保有している場合はやはり存在する。上場企業が未公表の重要な情報を一部の者へ選択的に伝達することにより、市場参加者の信頼が害されるおそれは、適時開示義務や臨時報告書の提出義務では解消しきれないゆえんである。

　そのため、金融商品取引法は、資本市場の公正性と信頼の確保等を図るための制度として、インサイダー取引規制、フェア・ディスクロージャー・ルール、及び法人関係情報の適切な管理に係る規制を設けている。

　これらの規制は、法令の規定が金融商品取引法と政令・内閣府令にわたるなど技術的で複雑であり、かつ、規制の対象となる主体や情報、規制に違反した場合の効果が一部で重複しつつも互いに異なるため、その内容や相互の関係を詳細まで正確に把握するのは必ずしも容易ではない。ただ、

第2章　投資家との対話に関する規制

その規制の内容を大まかに理解する上では、内部情報を知る特別の立場にある者に対する有価証券の取引の規制と、内部情報の伝達の規制に大別して理解することが有益であろう（図表4-2-1参照）。

図表4-2-1　取引の規制及び情報伝達の規制の関係

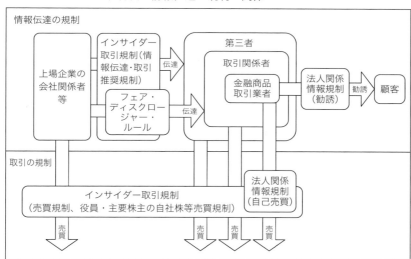

　このうち、有価証券の取引の規制は、一部の特別の立場にある者による「抜け駆け」的な取引を直接に禁ずるものである。しかし、これらの規制をもってしても、こうした問題のある取引を完全に防止することは困難であることから、内部情報の伝達をあわせて規制することにより、不公正な取引の防止の実効性をさらに高め、もって証券市場の公正性・健全性に対する投資家の信頼の確保を図っている。

　上場会社の関係者が投資家との対話に臨む際には、これらの規制のうち上場企業の会社関係者等を対象とする内部情報の伝達規制の理解が最も重要となる。そのため、本章では、内部情報の伝達規制であるインサイダー取引規制（情報伝達規制・取引推奨規制）とフェア・ディスクロージャー・ルールについて、2及び3で解説を加える。また、金融商品取引業者である機関投資家が内部情報を受領した場合にどのような対応を求められるか

235

第4編　企業価値の向上を目指す対話や開示の実務

を理解しておくことも、これらの投資家と対話に臨む上では有益だと思われることから、金融商品取引業者を対象とする法人関係情報の管理等についての規制について、4で概説する。なお、内部情報を知る特別の立場にある者に対する有価証券の取引の規制については、上場企業と投資家との対話に必ずしも直接関係するものではないこともあり、内部情報の伝達の規制について解説する上で必要な範囲で言及するに留めることとする[1]。

2　情報伝達・取引推奨規制

(1)　規制の概要

重要事実を職務等に関し知った会社関係者は、他人に対し、当該重要事実の公表前に、上場会社の有価証券の売買等をさせることによりその他人に利益を得させ、または損失の発生を回避させる目的をもって、当該重要事実を伝達し、または売買等をすることを推奨してはならない（金商法167条の2第1項）。

(2)　導入の経緯

情報伝達・取引推奨規制の導入前は、会社関係者等による内部情報を得た上での取引そのものは禁止されていたものの、インサイダー取引を惹起する情報伝達行為については、インサイダー取引の教唆犯又は幇助犯に該当し得るものの、特別の規制は設けられていなかった。しかし、会社関係者等からの情報受領者によるインサイダー取引が増加し、違反事件の多数を占めるようになった。そのため、このようなインサイダー取引の発生を防止する上で、不正な情報伝達をいかに抑止していくかが課題であるとの指摘がなされるようになった。こうした指摘を受けて、2012年7月にインサイダー取引規制に関するワーキンググループが設置され、同年12月に「近年の違反事案及び金融・企業実務を踏まえたインサイダー取引規制をめぐる制度整備について」と題する報告書（以下「インサイダー取引規制WG報告書」という）が公表された。この報告書を受けて、2013年に金融商品取

---

1)　このほか、本書では、公開買付者等関係者等を対象とするインサイダー取引規制や、役員・主要株主の自社株等売買規制については言及していない。

236

第 2 章　投資家との対話に関する規制

引法が改正され、情報伝達・取引推奨規制が導入された。

(3)　規制の対象となる者

情報伝達・取引推奨規制は、「会社関係者」及び会社関係者でなくなった後 1 年内の者による情報伝達等を禁止している。この会社関係者とは、大要、以下の者を指す（金商法 166 条 1 項）。

①　上場会社等[2]とその親子会社の役職員

②　上場会社等に対する帳簿閲覧権者

③　上場会社等に対して法令に基づく権限を有する者（監督官庁等）

他方で、情報の伝達等を受ける者の範囲は「他人」とされているのみであり、特にその範囲の限定はされていない。

(4)　規制の対象となる情報

情報伝達・取引推奨規制の対象となる情報は「重要事実」である。これはインサイダー取引規制のうち売買規制の対象となる情報と同一である。その内容は金商法 166 条に具体的に列挙されており、上場会社及びその子会社に関する①決定事実、②発生事実、③決算情報及び④バスケット条項に分類される。

このうち①の決定事実と②の発生事実については、その多くに金額的な軽微基準が定められており、また③の決算情報についてはこれに該当するか否かの金額的な重要基準が定められている。そのため、少なくとも金額的な面では、これらの①から③に該当するか否かは相当程度形式的かつ明確に画定されている。他方で、④のバスケット条項では、上場会社の運営・業務・財産に関する重要な事実であって投資者の投資判断に「著しい影響」を及ぼすものが重要事実とされている（金商法 166 条 2 項 4 号）。この規定は包括的でかつ抽象的であることから、ある内部情報が重要事実に該当するか否かの判断が困難となりやすい。

なお、図表 4-2-2 で後掲し、また本章 3・4 で後述するとおり、規制の対象となる情報は、フェア・ディスクロージャー・ルールでは「投資者の投

---

2)　上場会社のほか、投信法に定める投資証券や投資法人債、外国投資証券の発行者も含まれる。

237

第4編　企業価値の向上を目指す対話や開示の実務

資判断に重要な影響を及ぼす」情報とされ、法人関係情報では「投資者の
投資判断に影響を及ぼす」情報とされている。これらの定義を比較すると、
「著しい影響を及ぼす」を要件とする情報伝達・取引推奨規制の対象の範囲
が最も狭く、「影響」を要件とする法人関係情報規制の対象の範囲が最も広
く、「重要な情報」を要件とするフェア・ディスクロージャー・ルールの対
象の範囲はこれらの間に位置すると考えられる。

(5)　主観的要件

　情報伝達・取引推奨規制では、「上場会社の有価証券の売買等をさせるこ
とによりその他人に利益を得させ、または損失の発生を回避させる目的」
がある場合に規制の対象が限定されている。
　インサイダー取引規制のうち売買規制では、このような主観的要件は定
められておらず、また、行為者が利益を得たことや重要事実に「基づいて」
取引をしたことも要件とされていない[3]。そのため、未公表の重要事実を
知って株券等の売買をしたという形式的な行為類型に該当すれば、動機・
目的の有無等を問わず、インサイダー取引違反が成立する。これに対して、
情報伝達・取引推奨規制では、例えば業務提携の交渉やIR活動などにおけ
る情報のやりとり全般を情報伝達・取引推奨規制の対象とすると、企業の
通常の業務・活動に支障が生じると考えられたことから、売買規制とは異
なり、主観的要件があえて定められている[4]。

(6)　エンフォースメント（ルールの実効性の確保)

　情報伝達・取引推奨規制の違反行為は刑事罰の対象とされている。法定
刑は、5年以下の懲役もしくは500万円以下の罰金又は併科であり、法人
による違反については5億円以下の罰金へ法人重課がされている。
　ただし、会社関係者から情報伝達・取引推奨を受けた者が、重要事実の
公表前に株券等の売買をしなければ、情報伝達・取引推奨行為について刑
事罰や課徴金は課されない（金商法197条の2第14・15号）。ただし、情報伝

---

3)　横畠裕介『逐条解説インサイダー取引規制と罰則』（商事法務研究会、1989年）
　　17頁。
4)　インサイダー取引規制WG報告書3頁参照。

238

第2章　投資家との対話に関する規制

達・取引推奨規制違反行為について、金融商品取引業者等がこのような行為を行った場合には、行政処分の対象となり得るし、上場会社等の役職員がこのような行為を行えば、情報管理規程やコンプライアンス規程等の社内規則違反に問われ得る[5]。

(7)　対話に関連して上場会社に求められる対応

　金融庁が2013年に公表した「情報伝達・取引推奨規制に関するQ&A」でも、上場会社等がIR活動の一環として行う自社への投資を促すような一般的な推奨については、通常の場合、「重要事実の公表前に売買等をさせることにより他人に利益を得させる」等の目的を欠くと考えられ、基本的に情報伝達・取引推奨規制の対象とはならない旨が述べられている。そのため、正常なIR活動の過程での情報の伝達であれば、これが情報伝達・取引推奨規制に違反する場面は限定的であろう。

　他方で、情報の受領者である機関投資家は、対話等を通じて上場企業の役職員から未公表の重要事実を知らされてしまった場合、インサイダー取引規制（売買規制）との関係で、当該上場企業の株式の売買をできなくなってしまう。また、一般に、機関投資家は、未公表の重要事実を受領することなく、公表された情報をもとに投資先企業との建設的な対話を行うことが可能であると指摘されている（スチュワードシップ・コード指針4-3）。その意味で、上場企業と投資家との対話に際しては、情報伝達・取引推奨規制における目的要件を充足するか否かにかかわらず、投資家側が秘密保持及び株式の売買をしない旨を誓約するなどの例外的な場面を除いて、重要事実を伝達しないことを当然の前提とするべきである。

---

5)　金融庁「情報伝達・取引推奨規制に関するQ&A」（2013年9月12日公表）問6参照。

第 4 編　企業価値の向上を目指す対話や開示の実務

図表 4-2-2　投資家との対話に関する規則の概要

	FD ルール	情報伝達・取引推奨規制	法人関係情報規制
情報の伝達者	✓上場企業等又はこれらの役員 ✓上場会社の代理人、従業員等（IR 関連の業務に従事している者に限る）	✓上場会社等とその親子会社の役職員 ✓上場会社等に対する帳簿閲覧権者 ✓上場会社等に対して法令に基づく権限を有する者（監督官庁等） ✓上記のいずれかでなくなった後 1 年内の者	金融商品取引業者（証券会社等）
情報の受領者	取引関係者 （金融商品取引業者、登録金融機関、信用格付業者、投資法人等）	第三者（限定なし）	顧客（勧誘の禁止）
規制の対象となる情報	**重要情報** 判断基準：投資判断に<u>重要な影響</u>を及ぼすか否か	**重要事実** 判断基準：投資判断に<u>著しい影響</u>を及ぼすか否か[6]	**法人関係情報** 判断基準：投資判断に<u>影響</u>を及ぼすか否か[7]
規制の内容	✓取引関係者に対して選択的開示を行った場合における情報の公表	✓第三者に対する情報伝達・取引推奨の禁止	✓法人関係情報を提供した顧客の勧誘の禁止 ✓法人関係情報を利用した自己売買の禁止 ✓法人関係情報に係る不公正取引の防止措置の実施　等
主観的要件	✓意図的な選択開示に該当しなくとも、重要情報の公表義務は発生する ✓重要情報の公表時期について、意図的に	✓売買により利益を得させ又は損失を回避させる目的の存在が要件とされている	

6)　バスケット情報の場合についてである。

7)　公開買付けの実施又は中止の決定に係る公表されていない情報については本表には含めていない。

第2章　投資家との対話に関する規制

	選択開示を行った場合は選択的開示と同時に、意図的でない場合は選択的開示を行った後速やかに行うこととされている		
刑事罰	なし	✓ 5 年以内の懲役 ✓ 500 万円以下の罰金（法人重課 5 億円） ✓ 不公正取引により得た財産等の没収・追徴	なし
課徴金	なし	あり	あり
その他の処分	✓ 選択的開示がなされた重要情報の速やかな公表の指示・命令 ✓ 報告・資料提出等の命令8)	—	金融商品取引業者に対する監督上の処分

3　フェア・ディスクロージャー・ルール

(1)　規制の概要

　フェア・ディスクロージャー・ルールとは、上場企業等が機関投資家のファンドマネージャーや証券会社のアナリストなどの取引関係者に対して一定の重要情報を伝達した場合に、この伝達が意図的であれば同時に、意図的でなければ速やかに、当該情報を公表するよう上場企業へ義務付けるものである（金商法 27 条の 36 第 1 項）。

　上場企業としては、仮に自社が不用意に重要情報を伝達してしまった場合に、フェア・ディスクロージャー・ルールに沿って適切な対応を行うことができるよう、何が重要情報に該当するかや公表が必要となった場合の対応等を社内で整理しておくと共に、投資家との対話に携わる役員及び従業員を対象として研修を行うこと等の方法により、その内容を周知してお

---

8)　これらの命令に違反した場合には刑事罰（6 月以下の懲役、50 万円以下の罰金）が科されうる。

241

第 4 編　企業価値の向上を目指す対話や開示の実務

く必要がある。

(2)　導入の経緯

　フェア・ディスクロージャー・ルールと類似の規制は、欧米では 2000 年代に導入された。米国では、2000 年にいわゆる Regulation FD が制定され、また EU では 2004 年に Market Abuse Directive が施行された。これに対して、日本では、東京証券取引所の適時開示規則において重要事実が発生した場合には直ちに適時開示を行うこととされていたことから、未公表の重要事実についての選択的な開示を防止する必要性が高くないなどとして、同時期におけるフェア・ディスクロージャー・ルールの導入は見送られた。証券会社のアナリスト等がいわゆる「早耳情報」を顧客へ提供するといった行為が、米国では当時顕在化していたのに対して、日本ではこのような問題が顕在化していなかった点も、当時における我が国でのフェア・ディスクロージャー・ルール導入の見送りの背景にあったといわれている。

　しかし、近年、我が国でも、複数の証券会社のアナリストが、決算期の末日の直前に上場企業に対していわゆるプレビュー取材を行い、業績予想についての情報を得てこれを顧客に提供していたことが明らかとなった。そのため、このような行為により市場における情報の公平性が害されているとして、日本でもフェア・ディスクロージャー・ルールを導入すべきだとの指摘がなされるようになった。こうした指摘を受けて、2016 年 4 月に金融審議会のディスクロージャーワーキング・グループが取りまとめた制度改革の提言の中で、フェア・ディスクロージャー・ルールの導入を検討すべきとの提言がなされた[9]。この提言を受けて、金融審議会市場ワーキンググループ「フェア・ディスクロージャー・タスクフォース」において同ルールの導入に関する検討が進められ、2016 年 12 月にフェア・ディスクロージャ・ルールの導入へ向けた具体的な提言がなされた[10]。その後、2017 年 5 月 19 日の金商法改正においてフェア・ディスクロージャー・ルー

---

　9)　「ディスクロージャーワーキング・グループ報告―建設的な対話の推進へ向けて―」(2016 年 4 月 18 日公表)。

　10)　「フェア・ディスクロージャー・タスクフォース報告―投資家への公平・適時な情報開示の確保のために―」(2016 年 12 月 7 日公表)。

ルの制定が盛り込まれた。同ルールは2018年4月1日より施行されている。

(3) 規制の対象となる者

フェア・ディスクロージャー・ルールにおいて公表義務が発生するのは、以下に記載の情報提供者が情報受領者（取引関係者）に対して未公表の重要情報を提供した場合である。

（ⅰ）情報提供者
　①　上場企業の役員
　②　上場企業の代理人、使用人その他の従業者（当該上場企業において取引関係者に情報を伝達する職務を行うこととされている者に限る）
（ⅱ）情報受領者（取引関係者）
　①　金融商品取引業者
　②　登録金融機関
　③　信用格付業者
　④　投資法人その他の内閣府令で定める者
　⑤　①〜④の役員等

このように、フェア・ディスクロージャー・ルールでは、情報提供者の範囲が、役員以外の者についてはいわゆるIR業務に従事する者に限定されている。また、情報受領者（取引関係者）の範囲も、金融商品取引業者など、有価証券の売買に関与する蓋然性が高い者に限定されている点に特徴がある。なお、情報伝達・取引推奨規制では、2(3)で上述したように、情報の提供者及び受領者の双方について、このような範囲の限定はされていない。

(4) 規制の対象となる情報の範囲

フェア・ディスクロージャー・ルールの対象となる「重要情報」は、「上場企業等の運営、業務又は財産に関する公表されていない重要な情報であって、投資者の投資判断に重要な影響を及ぼすもの」とされている（金商法27条の36第1項）。その典型例としては、インサイダー取引規制上の重要事実と、年度又は四半期の決算に係る確定的な財務情報であって、有価証券の価額に重要な影響を与える情報が挙げられている。

第 4 編　企業価値の向上を目指す対話や開示の実務

　他方で、今後の中長期的な企業戦略・計画等に関する経営者と投資家との建設的な議論の中で交わされる情報[11]や、すでに公表した情報の詳細な内訳や補足説明、公表済の業績予想の前提となった経済の動向の見込み[12]、他の情報と組み合わせることで投資判断に活用できるものの、その情報のみでは、直ちに投資判断に影響を及ぼすとはいえない情報（いわゆるモザイク情報）については、重要情報には含まれないとされている。

　さらに、伝達を受ける情報について守秘義務を負い、かつ投資判断に利用しないとの義務を負っている者に対して情報を伝達する場合には、フェア・ディスクロージャー・ルールに基づいて当該情報を公表する必要はないとされている。

(5)　主観的要件

　フェア・ディスクロージャー・ルールでは、取引関係者に対して重要情報を伝達した場合には、この伝達を意図的に行ったか否かにかかわらず、上場企業は伝達された未公表の重要情報を公表[13]すべきとされている。ただし、その公表時期については、意図的に伝達を行った場合には当該伝達と同時に、重要情報であることを知らなかった場合等には知った後速やかに、当該重要情報を公表すべきとされており、主観的要件に応じて公表義務の履行時期に差がつけられている。

---

11)　この点について、FDR ガイドライン（金融商品取引法第 27 条の 36 の規定に関する留意事項について（以下「FDR ガイドライン」という））では、「例えば、中期経営計画の内容として公表を予定している営業利益・純利益に関する具体的な計画内容などが、それ自体として投資判断に活用できるような、公表されれば有価証券の価額に重要な影響を及ぼす蓋然性のある情報である場合であって、その計画内容を中期経営計画の公表直前に伝達するような場合は、当該情報の伝達が重要情報の伝達に該当する可能性がある」とされている。

12)　ただし、FDR ガイドラインでは、「こうした補足説明等の中に、例えば、企業の業績と契約済みの為替予約レートの関係に関する情報であって、その後の実際の為替レートの数値と比較することで容易に今後の企業の業績変化が予測できるような、それ自体として公表されれば有価証券の価額に重要な影響を及ぼす蓋然性のある情報が含まれる場合は、そのような情報は重要情報に該当する可能性がある」とされている。

13)　公表の方法は金融商品取引法第二章の六の規定による重要情報の公表に関する内閣府令 10 条。

244

第2章　投資家との対話に関する規制

(6)　エンフォースメント（ルールの実効性の確保）

　取引関係者に未公表の重要情報を伝達したことにより、上場企業が当該重要情報の公表義務を負ったにもかかわらず、この義務を履行しない場合には、内閣総理大臣は重要情報の公表等の措置を指示することができ、上場企業がこの措置をとらなければこれを実施するよう命じることができるとされている（金商法27条の38第2項）。また、内閣総理大臣は、公益又は投資者保護のために必要かつ適当であると認めるときは、情報の公表者や公表義務を負う者等に対して、報告または資料の提出を命じ、また職員に帳簿書類等を検査させることができるとされている（同法27条の37）。その上で、これらの命令に違反した者に対しては、6月以下の懲役もしくは50万円以下の罰金又はこれらの併科をすることができるとされている（同法205条5・6号、6号の5）。

　このように、フェア・ディスクロージャー・ルールでは、会社関係者が取引関係者に未公表の重要情報を伝達した行為それ自体は刑事罰や課徴金の対象とされていない点に特徴がある。

(7)　対話に関連して上場企業に求められる対応

　FDRガイドラインでは、フェア・ディスクロージャー・ルールを踏まえた情報管理について、上場会社等は、それぞれの事業規模や情報管理の状況に応じ、次のいずれかの方法により重要情報を管理することが考えられるとされている（このうち、②が最低限の対応であるとされている）。

①　諸外国のルールも念頭に、何が有価証券の価額に重要な影響を及ぼし得る情報か独自の基準を設けてIR実務を行っているグローバル企業は、その基準を用いて管理する

②　現在のインサイダー取引規制等に沿ってIR実務を行っている企業については、当面、インサイダー取引規制の対象となる情報、及び決算情報（年度又は四半期の決算に係る確定的な財務情報をいう。③において同じ）であって、有価証券の価額に重要な影響を与える情報を管理する

③　仮に決算情報のうち何が有価証券の価額に重要な影響を与えるのか

245

第 4 編　企業価値の向上を目指す対話や開示の実務

　　判断が難しい企業については、インサイダー取引規制の対象となる情
　　報と、公表前の確定的な決算情報をすべて本ルールの対象として管理
　　する

　上場会社では、フェア・ディスクロージャー・ルールの導入に伴い、イ
ンサイダー取引規制や適時開示規制を遵守するための社内体制や内部規程
を見直し、フェア・ディスクロージャー・ルールに対応する内容へと、自
社の情報管理体制や規程を見直しているものと推察される[14]。その上で、
今後とも自社の体制を不断に見直していくことが求められるといえよう。

4　法人関係情報

(1)　規制の概要

　法人関係情報とは、上場会社等の運営、業務又は財産に関する公表され
ていない重要な情報であって顧客の投資判断に影響を及ぼすと認められる
ものをいう（金商業府令 1 条 4 項 14 号）[15]。

　金融商品取引業者等又はその役員・従業員は、有価証券の売買やその媒
介・取次ぎ・代理等のいわゆるブローカー業務につき、顧客に対して上場
会社等の「法人関係情報」を提供して勧誘する行為や、法人関係情報に基
づく自己の計算における有価証券の売買等をしてはならないとされている
（金商法 38 条 9 号、金商業府令 117 条 1 項 14 号〜16 号）[16]。また、その取り扱
う法人関係情報に関する管理又は顧客の有価証券の売買その他の取引等に
関する管理について、法人関係情報に係る不公正な取引の防止を図るため
に必要かつ適切な措置を講じることが求められている（金商法 40 条 2 号、
金商業府令 123 条 5 号）。

　また、日本証券業協会は、法人関係情報の管理に係る自主規則を定めて

---

14)　この準備に際しては、日本 IR 協議会が 2018 年 2 月 28 日に公表した「情報開示と
　　対話のベストプラクティスに向けての行動指針〜フェア・ディスクロージャー・ルー
　　ルを踏まえて〜」の内容も参考になる。

15)　この他に、本章では個別に言及しないものの、公開買付けの実施又は中止の決定
　　に係る公表されていない情報も法人関係情報に含まれる。

16)　このほか、法人関係情報を利用した自己売買の禁止や、法人関係情報の適切な管
　　理の義務付けもなされているが、本書ではこれらの規制については特に言及しない。

246

いる[17]。その規則に付随するガイドライン[18]では、それ自体は法人関係情報に該当するわけではないが、他の情報と相まって法人関係情報となり得る情報（示唆情報）や、現時点では法人関係情報ではないが、将来法人関係情報になる蓋然性が高いと考えられる情報（高蓋然性情報）をも、法人関係情報の管理の対象とすることが推奨されている。

(2)　導入の経緯

　1988年の証券取引法改正までは、日本には法令上インサイダー取引を直接に禁止する法令はなく、「有価証券の売買その他の取引について不正の手段、計画又は技巧をなすこと」が禁止されているのみであった[19]。しかし、ある企業が債券先物取引により多額の損失を発生させたところ、その公表前に取引銀行の1つが保有する同企業の株式全部を売却したという事案が発生し、証券市場の公正性と健全性に対する社会的関心が高まるに至った。米国、英国及びフランス等の主要先進国において、インサイダー取引規制に積極的な姿勢が当時とられていたことをも踏まえ、日本でも、実効性あるインサイダー取引規制の整備の導入が喫緊の課題とされるに至った。

　こうした状況を受けて、1987年に証券取引審議会の下に不公正取引特別部会が設置された。同部会は7回にわたる集中的な審議を経て1988年2月16日に部会報告書をとりまとめた。その中では、インサイダー取引に対する実効性ある対応という観点から、インサイダー取引に対する刑事罰則の整備とあわせて、その未然防止体制の整備が提唱された[20]。

　同報告書は、1988年2月24日の証券取引審議会で審議・了承され、大蔵大臣に提出された。その後、同報告書における未然防止体制の整備の提唱を受けて、1988年の証券取引法改正に伴うインサイダー取引規制の整備にあわせて、1988年9月に健全性準則等省令が改正され、法人関係情報の管

---

17)　日本証券業協会「協会員における法人関係情報の管理態勢の整備に関する規則」。
18)　日本証券業協会「「協会員における法人関係情報の管理態勢の整備に関する規則」に関する考え方」。
19)　証券取引法58条1号。
20)　証券取引審議会報告書「内部者取引の規制の在り方について」(1988年2月24日)参照。

247

第4編　企業価値の向上を目指す対話や開示の実務

理が十分でない場合などに大蔵大臣が是正命令を行うことができるとされた。さらに、1989年2月にも同省令が改正され、法人関係情報を提供して勧誘する行為や、法人関係情報に基づく自己の計算における有価証券の売買が禁止されるに至った[21]。

(3)　対話に関連して上場企業に求められる対応

　法人関係情報の規制は、金融商品取引業者を対象とするものであり、上場会社を直接に規律するものではない。しかし、対話の相手方である証券会社は、法人関係情報を受領すると売買停止等の措置をとることを求められることから、これに該当する可能性のある情報を聞いてしまう事態になることを通常は極力避けようとする。

　インサイダー取引規制上の重要事実のうちバスケット条項では、投資判断に「著しい」影響を及ぼすものが対象とされており、またフェア・ディスクロージャー・ルールの「重要情報」には「重要な」影響を及ぼすものが対象とされているところ、この「著しい」や「重要な」の限定が法人関係情報には付されていない。また、インサイダー取引規制上の重要事実のうちバスケット条項以外のものについては、その相当数に軽微基準が付されているところ、法人関係情報ではそのような限定も付されていない。さらに、自主規制の下では、示唆情報や高蓋然性情報のように、法人関係情報に該当するとは限らない情報についても管理の対象とされている場合が多い。これらの理由から、金融商品取引業者である投資家が、管理体制の整備等の対応を求められる情報の範囲は、上場会社側が情報伝達・取引推奨規制やフェア・ディスクロージャー・ルールの下で対応を求められる情報の範囲よりも、広範にわたっている。

　上場会社としては、対話に際して投資家に情報を伝達するに際しては、このような金融商品取引業者が置かれている環境を理解した上で、法人関係情報に該当する可能性の高い情報については、その伝達を受けることで問題ないかを相手方に念のため確認することが望ましい対応であるといえよう。

---

21)　昭和63年9月20日大蔵省令第39号、平成元年2月3日大蔵省令第11号。

第3章 外国人投資家のトレンドと英文開示・Webサイト開示の重要性

　本章では、統合報告書の読み手として重要な位置付けを占める外国人投資家について最近のトレンドをまとめるとともに、外国人投資家から評価される統合報告書およびそれ以外の開示情報を含めたIR（投資家向け広報）活動全般における英文開示上のポイントやWebサイト開示での工夫についてまとめている。

1　外国人投資家のトレンド

(1)　なぜ外国人投資家が重要なのか

　今日の日本の株式市場は、売買代金のおよそ7割が外国人投資家による取引で占められている[1]。また、株式の保有割合という点でも、外国法人等の株式保有比率は、1990年の4.7％から、2000年に18.8％、2010年に26.7％、2017年には30.3％と、上昇傾向を続けており、外国人投資家の売買動向は日本の株式市場における株価形成に大きな影響をもたらしている[2]。第二次安倍政権が2013年にスタートさせた日本再興戦略においても、日本の資本市場、特に株式市場にグローバルマネーを呼び込むことが目的の1つに掲げられており、インベストメントチェーンにおける外国人投資家の重要性が再認識されるようになった。このような中、日本の上場企業では外

---

[1] 2018年暦年ベースの東京証券取引所の総売買代金（委託取引分）のうち、71.5％を外国人投資家が占めている。（日本取引所グループ「投資部門別株式売買状況」）
　https://www.jpx.co.jp/markets/statistics-equities/investor-type/nlsgeu000003rcsw-att/stock_val_1_y18.pdf

[2] 株式分布状況調査によれば、2017年度の全国4証券取引所（東京・名古屋・福岡・札幌）の上場会社（調査対象会社数3,687社）の外国法人等の株式保有比率（金額ベース）は30.3％である（日本取引所グループ）
　https://www.jpx.co.jp/markets/statistics-equities/examination/nlsgeu0000036n2d-att/j-bunpu2017.pdf
　https://www.jpx.co.jp/markets/statistics-equities/examination/nlsgeu0000036n2d-att/j-bunpu2017.pdf

国人投資家向けの情報開示を積極的に進める必要性が高まっており、とりわけ電気機器・機械・精密機器などのグローバルに展開する企業の多いセクターや外国人投資家の株式保有比率が高い企業においては、英文やWebサイトによる情報開示も質・量・スピードといった面で外国人投資家の要請に応えていくことが期待される。

　なお、ここでいう「外国人投資家」とは、拠点を日本国外に置く機関投資家と定義する。企業のIR活動において、開示に対する視点は外国人投資家と国内の機関投資家、および個人投資家とは異なる部分がある。企業のIR活動は、すべての投資家の視点を意識して行う必要がある以上、外国人投資家の視点あるいは関心事を良く認識しておくことが求められる。そこで、ここでは特に各上場企業に共通する外国人投資家に対するIR活動や情報開示のポイントを探ってみたい。

(2)　外国人投資家のエリア別動向と投資形態の違い

　一口に外国人投資家といっても、その中身は多様である。全世界で日本株に投資をする機関投資家をエリア別にみると、ヨーロッパ（イギリス、欧州大陸）、北アメリカ（アメリカ、カナダ）、アジア（香港、シンガポール、中国など）に大きく分けられる。日本の企業のなかには、ヨーロッパの投資家と聞くと中長期投資家やESG投資家を想像し、香港やシンガポール、アメリカの投資家であれば短期志向といったイメージを持つ場合も少なくないようだが、実際にはそう単純に色分けできるものではない。アメリカでも、CalPERS（カリフォルニア州職員退職年金基金）、CaLSTRS（カリフォルニア州教職員退職年金基金）、TIAA-CREF（全米大学教職員退職年金/保険基金）のようにESG投資に熱心な年金資金が存在しており、ニューヨークに本拠を持つヘッジファンドの中にも、運用手段の中にロング（買い）だけでなく、ショート（売り）という手段を持つだけで、運用の視点や期間（ターム）は中長期であるという運用機関も少なくない。

　また、外国人投資家についても、第4編第1章で述べたとおり、投資形態によってパッシブ運用投資家と、アクティブ運用投資家という2つのタイプに区分されることが多い。なお、日本の上場企業は、国内の機関投資家はもとより、外国人投資家に対してIR活動を行う際、従来はアクティブ運

用の投資家をターゲットにすることがほとんどであった。なぜなら、パッシブ運用投資家は、アクティブ運用のような個別企業の調査コストをかけずにインデックス連動型の運用を行っており、個別企業の株式調査を行うと投資判断にバイアス（偏り）がかかり、インデックス連動型の運用方針をかえってゆがめてしまうという理由からも、議決権行使の目的以外で企業と直接コミュニケーションを行うことが少なかったためである。

しかし、近年ではESG投資の拡がりとともに、スチュワードシップ責任を果たす上で求められる株主モニタリングの一環として、機関投資家が投資先企業にエンゲージメント（目的をもった建設的な対話）を行う重要性が認識されるようになり、アクティブ運用投資家だけでなくパッシブ運用投資家も、これまでの議決権行使のための対話にとどまらずエンゲージメントを行う部隊を自社内に設けるところが出てきた。機関投資家のファンドマネジャーも、自身が運用するファンドの組み入れ銘柄について、なぜその銘柄を保有したのか、あるいは売却したのか、どのような方針に基づいて議決権を行使しているのかなどについて、アセットオーナーに説明する責任を求められ、投資した企業に対するエンゲージメントに無関心ではいられなくなっているのである。それゆえ、今日では、外国人投資家だけでなく、国内機関投資家の間でも、ESG担当もしくは責任投資担当、あるいはエンゲージメント担当を任命して、企業価値向上を意識した、投資先企業との対話を行うところが増えている。

(3) 外国人投資家の関心領域と非財務情報の位置付け

日本国内の機関投資家は、決算短信や有価証券報告書、そして機関投資家向け決算説明会や個別取材など、投資対象企業のリサーチの機会に恵まれている。一方、外国人投資家は、そもそも日本国内の業界や個別企業の情報から縁遠く、日本国内でのみ開催される決算説明会や株主総会への出席もままならない。そのため、企業の財務情報だけでなく、経営戦略や社長のメッセージ、そしてESG情報も記載する開示資料に対する強いニーズを有している。統合報告書は、このようなニーズに合致した開示情報であることから外国人投資家の間で特に重視されており、筆者の経験上も国内投資家よりも読まれている率が高い。概して国内投資家よりも幅広いカ

バレッジで運用を行っている外国人投資家にとって、限られた時間で投資判断に有益な情報を効率的に得られる媒体として、統合報告書が評価されていることの表れであろう。

外国人投資家が投資判断を行う上で有益と評価する開示情報については、様々な研究・議論があるが、企業の将来の収益可能性と持続可能性に関する情報提供を期待する声は多い[3]。世界的な ESG 投資の拡大や企業と投資家との対話（エンゲージメント）の重要性の認識が高まるにつれ、外国人投資家の求める開示情報も、企業の短期業績に関する情報だけでなく、長期の業績予測に影響を及ぼす非財務情報に拡大している。

現在の外国人投資家の ESG 投資に対する関心について、米国 CFA 協会[4]の ESG マニュアルを以下に引用する。ここからも、ESG 投資に対する関心の高さが窺える。

アナリスト向けの ESG マニュアル（CFA 協会）
　「世界の政治的及び法規制上の課題が時代とともに変遷するにつれて、新たな要因が投資判断により深刻かつ重大な影響を及ぼすようになると思われる。だからこそ、ESG の影響を長期戦略に織り込み、ESG 要因と戦略を投資家に適切に伝えることのできる企業は、自社のより明確な将来価値を示すことができるはずであり、また、ESG 分析を戦略的に用いることにより、自社の既存の事業モデルにかかる潜在的なコストや負担等を含めて、将来の事業環境を的確に予測することも可能となろう。同様に ESG 要因を適切に解釈し、企業の将来見通しに繋げることのできるファンド・マネージャーやアナリストは、ESG 要因に係るリスクや機会を認識できない競合相手に比べ、より高い優位性を確保することができる。」

出所：日本 CFA 協会翻訳「上場企業の ESG（環境・社会・ガバナンス）要因　投資家のためのマニュアル」

---

3)　児玉直美＝高村静「非財務情報の開示と外国人投資家による株式保有」経済産業研究所（2014 年）11-12 頁。
4)　CFA®は、証券分析及び運用アドバイスにおいて世界的に認められている米国証券アナリストの専門資格で、62 の国と地域に 140 の拠点おいて 122,600 人以上のメンバー（世界 114,600 人以上の CFA 資格者を含む）が所属している（https://www.cfasociety.org/japan/Pages/CFA.aspx）。

252

第 3 章　外国人投資家のトレンドと英文開示・Web サイト開示の重要性

2　外国人投資家を意識した英文開示と表現上の留意点

(1)　英文開示の優先順位

　外国人投資家の重要性が高まる中でも、和文で開示している資料のすべてを英文でも開示することについては、金銭的・時間的コストの観点から躊躇する企業がまだまだ多いようだ。日本 IR 協議会がとりまとめた「IR 活動の実態調査」(2016 年 4 月)によれば、アンケートに回答した日本の上場企業 952 社のなかで英文開示が行われている開示情報は、経営トップのメッセージに次いで決算短信、説明資料（決算説明資料など）、ニュースリリース、統合レポート、アニュアルリポートの順であり、短期の開示情報を中心に英文開示を行う例が多くを占めている。また、2015 年より導入されたコーポレートガバナンス報告書では、英文版を提出している企業数は 180 社と少数にとどまっている。ただし、そのうち 169 社が 2018 年以降に英文版の提出に踏み切っており[5]、外国人投資家のガバナンスに対する関心の高まりに連動して英文版を開示する企業が徐々に増えていることがうかがえる。いずれにしても、英文開示を進める上では、外国人投資家の投資判断にとって有用性が高いと思われるものから優先度をつけて取り組む形としつつ、海外投資家が求めている情報量と即時性・速報性のバランスも考慮して、開示内容及び情報の範囲や粒度も取捨選択していくのがよいであろう。

(2)　英文開示資料や開示手法の多様化

　事業活動のグローバル化や IT の発展に伴い、日本企業の英文開示資料や開示手法も多様化が進んでいる。かつては外国人投資家が適時にアクセスできる英文開示資料はアニュアルレポートや決算短信の英訳版程度に限られている例も多かった。これに対して、近年では、投資家向けの決算説明会資料を Web サイトで公開したり、Webcast やストリーミングビデオで英語の吹き替え音声付の説明会録画を Web サイトに掲載し、プレゼンテー

---

5)　株式会社日本取引所グループ Web サイト（https://www.jpx.co.jp/english/equities/listing/cg/01.html）。

253

ションの読み原稿テキストを Web 開示する例が増加している。ただし、説明会の様子を Web 開示している企業であっても、英文開示に限らず投資家との質疑応答セッションは削除されているケースも時々見受けられる。既述のとおり、英文開示の対象をその優先度に応じて取捨選択することは必要だが、リアルタイムで説明会に参加できない海外投資家や説明会へのアクセスが不能なその他ステークホルダーとの公平性を考えれば、せっかく決算説明会や株主総会の動画を掲載するのであれば質疑応答セッションまで掲載する、または動画掲載が難しい場合でも、せめてテキストだけでも質疑応答部分の要約を開示するなどの工夫が期待される。

(3)　英文データ・会計情報の扱い方と表現上の留意点

英文開示資料や開示手法の取捨選択と並び、開示情報における英語表現についても外国人投資家の評価が分かれるポイントがある。開示情報において一貫性を確保し、利用者の混乱・誤解を防止するためには、同一の概念に同一の語句や表現を用いることが重要となる。しかし、企業の作成する開示情報のなかで用語の不統一が見られることは決して珍しくはない。

今日のグローバル企業では、社内の法務、広報、IR セクションなどの、ブランド管理を統括するセクションが開示資料の表現方法等にも目を光らせ、外部に発信する情報のクオリティーコントロールを行う会社が少なくない。また、米国証券取引委員会（SEC）が "A Plain English Handbook" を開示文書作成の指針として発行していることでも明らかなように、英語ネイティブでない利用者の存在をも想定して、複数の解釈が可能なあいまいな表現は避け、ノンネイティブであっても誤解を招かずに済む "Plain English"（平易な英語表現）を尊重するのがマナーであろう。ビジネス文書の作成上も "clear and concise"（明瞭かつ簡潔）を重視し、"conclusion first"（結論が先）といったルールが広く共有されている。そのため、海外投資家をはじめとするグローバルなステークホルダー向けに作成される開示資料では、これらのルールに可能なかぎり沿った構成・内容としておくことが期待される。日本語の曖昧さを残したままで英文に直訳をしようとすると、内容が不明瞭となり、開示情報のアカウンタビリティー（説明力）が損なわれかねず、資本市場からの企業の信用にもマイナスの影響を及ぼしかねな

第3章　外国人投資家のトレンドと英文開示・Web サイト開示の重要性

い。誰がいつ、どこからみても同じように解釈できる英文開示情報の作成スキルが日本企業で普及することを筆者は切に願っている。以下では、筆者が携わってきた IR 実務のなかで、誤解なき英文開示資料を作成する上での要点を概説する。

ア　異なる開示資料間での表現方法・ルールの共有化

前述のようなブランド管理体制がまだ確立されていない企業の場合、社内で最初に取り組むべきことは、日本語から英語などの他言語の翻訳を含めた異なる開示資料の用語やルールの整合性確保である。IR 関連の開示資料には、決算短信、有価証券報告書、株主総会招集通知、事業報告書、アニュアルレポート、そして統合報告書と様々なものがある。これに IR セクション以外の部門で作成している CSR 報告書やサステナビリティレポート、会社案内、マーケティング資料、広告などまで含めれば、社外のステークホルダー向けに発行されている資料は数えきれない。このような場合、IR 担当は社内の広報等関連部門と協力して、社外向けによく使われる用語やフレーズをまとめた用語集（グロッサリー：glossary）を例えば日本語と英語双方で作成し、共有しておくことが望ましい。特に、企業理念などの会社の顔となるようなフレーズや、業界または社内でよく使われる専門用語・言い回しなどについては、どこまでを社外向けにも公開するかのルールを決めておくことが必要だろう。筆者が用語集を作成した企業では、最初に現行開示資料で繰り返し使われている用語や表現について、定義と英訳、引用先をリストアップしておき、同じ用語でも資料間で異なる英訳が使われていた場合は翻訳者と一緒に英訳を再度吟味し直すといった作業を重ねていった。初年度は用語集の作成にある程度の手間がかかるが、一度完成すれば翌年以降は新たに登場した用語を中心に加筆修正していけばよいので、アップデートの負担はそれほど大きくはない。また、社内の関連部門に用語集が共有されるようになってからは、新たな用語が登場した場合も、過去の用語集で採用されたルールや英訳のニュアンスから類推して考える慣行が社内で定着し、IR 担当や英語ネイティブの翻訳者が英訳に頭を悩ませなくても社内の担当者などから適切な提案が持ち込まれてスムーズに英訳が決まるといった効果もあった。

255

第4編　企業価値の向上を目指す対話や開示の実務

イ　国際会計基準や会計年度への配慮

　財務諸表の英訳や営業データなどの表示方法においても、海外投資家が慣れ親しんでいる会計基準や用語などを意識しておくと、グローバル投資家との対話が建設的に進みやすい。例えば、国際会計基準（IFRS）や、米国会計基準（US-GAAP）では存在しない「経常利益」を企業が重視している場合、その定義や当該指標を用いる意義について丁寧な説明を心掛けるべきである。また、英文版の決算短信と株主総会招集通知に掲載されている英文財務諸表とで、同じ勘定科目にもかかわらず英訳が異なっているケースも散見される。決算短信の開示時点では企業が任意で英訳版を作成するものの、その後の監査のタイミングで監査法人が英訳の修正を要請する場合、このような事態はいつでも起こりうる。このような際に前述した用語集があれば、英文監査の担当にも事前に勘定科目の英訳案を相談することができ、同じ年度内に開示する英文財務数値が開示資料によって異なる勘定科目名で記載されるといったミスも防げるようになる。

　会計年度の呼び方についても、IRの現場で外国人投資家の混乱を招くことが多い。日本では3月を最終月とする会計年度を採用している会社が多いこともあり、会計年度ベース（fiscalもしくはfinancial year）と聞けば、該当年の4月から翌年の3月までの期間と解釈することに慣れている。しかし、年度始めが企業によって異なることを前提とすれば、会計年度も何年の何月までといわなければ正確には伝わらない。とりわけ、暦年ベースの会計期間に慣れている欧米人に "fiscal year 2020" などといってしまうと、こちらの想定より一会計年度前の2019年4月〜2020年3月までの期間を想像されるなど、対象期間を正確に理解してもらうのに大変手間取る。プロのIR通訳者の話によれば、日本企業が多用する「年度」は外国人投資家の間で評判が悪く、通訳泣かせでもあるようだ。そう聞いて以来、筆者は英語で「○○年度末」を表現したいときは「XX年のX月末」といい換え、「2020年度末」であれば "March 2021" という表現を使うように心掛けている。

第3章　外国人投資家のトレンドと英文開示・Webサイト開示の重要性

ウ　言語の背景、文化的差異にも配慮した表現テクニック

　日本語では1つの会計用語や表現方法であったとしても、英語ではその
ニュアンスの違いから何種類もの使い分けが行われていることは多い。例
えば、前述した「利益」でも、財務諸表上の勘定科目名として使う場合、
あるいは主体的に確保するための努力をよりアピールしたいときなどには
"profit"を使い、定性的なメッセージのなかで売上から費用を差し引いた
結果獲得できたものとして表現する際は"earnings"、売上と費用の差額に
着目すれば"margin"、投資に対する対価として表したい利益には"return"
を用いるといったように、複数の選択肢がある。財務諸表上の勘定科目名
を選ぶ際だけでなく、決算短信の定性文による業績説明やプレゼンテー
ション作成においても、このような用語に内包されたメッセージや特徴を
心得ておけば、利益の出所が戦略的に企業の自助努力を重ねた結果生まれ
たものか、不可抗力の外生的要因によるものなのかについて、企業の認識
を正確に伝えることが可能になり、外国人投資家からみても施策の成否等
が伝わりやすくなる。

　また、英文で動詞を扱う場合、主体的な意図を伴った動詞である"ac-
tion verb"が多岐にわたることから、相手を説得したい方向を踏まえなが
ら日本語よりも慎重に動詞を使い分けていくコミュニケーションも大切で
ある。例えば、売上や利益が増加したことを伝える文章でも、中立的・客
観的な意味合いが強く、自動詞として使われることの多いincreaseはあえ
て選ばず、raise、develop、expand、lead、improveなど目的語を伴う他動詞
を用いて、より主体性や目的が明確に伝わりやすい表現を選ぶというのも、
情報の受け手の社会通念や文化に配慮したコミュニケーション上の1つの
テクニックであろう。

エ　図表上の表現における留意点

　言語自体が内包しているニュアンスだけでなく、英文表記された記号・
符号の意味合いや数値単位、時系列データの並べ方や上下左右などの向き
や方向性の目線合わせといった点でも、主要なステークホルダーの文化的
差異を考慮して細やかな心配りをしておくメリットは大きいと考える。和

257

第4編　企業価値の向上を目指す対話や開示の実務

文英文の符号の使い方でよく戸惑う点として、マイナスを▲という記号で示している表やグラフをそのまま英訳できるかという問題がある。英文では、▲は差分を表すことにしかならないため、例えばマイナス10であれば、必ず数値の前にマイナス符号「−」を付けて「−10」と表記するか、数値をマイナスの意味を持つ括弧で括り、「(10)」と表記するかのどちらかに統一しておく必要がある。また、和文では、マイナス以外の意味で括弧を用いることも多いが、数値表のなかでマイナスの括弧を用いるような場合には読み手が混乱しないようにマイナスの趣旨以外で使われるカッコ書きは控える、もしくは別の形の大括弧 ［　］ などを用いて区別しておくなどの配慮が求められよう。

　日本企業の開示資料は億円単位で表示されるものと百万円単位あるいは十億円単位で表示されているものが混在していることも多いが、外国人投資家にとっては、百万円もしくは十億円単位で区切って説明されたほうがわかりやすい。アニュアルレポート等で、財務データの一覧表や財務諸表の端にUSドルベースの換算数値が付記されているものをみかけることがあるが、これも外国人投資家の利便性に配慮した工夫であろう。時系列データを複数年度並べる際も、日本企業の多くは直近年度が右側に表示される構成に慣れていると思うが、欧米企業の財務データは左側に直近数値が並んでいるケースも多い。似たような例では、貸借対照表で上部に流動資産や流動負債、下部に固定資産や固定負債が並ぶのは日本および米国の会計基準では通例だが、IFRSの財政状態計算書では固定資産等の非流動項目から並べること（固定性配列法）も一定の場合には許容されている。このような形式的な違いであっても、あらかじめ心得ておけば、海外企業の財務数値とみ比べる際や外国人投資家等とのコミュニケーションでも慌てずに済む。

　図表やチャート等で論点が進む方向についても、文化的な差異が理解の妨げになることがある。筆者が海外投資家にインタビューを行った際、日本企業の統合報告書のあるページで、下から上（厳密には左下から右上）に向かって描かれた価値創造モデルを見た英国のファンド・マネージャーが、このようなイラストは日本固有のサンライズモデルなのだろうが、欧米人にとっては理解が進みにくいと指摘したことがあった。英文でのライティ

258

ングや論点構成は、先に述べたように結論を先に述べ、次いで各論やその根拠を並べていくのが通例のルールとして共有化されているため、最終的に英文開示が必要となる図表などはやはりグローバルスタンダードに馴染みやすい記載方法やストーリー展開を尊重して作成しておいたほうが、外国人投資家からの英文開示資料に対する評価も得られやすいだろう。

オ 情報量と公平性に対する誤解

　開示資料の情報量や情報の質に対しても、外国人投資家は国内投資家とは違う評価をしているケースがある。前述のように、日本企業の英文開示情報は近年拡充されており、企業の Web サイトでも和文のページと英文のページがミラーになっている（和文ページと英文ページが同じレイアウトで表示される）企業も増えてきた。情報量の点において、英文開示が和文の開示レベルに近づいてきたといえるかもしれない。しかし、外国人投資家は、英文開示が和文開示と同じ情報量というだけで満足しているかというと、必ずしもそうではないと思われる。とりわけ、カバレッジ企業数が多く、多忙な投資家であればあるほど、少ない分量で要点を素早く掴める情報を選別・吟味しており、筆者の IR 経験からしても、企業側が発信している英文開示資料のすべてに目を通している外国人投資家は少数派であったように思える。

　また、日本企業のプレゼン資料は、概して文字や分量が多いわりに論点がわかりづらい、すなわち情報の質やメリハリ（重要度）が伴っていないと言われるケースも少なくない。例えば、冒頭に結論のメッセージが記されていないスライドや、各事業部の数値が全社に対する損益影響の大きさや重要性とは関係なく一律の情報量・詳細度で並んでいるような資料、前回発表との差異がハイライトされていない中期経営計画や業績予想などは特に批判の的になりやすい。このような情報は、たとえ英文で開示されたとしても読み手のストレスが大きいため、最後まで読破することが断念されているか、読み飛ばされていてもおかしくない。英文開示においては、情報の発信段階で公平性が確保されているからといって、情報発信者の意図した情報が等しく受け手に伝わるケースは少ないことを IR の実務者は十分理解しておく必要があるだろう。そのため、人的リソースが限られてい

第4編　企業価値の向上を目指す対話や開示の実務

る場合、例えば要約版のみ英文版を作成するなど、開示情報の対象をある
程度絞って、英文開示の即時性向上に注力するといった対応は有効である
と思われる。

　統合報告書は財務資本の提供者が必要とする情報を取捨選択して伝える
包括的な報告書として発展してきたため、その経緯から、日本の投資家以
上に個別取材の機会が少なく、統合報告書の情報の主たる受け手といえる、
海外投資家もある程度の時間をかけて読み込もうとするケースが多いとは
思われる。それでも分量が多くなり、網羅性が高まるにつれて、読み手に
よっては関心対象から外れた情報が増えたと感じる場合もあるかもしれな
い。日本企業の統合報告書のなかには、近年 ESG を含む非財務情報に関す
る記述を増やしているものが多いが、英文の統合報告書の発行においては、
重要なターゲットとしての外国人投資家の関心事項やキャパシティー、ま
た企業側が優先して伝えたい情報とのバランスを考え、コンテンツや頁数
をあまり増やさないようにする工夫も期待されているのではないだろうか。

3　Web サイト開示における注意点

(1)　Web サイト開示の現状

　企業情報の開示手法や情報伝達手段は、IT の発達やインターネットの普
及とともに目覚ましい変化を遂げてきた。かつては、開示情報は紙媒体の
資料で展開されており、大部の書類を作成・配布することには実務上の困
難を伴った。これに対して、今日では、開示情報の多くがインターネット
経由で電子データとして提供されており、企業の IR 活動も、Web サイト
での情報提供に重点を置き、電話会議やビデオ会議でこれを補い、対面に
よる直接対応の範囲をより限定的に展開するスタイルが増えてきた。一方、
世の中のコミュニケーション・スタイルがマス中心からパーソナルなもの
に移行していくなかで、企業の情報開示も情報の発信者（企業）対受益者
（閲覧者）という一方向の情報伝達だけでなく、SNS 等を活用した双方向、
あるいはマルチなコミュニケーションが容易になりつつある。ここでは、
情報伝達手段が多様化するなかで、多種多様なステークホルダーに対する
企業の情報開示にはどのような工夫が求められるかについて概観する。

第 3 章　外国人投資家のトレンドと英文開示・Web サイト開示の重要性

⑵　Web サイト開示の利便性

ア　アクセシビリティの向上

　Web サイトによる情報開示の最大のメリットは、情報発信の適時性と情報アクセスの公平性を同時に確保できる点にある。従来は、通信速度やサーバー能力等の通信インフラの脆弱性から Web サイトに掲載できるコンテンツの容量にも制約が大きかったため、適時開示や決算短信、有価証券報告書などの即時性を求められるコンテンツのみを Web サイトに掲載し、電話やメールによる対応や説明会といった他の手段で Web 掲載情報のフォローアップを行うケースが多かった。このような IR 活動の場合、情報アクセスの範囲の均一性を保つのが難しく、かつ情報にアクセスできる人数も限られるという問題があった。これに対して、近時は、Web サイトに動画を載せられるようになったことで、多数の利用者により広範囲の情報を即時かつ平等に発信することができるようになった。さらに、決算説明会の模様やイベントにおける経営者プレゼンテーションを動画でアップし、リアルタイムでライブ中継する企業も出てきている。動画コンテンツの普及は、このようなステークホルダーとの対話の様子をいつでもどこでも再現可能にし、より多数のステークホルダーが Web サイト経由で情報を入手できるようにした点で、情報アクセスの適時性と公平性の確保に大きく貢献したといえる。

　また、各種開示資料のアーカイブ機能も、紙媒体等の開示手段では達成しにくい Web サイトの利便性の 1 つである。過去の決算情報等をアーカイブとして IR サイト内に掲示する上では、ライブラリーが上手く整理されているかがユーザーの利便性に大きく影響する。また、IR サイトのメニュー構成やナビゲーションは、ユーザーが求める情報へ的確に誘導するものであることが求められる。検索機能の充実度や問い合わせページの使い勝手、IR サイトからの問い合わせに対するレスポンスの速さなども含めたユーザー体験が、全体として、IR 活動の評価のポイントになると考える。

261

イ　インタラクティブ性の進化

　企業が Web サイトを通じて開示できる情報量が飛躍的に高まり、開示される情報の対象範囲も広がったことで、多様なステークホルダーがそれぞれ欲している情報にいかに素早く到達できるかが問われるようになっている。ステークホルダーが求めている情報は必ずしも企業が発信するものだけではなく、発信者が異なる情報であっても企業の IR サイトからその時々の関心に見合った情報をタイムリーに入手できれば、それもまた利便性の向上につながる。多くの IR サイトが外部のデータベースから引用したリアルタイムの株価情報を掲載しているのは、このようなニーズに対応した代表例といえる。自社以外の Web サイトに掲載された情報等との連携は、SNS への情報発信やマルチなコミュニケーションの浸透とともに今後もニーズが高まると考えられ、自社の Web サイト上でどのような社外 Web サイトへのリンクを貼り、どの外部リソースのデータを引用するかといった点でも各企業のディスクロージャー姿勢が問われるだろう。

　他方では、Web サイトの閲覧のしやすさや情報の一覧性を犠牲にせずにコンテンツ量を拡充させ、利用者の関心に沿って表示する情報を変化させる取り組みも近年進化している。IR サイトでは、例えば個人投資家用のページと機関投資家向けに作成されたページが IR サイトのメニュー画面で分類されている企業は少なくない。中には、IR サイトを表示する前に閲覧者の属性を尋ねて、その属性によって最初に表示させる画面を振り分けている企業もある。また、利用者が欲している情報にダイレクトに誘導する技術は IR サイトの入り口だけではなく、Web サイトのより深い階層でこそ力が発揮される。イギリスの老舗小売チェーン Marks & Spencer plc（M&S）は、自社で販売する魚介類および農産物の産地や食品加工工場について、調達方法から加工プロセス、認証の有無や工場の生産状況などに至るサプライチェーンの詳細を Web サイトで公開している。同社 Web サイトの Interactive Supply Chain Map のページでは、最初に表示される地図上で特定の場所あるいは食材・商材の種類を指定すると、そのエリアの特定の食材・商材を扱うサプライヤーおよび工場での生産状況や工場の従業員数などのデータがポップアップ画面で表示される[6]。このように、企業

第3章　外国人投資家のトレンドと英文開示・Web サイト開示の重要性

Web サイトをインタラクティブな設計にしておき、株主や消費者に限らず、異なる関心領域を持つ利用者がそれぞれの目的および深度に応じた情報を入手できるような構成にすることもユーザー目線のさらなる利便性向上に向けた対応として有意義である。

ウ　マルチデバイス対応の普及

　企業の Web サイトを閲覧する際に使われるデバイスが、従来主流だった PC からスマートフォンやタブレットなどのモバイル端末に移行しつつあることも、求められる Web サイト構成や掲載するコンテンツに大きな影響を与えている。例えば、デバイスの種類や閲覧環境に応じて臨機応変に表示画面を調整できるレスポンシブデザイン（モバイルフレンドリー化）が近年多くの企業の Web サイトで用いられるようになった。コンテンツ表示においても、タブレットなどの小さな端末でフリップやスクロールがしやすいように編集されているケースが増えている。また、スマートフォン用の IR アプリを導入する企業もあり、プッシュ通知機能等を活用して即時性を求める利用者にタイムリーな情報提供を行ったり、IR アプリを経由して企業に関心を持った個人投資家などを企業の Web サイトに誘導することを狙っているものも多いようだ。いずれにせよ、ターゲットとなる利用者にとって身近なデバイスに親和性の高いユーザーインターフェースを実現することは重要であり、株主構成や主たるユーザーの特徴を考慮しながら、各社それぞれの優先順位に応じて情報開示のマルチデバイス対応を進めていくことが望ましいだろう。

(3)　統合報告書と Web 開示との関係

　最後に、統合報告書の Web 開示へ向けた実務上の対応の動向についても触れておきたい。元来、統合報告書でまとめられている情報は、ニュースフローそのものが即時に株主価値に反映されるような業績情報や適時開示情報とは違い、中長期的に企業価値を創造する要素となりうる有形無形

---

6)　M&S の Interactive Supply Chain Map のページでは、水産物をはじめとする食品に加えて、衣料や日用品の工場の情報もみることができる（https://interactive-map.marksandspencer.com/）。

263

第 4 編　企業価値の向上を目指す対話や開示の実務

の資産の状況や、企業の中長期戦略あるいは経営施策の進捗状況を示すものである。そのため、統合報告書には、中長期の価値創造に関わる網羅的なデータについて財務・非財務両方の側面からの分析が加えられ、ある程度の時間をかけてじっくり読み込む読者を想定して作成されている。とはいえ、近年は株主や機関投資家だけではない様々なステークホルダーが統合報告書に触れる機会が増えており、利用者の多様なニーズに応じて、統合報告書へのアクセス手段や表示スタイルを自由に選べたり、その時々必要なコンテンツをピンポイントに抽出する機能など、さらなる利便性向上に対する期待は高まっている。また、地球環境への負荷軽減に対する世の中の意識の高まりを受けて、膨大な量の印刷を控えようとする企業側の動きもみられ、近年オンライン版統合報告書の発行も加速している。

　オンライン版の統合報告書には、紙で発行される（もしくは PDF ファイル等でダウンロードされ、プリントアウトされることが想定されている）統合報告書と同一のコンテンツが Web サイト上でも同じ表示方法で公開されているケースと、オンライン用にコンテンツが加工されて掲載されているケースの 2 つのパターンがある。前者では、全体の分量を一定の頁数に留める必要性があることから、紙で発行される場合と同様に決まった頁数を目途に作成されていることが多いが、後者のオンライン版では特定のページ数を前提にする必要がない。そのため、特集や経営者メッセージ等の見出しとして大きな写真やアイコンがオンライン版でのみ追加されて詳細ページ画面への導線になっているなど、表示される情報が利用者個人の関心領域に応じて徐々に深堀りできるようにレイアウト上の工夫が加えられていることが多い。分量に対する制約が少ないことは Web サイト開示の利点であり、コンテンツを豊富に保ちつつ、利用者の関心に幅広く応えることが可能なオンライン版統合報告書は今後もニーズが高まるものと思われる。なお、欧米企業のオンライン版統合報告書では、文章で表示される CEO や CFO のメッセージとは別に、経営者メッセージが 2-3 分の動画で掲載されていることが多い。経営者の肉声とともにメッセージを発信し、株主をはじめとするステークホルダーに顔の見える経営を印象付けるスタイルも、動画コンテンツの強みを活用した工夫として今後普及していくことが考えられるだろう。

第3章　外国人投資家のトレンドと英文開示・Webサイト開示の重要性

　一方、Web開示の欠点は、画面を上下にスクロールして読む必要が生じることや、バナーをクリックすることでwindowが次々と開いていく情報開示となりやすいことで、narrativeなストーリーをじっくり読ませるには必ずしも向いていない媒体ということだろう。オンライン化がいち早く進んだ欧米では、サステナビリティ報告書のような個々の開示項目ごとに詳細な情報開示が求められる報告書では、HTML形式を中心に開示されているケースも多いが、アニュアルレポートや統合報告書など、価値創造ストーリーをじっくり読ませる目的の報告書については、Web開示とはいえPDFなど印刷可能な形式での開示が多くみ受けられている。

第4編　企業価値の向上を目指す対話や開示の実務

第4章 統合報告書を活用する基盤としての、IR活動の実際

　本書では、統合報告書とその重要な骨格である価値創造ストーリーについて、その動向と実例の紹介を通じて解説してきた。

　統合報告書は近年、従来のメインターゲットの投資家にとどまらず、企業によっては、社内従業員、志望する学生、取引先などマルチステークホルダーを意識して作成するケースも増えている。とはいえ、IIRCの国際統合報告フレームワークにおいても、主たる目的は財務資本の提供者に説明すること、と言及されているように[1]、まずは主たる対象が投資家であることは論を待たない。

　せっかくコストとマンパワーを投じて作成した統合報告書をどうIR（投資家広報）活動にて活用するかは極めて重要な課題である。そのためには、統合報告書活用のみならず、IR活動をどう推進していくかが重要である。また、前項では、外国人投資家のトレンドについて、ESG投資の拡がりに伴う変化を中心に述べたが、そもそもIR活動についてどう実践するかが企業社内で定められていないと、ESG投資対応、あるいは統合報告書の発行による企業と投資家との対話といってもお題目で終わってしまい、企業、投資家双方が目指す企業価値向上への道筋はみえてこない。

　本項では、上場企業のIR活動の実際面ないし実務面について筆者の実体験を交えながら説明する。

1　IR活動を行う目的

　IR活動へ取り組む際にまず重要となるのは、なぜIR活動を行うのかについての認識を深めることである。上場企業のIR担当であれば、一度くらいは、「当社はなぜ上場しているのだろう？」「なぜIRをやらなければならないのだろう？」「どうすればIRの必要性や、IR活動への協力を社内の人たちに理解してもらえるのだろう？」という疑問にぶつかった経験がある

---

1) IIRCフレームワーク日本語訳4頁。

はずである。したがって、IR活動を進める前提として、まずは自社が上場している意味をしっかり認識しておくことが、IRに関する社内外のステークホルダーの共感を得るためには重要である。

「当社はなぜ上場しているのだろう？」かなり素朴な疑問だが、実は明確に答えるのはなかなか難しい。今回は3つのポイントで整理してみる。第一には、IPO（株式上場時資金調達）によって、事業展開や成長に必要な資金を調達するため。第二は、企業の知名度を上げてお客さまからの信頼を得る、あわせて優秀な人材を獲得するため。そして第三は、企業をパブリック（公的）な存在にすることで経営の透明度を上げ、株主からのガバナンスによって近代的な経営、すなわちコーポレートガバナンスを強化し、持続的な成長を図るため。以上の3つに、上場の理由が集約されているのである。次に、「なぜIRを行わなければならないのだろう？」の疑問に対しては、2つの答えがある。1つ目は、上場メリットの実現には上場維持のための責務、すなわち投資家への情報開示の義務を遂行する必要があるから。2つ目は、他社、特に同業他社よりも優れたIRを行うとともに、不透明性に対する投資家の懸念を最小化することにより、資本コストの低下（あるいは当該企業についてのリスク認識の軽減）や株価の上昇を実現することで、時価総額を増加させ、資本（株式）を活用したM&Aを行いやすくしたり、逆に買収を防いだりすることができる、いわゆる「最善の買収防衛策」であるから。この2つの理由のうち、後者は特に経営への貢献という意味で意義は大きいと思われる。

最後に、「どうすればIRの必要性やIR活動への協力を社内の人たちに理解してもらえるのだろう？」これこそ、IR活動を行うにあたり取り組むべき重要な課題である。王道のアプローチとしては、「従業員がやりがいをもって、かつ高い生産性をもって仕事を行なうことが、企業の業績向上を生む大きな要因の1つであり、こうした企業の事業活動の姿を開示することで資本市場の参加者である投資家の理解を深め、中長期的に持続可能な株価の形成、すなわち企業価値の向上につながる」というその企業独自の価値創造ストーリーを、社内に理解してもらうことが挙げられる。また、中長期投資家との対話を通じて、俯瞰的かつ大局的な視点に経営陣が触れることができ、客観的かつバランスの取れた経営改善への一助となりうる

第4編　企業価値の向上を目指す対話や開示の実務

ことを忘れてはいけない。さらに、証券市場の参加者からの多様な意見や業界環境に対する分析などを、IRセクションが事業ラインやコーポレートスタッフにわかりやすく情報提供していくことで、社内各部署の従業員が新しい視点、広い視野を持つことにつながる点も挙げられる。これらこそ、まさに本書でも各章でとりあげてきた「統合思考」の概念である。

　IR活動への協力体制を構築するためには、投資家をはじめとした証券市場のステークホルダーからの意見を社内に向けてフィードバックし、情報提供を積極的に行っていくことで、様々な情報がIR部門に集まりやすくなる、すなわち、give and take を意識した双方向コミュニケーションが重要である。その正のスパイラルが回りだすと、IR部門が投資家と経営のみならず、社内各部署をクロスオーバーする情報のハブとして機能しはじめるはずである。そうした状態になれば、IR活動への社内の協力体制もごく自然にできあがっている。これらの前提を理解することが、IR部門の社内プレゼンス向上に関わる重要な部分である。

2　IR活動について他部署から理解を得る上での取り組み例

　次に、IR担当が、資本市場の参加者と関わる立場を活かして、社外の情報をどういう視点でとりまとめや分析を行い、社内にどのようにフィードバックや情報提供を行うとよいかについて述べてみたい。

　まずは、投資家、アナリストなどとの対話を通じて、企業のクライアント（消費者や取引先）の行動変化や、消費トレンドなどミクロ的な業界のトピックなどを感じ取り、これを分析・整理して社内に提供することが有用である。また、自社はもちろん、同業他社や業界全体に関する証券会社のアナリストのレポート、小売業であれば他社の月次情報など、公表情報の要点をまとめて社内に提供することも大変有効である。IR担当は産業スパイではないのだから、例えば競争相手の極秘の情報の提供を期待されているわけではない。誰も知らない「耳寄り情報」ではなく、外部からみた企業の実像を、他社や外部環境の変化とともに社内へわかりやすく伝えることが有意義となる。

　さらに、企業の財務諸表分析などの知見や経験を有するのであれば、一

第 4 章　統合報告書を活用する基盤としての、IR 活動の実際

歩進んで、自社の属する業界の同業他社比較の決算分析・相対比較の実施
も有益である。機関投資家は、公開情報を基に同業他社との比較を行い、
その結果を踏まえて上場企業との対話に臨んでくる。そのため、IR 担当と
しても、機関投資家からの質問等に備える観点から、同業他社と自社との
比較結果を把握をしておくことが有益となる。その比較結果を、機関投資
家からのコメントとあわせて社内へフィードバックすることで、より有益
なレポーティングが実現できる。例えば、同業他社の四半期決算が出るた
びに、証券会社のフラッシュレポート（決算の結果と簡単なサマリーコメン
ト）を参考にしながら、売上や利益、販管費を、構成比や前期比も付けて横
並びの表にして、重要なポイントについて分析コメントをすることなどが
選択肢となろう。

　なお、いくら面倒だとしても、証券会社からの情報やレポートを社内に
そのまま転送するのは避けるべきである。社内の役職員は全員が担当業務
を有しており、大量のレポートに目を通す時間は必ずしもない。重要な要
素を箇条書きにし、内容をサマライズするなど、できるだけ簡単に読める
ような工夫が必要である。社内向け社外向け問わず、多忙な読み手に対す
る「思いやり」は、より良いコミュニケーションのための基本である。

3　IR 業務の内容

　IR 活動の目標を定め、投資家のターゲティングリストを整備したら、次
は社外に対してどうやってコミュニケーションをしていくか、IR 業務その
ものについて述べてみる。まず初めに、IR 業務の中で社外に対してどのよ
うな仕事があるか、下記のとおり、ピックアップしてみる。項目ごとの重
要性やどのセクションが担当するかは企業によって異なるので、順不同で
参照されたい。

　　・重要な事実（＝株価に影響を及ぼす可能性の高い事実）の開示
　　・機関投資家の個別取材の対応（経営戦略、財務諸表、営業数値などの説明）
　　・月次売上高伸び率などの重要な数値の公表（小売セクターの場合）
　　・経営（会長、社長、CFO ＝最高財務責任者）をスピーカーとする、機関投
　　　資家向け決算説明会の開催
　　・経営が出席する重要な機関投資家向けスモールミーティングの開催

269

第4編　企業価値の向上を目指す対話や開示の実務

・IR 情報の Web サイトへの掲載
・海外ロードショー（経営や IR ヘッドの海外投資家訪問活動）
・国内ロードショー（経営や IR ヘッドの国内投資家訪問活動）
・重要な投資家のリクエストに応じた、店舗見学会、個別事業報告会、社内イベント見学会など付加価値サービスの提供、など

4　機関投資家との対話への準備

　次に、機関投資家（アナリスト、ファンドマネジャー）に対して IR 活動を行っていく場合の具体的なプロセスについて述べる。時価総額が大きい企業であれば機関投資家から直接取材の依頼も多いが、時価総額が小さい企業、上場したばかりの企業などは、なかなか取材依頼が来ない場合も多い。そのような状況下で、面談の数を増やすのであれば、証券会社（セルサイド）に依頼するのが最も早道であろう。多くの証券会社は、IR 活動のアレンジを専門に行う部署（コーポレート・アクセス部門）を設置し、上場企業からの面談のアレンジの依頼に対応している。よく上場企業が依頼するのは、IPO（上場）時の主幹事証券であるが、よく誤解されがちなのは、主幹事証券はメインバンクと異なり、あくまで個々のエクィティ・ファイナンスの案件ベースの主幹事であり、上場企業にとって常にメインの証券会社と決められているわけでは必ずしもないはずである。サービスやフットワークのよい会社、担当アナリストがしっかりフォローしてくれている会社などがよい場合も往々にしてある。一方、やみくもに証券会社に機関投資家との面談アレンジを依頼しても、経営戦略や業績、成長性などに魅力がないと、アポイントがなかなか入らないのも現実である。IR 担当としては、決算説明会におけるプレゼンテーション資料などにより、これら自社の「特徴」「強み」「らしさ」をわかりやすく整理し、簡潔にアピールする必要がある。実は、このプレゼンテーションが準備不足で魅力が十分に表現できないケースが多く見受けられ、現在の上場企業の決算説明会資料をみても、まだまだ表現の仕方に改善の余地があることが多いと筆者は感じている。このあたりの課題は、本書でこれまで述べてきた「統合報告書」での表現の課題と共通する点が多い。

　次に、機関投資家との面談に関して有効な手段なのは、投資家のオフィ

スへ訪問する「攻めのIR」である。自社に居座る「待ちのIR」と異なり、移動時間がかかるので業務効率は多少落ちるが、このような攻めのIRを行うと、普段自社をフォローしてくれるバイサイド・アナリストだけでなく、実際に株式を売買しているファンドマネジャーに直接自社株式の魅力をアピールすることができる。ちなみに機関投資家（運用機関）における、アナリストとファンドマネジャーの位置付けは運用機関によって異なっている。ファンドマネジャー候補者としてジュニアをアナリストとして育成するというスタンスもあれば、アナリストとファンドマネジャーがそれぞれ独立した立場で、アナリストの銘柄推薦をファンドマネジャーが売買判断する機関もある。どちらにしても、ファンドマネジャーは複数の業種を担当することも多く、日中は株式売買業務を行うケースもあり、投資候補先企業へ外出してヒアリングをする時間が取れないケースもよくある。攻めのIRを行なえば、そうしたファンドマネジャーとコンタクトでき、かつ大きい運用会社になると複数のファンド担当者と同時に面談できる、効率的かつ貴重な機会となりうる。

5　One on One ミーティング

　機関投資家へのIR活動の中で大きなウエイトを占める業務が、会社の戦略、事業の現状、そして業績に関する、機関投資家からIR担当へのヒアリング面談、別名「One on Oneミーティング」への対応である。これは、Face to Faceで投資家と話せる重要な機会であり、どのような業種の会社にとっても「攻めのIR」を実践できるプライオリティの高い項目である。

　One on Oneミーティングへ臨む上での大前提として、会いたい投資家にせっかく時間をもらうのだから、こちらが知ってほしいことと、相手が知りたいことの双方のニーズを満たす、実効性のあるミーティングにする必要がある。IR担当として必要となる事前準備は、会う投資家の特性ごとにカスタマイズすべき準備と、常日頃やっておく汎用的な準備の両方から成る。投資家ごとにすべき準備は、その投資家がどのような運用方針を持ち、どのような投資スタイルで、どのような点に関心があるか、過去の面談でどういう質問や関心があったか、などについての情報収集および整理である。アポイントをアレンジしてもらった証券会社から、投資家のプロファ

第4編　企業価値の向上を目指す対話や開示の実務

イルを事前に入手することや、あるいは実質株主判明調査や議決権行使促進活動などの有料サービスを受けている IR 支援会社から、投資家プロファイルを入手することなど、外部機関を有効に活用して、これらの資料を分析して、訪問する相手をできるだけ理解するよう努め、特に社長などの経営層と投資家との面談の前には、要点を絞って報告する必要がある。

　ただし、こうした外部資料だけでは限界がある。実際の One on One ミーティングでは、先方からの質問に答えるだけでなく、こちらから積極的に質問し、相手の投資スタイル（成長性重視か、PER、PBR などのバリュエーション重視か）や、考え方（中長期成長戦略に関心があるか、短期的な業績モメンタムか、ESG 要素か、または会社計画の達成確率に関心があるか）をつかむことが大事である。そして、できるだけ複数名で対応し[2]、次回面談時の参考となるよう議事録をしっかりと取ることが必要であり、さまざまな投資家にそうした One on One ミーティングを積み重ねることで、IR セクションにノウハウが蓄積していく。

6　投資家対応に用いる FAQ の作成

　次に常日頃やっておく準備としては、投資家対応全般を見据えた Q&A（もしくは FAQ：Freguently Asked Questions）を整理することが望ましい。決算発表や株主総会に向けて Q&A を準備する会社は多いが、社長や CFO の質疑応答の用途で満足してそのままオフィスのキャビネットにしまい込むケースもあるようだ。One on One ミーティングにおいても、財務諸表分析に関する定量的な Q&A は役に立つし、それにとどまらず、経営トップや社内各部署にヒアリングし、会社が短期的、または中長期的にどのような経営施策、戦術をとっているか、研究開発、商品開発、販売戦略、競争環境などのカテゴリーごとに定性的、定量的にまとめておくことはナレッジマネジメント上大変有効である。会社によって、社内各部署で IR 担当を横断的に兼務させている会社もあるが、そういう組織態勢を取れないならば普段から社内での協力関係を深めていく必要がある。実は、こうしたことが One on One 以外の攻めの IR の手段である、決算説明会以外の各事業部

---

2)　これは、面談において「いった」「いわない」の論争になるリスクを少しでも避けるためにも有用である。

第 4 章　統合報告書を活用する基盤としての、IR 活動の実際

門の説明会（商品展示会、工場見学会など）実施の実現につながっていく。近年では、前項に述べた IR デイなど、まる 1 日かけて投資家を集め、各事業部門トップが当該部門の経営戦略・施策や進捗を説明するケースも大企業中心に増加している。さらに、投資家のニーズは、決算説明会、経営（CEO、CFO）のスモールミーティング、One on One ミーティングにとどまらず、その会社の現場に近い状況を、経営や IR 経由でなくダイレクトにみたいという方向性が強くなっている。そのニーズに積極的に応える企業の IR を高く評価する投資家も少なくない。IR が顧客第一主義を目指すのなら、個別にカスタマイズした IR アレンジを行うことを検討する必要が出てくる。一方、そうした IR 対応にはどうしても投資家側の人数を絞らざるをえないこと、よって、投資家のターゲティングによる優先順位の設定を行う必要があることなどの問題も出てくる。これらは IR の目標、適切な株主構成、IR の効果測定、そして「フェアディスクロージャー」[3]などの問題へと波及する。

7　IR 活動の目標は何か

　次に、IR 活動の目標について述べる。IR 担当も企業における組織の一員であり、当然、組織のあるべき姿への達成に向けた短期および中長期の目標の設定が必要である。そして、IR 活動の目標の設定が、投資家ターゲティング戦略の内容に影響することも確かである。例えば、前述した投資家面談増加の打ち手がスムーズに運び、投資家との面談をある程度行うことができるようになると、様々な投資家ごとの対応に悩むケースもでてくる。事業本部長をスピーカーとしたスモールミーティングなど個別にカスタマイズした IR アレンジを行う場合などでは、会場のキャパシティの関係で自社に関心のある投資家全員を呼ぶわけにはいかず、とはいえ、IR という仕事の大前提となる「フェアディスクロージャー」の理念も意識しなければならない。IR 活動は、国内、海外を問わず、あらゆる投資家に同一な情報を提供する、つまりフェアディスクロージャーの理念が原点になければならない。一方、IR 部門の人員リソースの問題、言語の問題などで、量と

---

　3)　本書第 4 編第 2 章「フェアディスクロージャー・ルール」の項参照。

第4編　企業価値の向上を目指す対話や開示の実務

質とスピード、いずれも満足できるように提供するのは困難といえよう。このあたりのバランスの取り方は、会社ごとのIRの目標や方針によって変わってくるものである。なお、そのフェアディスクロージャーを担保する1つの回答が、前項で詳述したWebサイトによる日英同時開示である。

　さて、上場企業として株価を動かすような重要な事実が発生した場合、かつその件について会社として公式に認識した場合、当然フェアディスクロージャーの理念に則って適時開示を実施し、IR活動を行うが、それ以外の広汎な事柄についてのディスクローズはIRの目標を何に設定するかによって、会社ごとのスタンスも異なってくる。例えば、

　①　会社のファンダメンタルズの状況に沿った株価形成を第一に目指したいのか、

　②　株主構成において比率を高めたい対象は「海外の機関投資家」「国内の機関投資家」「個人投資家」のうち誰なのか、

　③　IR業界でいくつかある表彰制度で受賞し、社内外の評価を高めるのか、

等々である。もっとも、③のような目標を掲げたとしても、例えばそうした表彰の選定における評価項目では「フェアディスクロージャー」とともに、「自主的な開示」≒「（ある意味では）選択的ディスクロージャー」にも配点があったりするので、どうバランスを取るべきか悩むIR担当者は多い。しかし、そこに1つの解はなく、IR業務の経験を重ねていく中で会社の特徴に合った適切なバランスのレベルがみえるようになる。なお実務上直面する問題としては、経営者とのスモールミーティングや工場・店舗見学会を行う際、経営陣（CEO、CFOなど）の時間確保や、会場のキャパシティなどの物理的な問題も大きい。よって、冒頭に述べたように招待する投資家をある程度絞り込まざるを得ないのが実情である。

　このような投資家の絞り込みについて、投資家のターゲティングリストの作成が手段の1つとなる。現状の株主構成からどのような投資家を増やしていきたいのか。なお、個人投資家についてはやや IR 戦略が変わってくるので本書では機関投資家に絞ると、国内機関投資家か、海外機関投資家なのか。また、海外でもそれぞれ地域によってというより、個々の運用会社によって投資家のスタイルも大きく異なる。これらについて、実質株主

274

第 4 章　統合報告書を活用する基盤としての、IR 活動の実際

判明調査を行って大株主を重視する、あるいは、同業他社・競合会社の株式を保有している会社に果敢にアプローチするのも 1 つの考え方である。さらに、前述したとおり、運用方針や企業分析のアプローチが素晴らしく、ぜひ株主になってほしい投資家のリストアップは大変重要である。筆者の経験として、IR 面談でのやりとりで分析やアプローチの素晴らしさに感銘を受けたアナリスト、ファンドマネジャーのいる運用機関は、組織全体として企業をみる目もあり、運用成績も卓越した会社が多いと感じた。すなわち、運用機関の強みは、上場企業と同様、「人材」であるのはいうまでもない。ターゲティングリストの作成では、このような内容を踏まえ、決算説明会に招待するクラス、経営のスモールミーティングに招待するクラス、攻めの IR として訪問アプローチするクラス、などにざっくり分けて作成するのも一案である。こうして作成したリストを継続的にメンテナンスし、ブラッシュアップしていくことで、結果的に会社の IR 活動の姿が明確になってくるはずである。

8　IR 活動における ESG 開示の重要性の高まり

全世界における ESG 投資の拡がりと、「企業と投資家との対話」の重要性の高まりの歴史的経緯については、本書の別項でも述べているが、あらためて下記のとおり、まとめてみた。

（「企業と投資家の対話」に関する国内外の動き）

1992 年：英国・コーポレートガバナンス・コード（キャドバリー報告書）

2006 年：PRI（責任投資原則）

2010 年：英国・スチュワードシップ・コード

2011 年：英国・FRC「財務報告ラボ」設置

2012 年：ケイレビュー

2012 年：日本・経済産業省「企業報告ラボ」設置

2014 年：EU 非財務情報開示指令

2014 年：日本・スチュワードシップ・コード

2014 年：伊藤レポート

2015 年：日本・コーポレートガバナンス・コード

2015 年：SDGS

第 4 編　企業価値の向上を目指す対話や開示の実務

2015 年：COP25 パリ協定
2017 年：TCFD
2018 年：日本・改訂コーポレートガバナンス・コード

　こうした資本市場の潮流が、IR 活動のスタンスにも大きな影響を与え、IR 担当のあり方がますます難しくなっていると思われる。すなわち、企業の IR 担当の対応も、まだ短期的な業績の動向や、イベント、カタリスト（材料）への関心が強い、目の前のセクターアナリストやファンドマネジャーだけでなく、取材の頻度が少なく、あるいは開示資料のみの分析を中心にして面談はしないけれども、運用機関の投資判断における重要度が高まっている ESG 投資家やエンゲージメント投資家について、よりターゲットとしての意識を高めて、中長期の企業価値創造の考え方や ESG に関する考え方などの開示を強化する必要性が高まっていよう。

9　最後に

　こうして IR 業務について列挙してみると、投資家に対する業務はさながら、例えてみればツアーコンダクターのようにも思われる。クライアントとしての投資家をフォローし満足度を高めることは重要だが、これらの業務自体は、ややもすれば受身的な仕事になりがちである。IR 担当者としては、受け身にならぬよう、「攻めの IR」「プロアクティブ（先見的）な IR」を心がけてほしい。

　そして、攻めの IR のためには、投資家の取材申し込みに自社で応じるだけでなく、自分から投資家を訪問し、そのオフィスの雰囲気を感じたり、日ごろなかなか会えないファンドマネジャーと対話を行ったりすることをおすすめしたい。筆者がバイサイドのファンドマネジャー兼アナリストだったときには、できるだけ担当企業を訪問することにしていた。受付対応やオフィスに足を踏み入れたときの雰囲気から、会社の理念や仕事へのスタンスが肌感覚で分かり、企業分析に役立った。逆も真なりで、IR 担当から訪問したほうが投資家の姿勢や社風がよく理解できる。例えば小売業の企業の IR であれば、投資家の訪問の帰りに、自社や同業他社の店舗を見て回れば、普段つかみにくい現場の姿が分かるはずであり、こうしたある

第4章　統合報告書を活用する基盤としての、IR活動の実際

種のフィールドワークを重ねることで、投資家との話題の幅が広がるはずである。自社を取り巻く業界環境の話について、IR担当の生の声は、投資家にとって大変興味深い。

　かつて寺山修司は「書を捨てよ、町へ出よう」と語ったが、IR担当も業務効率ばかりを考えてオフィスにこもってばかりではなく、機会を捉えて投資家に会いに行くことをおすすめしたい。投資家の短期志向に左右されることなく、対話を価値あるものにできるはずである。要は、理屈や知識だけでなく、コミュニケーションをどれだけ大事にするかということがポイントだと思う。そして、これらの活動は、事業活動でいうところの「マーケットイン」、すなわち、顧客や読み手のニーズを理解することで、真に「読まれる」統合報告書を創る際に必要なメンタリティー（精神性）が醸成されると筆者は確信している。

索　引

アルファベット・数字

A4S ·· 195,205
CGS ガイドライン ······················ 226
Climate Action 100＋ ····················· 41
ESG 経営 ···································· 97
ESG 説明会 ······························· 63,83
ESG 投資 ···································· 30,144
GRI ······································· 167,173
IIRC フレームワーク
　············· 16,49,55,94,115,120,126,157
IR 活動 ·· 266
KPI ································ 83,103,161,207
MD&A ·························· 66,182,209
SDGs ································ 37,57,89,206
TCFD ··························· 41,51,148,190

あ行

アクティビスト ····························· 233
アクティブ運用投資家 ················ 250
伊藤レポート ·············· 9,104,225,226
インサイダー取引規制··········234,247
エンゲージメント ······· 23,31,40,44,46,81
オクトパスモデル ·······················87

か行

価値協創ガイダンス ·········· 10,50,55,87,
108,118,126,226

価値創造ストーリー ···· 36,43,78,80,87,96
価値創造プロセス ······· 27,37,42,47,53,55,
56,94,118,143
機関投資家 ·························· 224,229,270
企業の社会的責任（Corporate Social
Responsibility：CSR）·············· 6
結合性············· 31,47,55,109,115,130,136
国際統合報告評議会（International In-
tegrated Reporting Council：IIRC)
·· 15
コーポレート・レポーティング・ダイ
アログ································· 189
コーポレートガバナンス・コード
······················· 7,9,12,26,158,167,226

さ行

サステナビリティ会計基準審議会
（Sustainability Accounting Standard
Board：SASB）····················· 207
資本コスト·························· 26,48,104
社会的責任投資（Socially Responsible
Investment：SRI）·················· 6
重要事実································· 240
重要情報···························· 240,243
情報伝達・取引推奨規制············· 240
人的資本······························ 152,194
責任投資原則（Principles for Responsi-
ble Investment：PRI）··········· 7,167
スチュワードシップ・コード
·································· 8,221,226
戦略報告書··················· 12,48,55,182,184

279

索　引

た行

統合思考·················· 17,53,61,109
統合報告························· 16
統合報告書······················ 17

は行

パッシブ運用投資家················· 250
非財務情報開示指令··················· 12
ビジネスモデル······ 23,25,38,48,52,57,72,
77,96,105,114,123,126,186

フェア・ディスクロージャー・ルール
·················· 216,234,241
法人関係情報················· 234,240,246
法人関係情報規制················· 240

ま行

マテリアリティ······ 37,46,47,109,163,167,
199

ら行

リスクと機会····················85

編著者・著者紹介

※所属および組織の名称は執筆当時

・編著者

貝沼　直之（かいぬま　なおゆき）

国内系運用機関ファンドマネジャー、外資系証券アナリストを経て、外食業にて取締役広報室長兼コーポレートガバナンス室長として上場企業の経営に参画。小売業にて理事執行役員 IR 室長として IR 業務を統括。有限責任監査法人トーマツ入社後、ESG・統合報告アドバイザリー業務に従事。経済産業省「伊藤レポート」プロジェクト・メンバー。環境省「ESG 検討会」委員。日本証券アナリスト協会検定会員。著書に『最新　コーポレートガバナンスのすべて』（共著、日本実業出版社、2016 年）。

浜田　宰（はまだ　おさむ）

大手自動車会社、大手企業法務事務所を経て、DT 弁護士法人に入社。国内外における M&A、競争法対応、不祥事対応等の案件を多数取り扱う。また、アクティビスト対応や事業承継などの案件をも取り扱う。2014 年から 2016 年まで金融庁総務企画局企業開示課で任期付公務員として勤務した経験を踏まえ、コーポレートガバナンス・コードへの対応や、開示規制に関する助言をも提供している。弁護士、公認会計士、ニューヨーク州弁護士。

・著　者

秋山　造（あきやま　つくり）

製造業、小売業、総合商社の監査業務に従事し、アカウンティングプロフェッショナル サービス部門に異動後は各種非監査サービスを提供。調査業務として、経済産業省委託事業である「平成 26 年度総合調査研究 経営者・投資家フォーラム及び企業報告ラボに関する調査研究」に調査員として関与。現在、統合報告アドバイザリー業務に従事。公認会計士。

内生藏　菜々（うちうぞう　なな）

オーストラリアの大学にて金融・経済学を専攻。有限責任監査法人トーマツに入社後、ESG・統合報告アドバイザリーに所属。製造業・非製造業を問わず幅広い業種の企業に対する、ESG・統合報告関連のコンサルティング業務に従事。

編著者・著者紹介

櫻田　幸子（さくらだ　ゆきこ）
　大手 IR 支援会社にて IR ツールの企画制作に従事。統合報告書の企画制作を中心とし、ESG アドバイザリー、株主通信・CSR レポート企画制作などを経験。有限責任監査法人トーマツ入社後、引き続き幅広い業界で日本の大手上場企業の投資家向け情報開示を支援。

塩瀬　恵（しおせ　めぐみ）
　大手通信会社の経理部ファイナンス室にて資金調達業務を担当。その後大手監査法人にて外資系金融機関の監査、外国企業の日本における資金調達に係る開示支援業務などに従事。有限責任監査法人トーマツ入社後は、外国企業の開示支援業務、統合報告や TCFD 提言など ESG 情報開示を含む企業報告の調査業務にも従事。

寺井　理紗（てらい　りさ）
　国際基督教大学教養学部（経営学専攻/日本研究副専攻）卒業後、有限責任監査法人トーマツに入社し、ESG・統合報告アドバイザリー所属。統合報告書/サステナビリティデータブック企画支援、ESG 評価向上支援、ESG リスク分析支援業務などに従事。

藤森　このみ（ふじもり　このみ）
　日系シンクタンク、外資系コンサルティング会社、ベンチャーキャピタルなどを経て、日系小売業、製造業における IR 業務や資金管理、子会社の経営管理等に従事。統合報告書制作と価値創造モデルの策定経験を有しており、現在は朝日放送グループホールディングス株式会社にて、IR 業務に従事。経済産業省「企業報告ラボ」委員。

三浦　充美（みうら　あつみ）
　日系、外資系証券会社で 19 年にわたりアナリスト業務に従事。2005、2006 年度エコノミスト誌アナリストランキング化粧品/トイレタリー部門 1 位。有限責任監査法人トーマツ入社後は、IR 助言業務、財務分析助言業務、成長企業を顕彰する「Deloitte Technology Fast50/500」運営などに関与。2015 年から統合報告アドバイザリー業務に従事。

編著者・著者紹介

林　漳焔（りん　しょうえん）
　事業会社、大手監査法人を経て、有限責任監査法人トーマツに入社。幅広い業界において統合報告関連のアドバイスを中心に行っているほか、投資家目線でのCSR/ESG推進支援、日本企業の海外子会社におけるCSR推進、CSR関連リスク調査分析などのプロジェクト経験を有している。経営学修士（MBA）。

統合報告で伝える価値創造ストーリー

2019年8月30日　初版第1刷発行

編 著 者	貝 沼 直 之
	浜 田　　宰
発 行 者	小 宮 慶 太
発 行 所	株式会社 商 事 法 務

〒103-0025 東京都中央区日本橋茅場町3-9-10
TEL 03-5614-5643・FAX 03-3664-8844〔営業部〕
TEL 03-5614-5649〔書籍出版部〕
https://www.shojihomu.co.jp/

落丁・乱丁本はお取り替えいたします。　　印刷／三報社印刷㈱
© 2019 Naoyuki Kainuma, Osamu Hamada　Printed in Japan
Shojihomu Co., Ltd.
ISBN978-4-7857-2731-4
＊定価はカバーに表示してあります。

JCOPY ＜出版者著作権管理機構　委託出版物＞
本書の無断複製は著作権法上での例外を除き禁じられています。
複製される場合は、そのつど事前に、出版者著作権管理機構
（電話 03-5244-5088、FAX 03-5244-5089、e-mail：info@jcopy.or.jp）
の許諾を得てください。